개정증보판

교회사

무엇을 공부할 것인가

한국신학연구소

개정증보판
교회사 무엇을 공부할 것인가

초판 발행 1998년 5월 25일
개정증보판 발행 2008년 9월 25일
3쇄 발행 2021년 9월 10일

지은이 / 볼프강 좀머 · 데트레프 클라르
옮긴이 / 홍지훈 · 김문기 · 백용기 공역

펴낸이 / 김성일
펴낸곳 / 한국신학연구소

등록 / 1973년 6월 28일 제 300-2002-10호
주소 / 서울시 서대문구 경기대로 55 선교교육원 내
전화 / 02)738-3265 팩스 / 02)738-0167
E-mail / ktsi@chollian.net, amigo386@daum.net
홈페이지 / http://ktsi.or.kr

Kirchengeschichtliches Repetitorium, 4. Auflage, Göttingen, 2021
by Wolfgang Sommer/ Detlef Klahr

값 21,000원

ISBN 978-89-487-0325-2 93230

파본은 교환해 드립니다.

개정증보판

교회사

무엇을 공부할 것인가

볼프강 좀머 / 데트레프 클라르 공저
홍지훈 / 김문기 / 백용기 공역

제3판에 붙이는 역자의 말

<신학하는 사람들>에게 <교회의 역사>가 제공하는 것은 가장 기본적인 것이기도 하고 동시에 궁극적인 것이기도 하다. 왜냐하면 <교회의 역사>를 안다는 것은 신학하는 안목을 열어주기 때문이다. 그러나 교회의 역사를 제대로 아는 것은 그리 단순하지 않다. 시대적인 넓이와 깊이 탓도 있지만, 역사를 보는 눈에 따라 다양한 해석이 가능하기 때문이다. 그래서 교회사는 접근하기 어려운 영역으로 남아있기도 하고, 때로는 매우 아이러니칼하게도 누구나 다 잘할 수 있는 과목으로 취급되기도 한다.

한 편으로는 교회사를 연구하는 학도요, 동시에 가르치는 교수로서 <어떻게 하면 신학하는 이들에게 교회의 역사를 비교적 일목요연하게 가르칠 수 있을까?> 고민하던 차에 한국신학연구소의 번역의뢰를 받고 이 책 초판(1994년)을 1998년에 번역 출간하기에 이르렀다. 독일 노이엔데텔스아우의 아우구스타나 신학대학 교회사 교수 볼프강 좀머(Wolfgang Sommer)와 그의 제자이자 연구조교인 데트레프 클라르(Detlef Klahr) 박사의 공저인 이 저서는 교회사를 공부하려는 사람이라면 반드시 알아야 할 것들을 20개의 중심분야로 구분하여 엮은 책이다.

지난 10년간 『교회사 무엇을 공부할 것인가?』라는 제목으로 번역된 이 책은 각 신학대학 교회사 교재로 사용되어졌고 널리 호응을 얻었다. 처음 역자들이 이 책이 처음 독일에서 출판되었을 때부터 앞으로 한국어로 번역하여 소개하면 교회사 강의에 크게 도움이 되겠다고 생각하였던 대로였다. 이 책은 비록

교회사 무엇을 공부할 것인가

교회사 전문 연구 서적은 아니지만, 반드시 알아야 할 것들을 잘 정리한 훌륭한 책이다. 레페티토리움(Repetitorium)이라는 제목이 의미하듯이 이 책을 읽고 숙지하여 교수와 구술시험을 치를 준비를 하도록 구성된 책이다. 초판에서 126개의 교회사 관련 문제들을 제공하였는데, 이 질문에 답을 만드는 과정에서 학생들은 교회사의 중심주제들에 대한 많은 공부를 하게 된다.

2002년에 나온 제3판을 다시 번역하여 출판하기로 역자들이 뜻을 모았다. 저자인 좀머 교수는 많은 부분을 수정하였다. 그리고 이번 번역이 특별한 것은 볼프강 좀머 교수의 제자인 김문기 교수가 번역에 참여하게 되었다는 점이다. 따라서 제1장부터 10장까지는 홍지훈 교수가, 11장부터 17장까지는 김문기 교수가, 마지막으로 18장부터 20장까지는 백용기 교수가 담당하였다.

변경된 내용을 따라 다시 번역하는 동안 과거 번역상의 문제점들을 다수 발견하고 수정할 수 있었다. 지난 10년간 사용된 초판을 읽고 오타나 오류를 교정해준 동료 교수들과 학생들에게 감사드린다. 이 책을 교회사 교재로 사용하는 학생들에게 당부하고 싶은 말은 책 여백에 교회사 사건과 인물 또는 개념들을 정리하면서 이 책을 사용하라는 것이다. 그러면 이 책은 평생 자신만의 교회사 교재가 되어 줄 것이라고 믿는다.

2008년 8월 역자 일동

목 차 · CONTENTS

초판의 머리말

졸업시험의 교회사 과목을 준비하는 학생이나 가르치는 교수에게 교회사의 자료들을 엮어서 의미 있는 내용으로 만들어 복습하게 하는 것은 필수적인 일이다.

이 책에서는 중요한 연대표, 사건들 그리고 인과관계 등을 주제별로 묶어 한 눈에 배울 수 있도록 하였다. 이 책을 쓰면서 가장 어려웠던 점은 교회사와 신학사의 기초 지식이 가장 잘 드러나도록 의미 있는 내용들을 선택하고 결정하는 일이었다. 물론 교회사 시험에서 요구하는 질문들이 우선적으로 고려되었다. 이 책에서 시도하는 것은 교회사 개관식 강의도 아니고, 교회사 편람을 만드는 일도 아니며, 전체적이고 자세한 내용을 강의하려는 것도 아니다. 원시 기독교에 대한 서술은 생략하였다. 왜냐하면 신약성서 시대 상황과의 관계가 특별히 고려되어야만 하기 때문이었다.

이리저리 모아 놓은 <주입식 자료>만으로는 소기의 교육 목표를 달성할 수 없다. 그러므로 내용 서술이 빈약하더라도 사건이 지닌 문제점들의 상관관계를 파악하는 일에 우선적으로 관심을 두어야 한다. 각 장의 서두에 등장하는 개요는 주요 항목들을 이해하기 위한 안내의 역할을 하는데, 이 주요 항목들은 기초 지식을 함양하도록 내용적으로 잘 분류된 것이다.

각 장의 맨 끝에 제공되는 참고문헌 목록은 강의 진행을 위한 제언이다. 또한 습득한 지식을 점검할 수 있도록 도와주기 위해 교회사 시대별로 개괄적인 질문들을 마련하였다.

이러한 연습과정은 교회사의 기초 지식 습득에 도움이 될 것이며, 나아가 교회사를 이해하는 도구가 되기를 희망한다.

교회사 자료의 방대함에 막혀 체념하는 경우에 이 작은 <오솔길>이 어느 정도 위로가 될 수 있으리라 생각한다.

이 책은 노이엔데텔스아우(Neuendettelsau)의 아우구스타나 신학대학 학생들과의 공동작업을 통하여 이루어졌음을 밝혀 둔다. 이 책이 잘 사용되기를 바라며, 무엇보다도 교회사에 관심이 있는 모든 신학대학생들에게 이 책을 헌정한다. 이 자리를 빌어 인쇄본을 만들어 준 칸초크(Frau Brigitte Kanzok)와 지버트(Frau Andrea Siebert)에게 감사드린다.

노이엔데텔스아우 1994년 3월

Wolfgang Sommer와 Detkef Klahr

제3판의 머리말 중에서

졸업시험 준비를 위해 개괄적으로 서술한 교회사 책이 필요한데, 이 책이 교회사, 교리사, 신학사를 모두 아우르면서도 간단한 저술이기를 바라는 사람들이 많다. 그 증거는 1994년에 출판한 *Kirchengeschichtliches Repetitorium* 『교회사 무엇을 공부할 것인가?』에 대한 세간의 관심이 보여준 그대로이다. 사실 전체 교회와 지역교회를 자세히 다루는 대 저술들 사이에서 이런 종류의 저술을 낸다는 것은 모험이었다. 그러나 이런 종류의 저술은 교육적인 이유뿐만 아니라, 교회사의 자기이해에 있어서도 의미 있고 필수적인 것이라고 확신하게 되었다. 왜냐하면 다른 모든 학문과 마찬가지로 점점 더 세분화되는 교회사 연구 상황을 감안한다면, 핵심주제를 따라가면서 전체적인 역사를 조망하는 작업이 희생되어서는 안 될 것 같기 때문이다. 이처럼 간략한 저술 속에서 전체 윤곽을 잡는 것은 더 어렵다. 납득은 되는 부분이지만 만족스럽지 못하다는 것이다. 어쨌든 『교회사 무엇을 공부할 것인가?』라는 이 책이 상세한 교회사 연구로 나아가게 하는데 교회사적인 방향을 잘 설정하고 또 원자료에 접근하는 데에도 도움이 될 것이다.

제3판에서는 몇 장에서는 축약이 있었고 19-20세기 부분에서는 많은 보충을 하였다. 핵심주제들은 그대로 두었으며, 교회사 연습을 위한 질문은 마르셀 니이덴(Marcel Nieden)이 수고한 것이다.

2001년 4월 Neuendettelsau에서

Wolfgang Sommer와 Marcel Nieden

교회사의 중심주제에 관한 문제 126가지

고대 교회에 대한 주요 문제

† 사도 교부 시대의 역사적 상황을 서술하시오!

† 사도 교부의 저술 중 세 가지만 쓰시오!

† 사도 교부들의 신학을 대표하는 기본 개념은 무엇인가?

† 그리스도교 영지주의의 핵심적 사고 구조를 설명하시오!

† 그리스도교 영지주의의 인물들과 흐름을 설명하시오!

† 마르시온이 이단이 된 신학적인 문제는 무엇인가?

† 그리스도교의 진리성을 향한 변증가들의 "증명 방법"에 대해서 쓰시오!

† 가톨릭 교회의 설립 과정 가운데 등장하는 세 규범을 쓰시오!

† 교부 이레니우스와 터툴리안의 공통점과 차이점, 그리고 그들의 중요한 저술을 쓰시오!

† 알렉산드리아 학파에 속하는 신학자들은 누구인가?

† 알렉산드리아의 신학을 요약할 수 있는 기본 개념은 무엇인가?

† 3세기 중엽에 순교한 교부는 누구이며, 어떻게 교회사에서 중요한 위치를 차지하게 되었는가?

† 이단 논쟁의 주인공들과 그들의 입장에 관하여 서술하시오!

† 고대 교회에서 그리스도인 박해가 어떻게 이루어졌는지를 서술하시오!

† 디오클레티안까지의 그리스도인 박해 시대를 구분해 보시오!

† 소위 콘스탄틴적 전환이 4세기 교회에 끼친 영향을 약술하시오!

† 수도원이 등장하게 된 원인은 무엇인가?

† 그레고리 대제까지 동 · 서 수도원 운동의 특징과 인물을 쓰시오!

† 4세기 초에 이르기까지 삼위일체론 형성의 신학적 특징을 쓰시오!

† 아리우스의 신이해를 중심으로 초기 아리우스 논쟁의 특징을 서술하시오!

† 325년 이후 아리우스 논쟁의 신학적인 전개과정을 개관하시오!

† 삼위일체론 형성에 대한 아타나시우스와 세 명의 가파도기아인의 중요성은 무엇인가?

† 알렉산드리아와 안디옥 대주교좌 사이의 교회정치적 · 신학적 긴장관계를 서술하시오!

† 5세기 초반부터 451년 칼케돈 공의회 때까지 기독론 논쟁의 가장 중요한 신학적 입장을 논하시오!

† 어거스틴이 회심할 때까지 정신적인 발전 과정의 중요한 순례지는 어디인가?

† 어거스틴과 (1) 도나투스와의 논쟁, (2) 펠라기우스와의 논쟁에서 신학적인 문제는 무엇인가?

† 교황권의 발생에 대하여 발전적인 획을 긋는 로마 감독은 누구인가?

† 비잔틴 제국교회에 대한 유스티니안 황제의 지배가 의미하는 것은 무엇인가?

† 유스티니안 황제 이래 동방 교회의 신학적 · 경건적 상황은 어떠한가?

중세 교회사의 주요 문제

† 불필라(Wulfila)의 클로드비히(Clodwig)가 교회사에서 지속적인 중요성을 지니는 이유는 무엇인가?

† "그리스도교의 게르만화"라는 주제에 대한 변화 요소를 약술하시오!

† 프랑크 왕국의 보니파티우스의 영향력에 대하여 서술하시오!

† 칼 대제 통치기간의 교회사적인 중요성은 무엇인가?

† "오토 제국교회" 체제를 설명하시오!

† 클루니 개혁은 어떤 목적을 추구하였는가?

† 소위 "서임권 논쟁"을 설명하고, 그 논쟁이 최고조에 달했을 때를 쓰시오!

† 어떤 원인들이 십자군 운동을 일으켰는가? 서방 교회에 대한 십자군 운동의 결과를 쓰시오!

† 중요한 교황을 아는 대로 쓰고, 그들의 역사적 위치를 서술하시오!

† 중세 시대의 경건사와 교회사에서 중요한 수도승은 누구인가?

† 스콜라 신학의 발전 과정을 그 본질적인 단계에 따라 구분하시오!

† 신학사와 철학사에 영향을 끼친 안셀름의 두 가지 가르침은 무엇인가?

† 중세 융성기에 어거스틴파에서 아리스토텔레스주의자를 구분하는 주요 방법은 무엇인가?

† 중세 융성기 또는 후기에 각각 중요한 두 명의 도미니크파 신학자와 프란치스코파 신학자를 언급하고 그들의 신학적인 특징을 간단히 서술하시오!

† 14세기 도미니크파의 신비가 의미하는 것은 무엇인가?

† 신비적인 신학을 특징짓는 간략한 근본 개념은 무엇인가?

† 중세 후기 교황권의 붕괴에 대한 원인을 언급하시오!

† "종교개혁 이전의 개혁"이라는 개념은 무엇을 의미하는가?

1555년 아욱스부르크까지 종교개혁사의 주요 문제

† 중세 후기, 특히 15세기에 독일에서 종교개혁은 어떤 발전을 준비해 왔는가?

† 면죄부 논쟁에 이르기까지 루터에게 지속적인 영향을 끼친 사건들은 무엇인가?

† 루터가 95개 논제에서 면죄부라는 주제를 다룬 방법은 무엇인가?

† 루터에 반대하는 로마 교회의 대책을 단계별로 개괄하시오!

† 아욱스부르크에서 진행된 카제탄의 루터심문과 라이프찌히 논쟁에서는 어떤 내용의 신학적 질문이 진행되었는가?

† 1520년에 나온 종교개혁에 관한 주요 작품들의 논지를 요약하시오!

† 루터는 어떤 경로를 통하여 1521년 보름스 국회에 출두하게 되었는가? 그리고 보름스 국회가 종교개혁사에서 차지하는 의의가 무엇인가?

† 1521년 보름스 국회에서 1530년 아욱스부르그 국회까지의 기간을 사건별로 정리하시오!

† 1520년대 루터의 작품 중 중요한 것들을 쓰고 그 주제를 논하시오!

† 쯔빙글리 중심의 쮸리히 종교개혁을 약술하시오!

† 칼슈타트와 뮨쩌의 역할 가운데 드러나는 신학적 핵심 사상은 무엇인가?

† 칼슈타트와 루터 그리고 뮨쩌와 루터의 신학적인 차이는 무엇인가?

† 소위 종교개혁 좌파에 속하는 인물들은 누구인가?

† 에라스무스와 루터 사이의 공통점과 대립점은 어디에 있는가?

† 16세기 초반 여러 농민전쟁의 원인을 쓰시오!
† 루터의 어떤 작품이 1524/1525년의 농민전쟁과 관계가 있는가?
† 헷센과 선제후 작센령의 종교개혁 교회 설립의 차이점은 무엇인가?
† 성만찬 이해에서 쯔빙글리와 루터의 차이점은 무엇인가?
† 마부르그 종교회담은 어떤 결과를 가져왔으며, 어떤 교회정치적인 상황에서 전개되었는가?
† 독일 종교개혁사에서 1530년 아욱스부르그 국회의 중요성은 무엇인가?
† 언제 그리고 어떻게 슈말칼덴 동맹이 이루어졌는가?
† 뉘른베르그 유예 이후 어떤 지역에서 종교개혁이 진행되었는가?
† 1530년대 재세례파 운동의 위기는 어떻게 왔는가?
† 종교개혁사에서 1536년과 1537년이 중요한 이유는 무엇인가?
† 어떻게 슈말칼덴 전쟁이 일어났는지 그리고 아욱스부르그와 라이프찌히 잠정협정은 무엇인지 쓰시오!
† 슈말칼덴 전쟁 이후 프로테스탄트의 상황이 개선된 이유는 무엇이며, 어떤 계약에 이것이 나타나 있는가?
† 1555년 아욱스브르그 국회는 무엇을 결정하였는가?
† 아욱스부르그 종교평화가 독일 교회사에서 중요한 역할을 하는 이유는 무엇인가?

신조 시대의 주요 문제

† "신조 시대"라는 개념을 설명하시오!
† 1577년의 일치신조에 이르기까지 루터교 내부의 교리 논쟁은 어떤 신학적 · 교회적 질문들로 진행되었는가?
† 일치신조의 신학적 · 교회적 의의는 무엇인가?

† 루터교 정통주의 신학의 기본적인 성격은 무엇인가?
† 대표적인 루터교 정통주의 신학자 몇 사람을 쓰시오!
† 루터교 정통주의에서 경건·개혁운동에 참여한 신학자는 누구인가?
† 요한 칼빈의 생애를 요약하시오!
† 칼빈 신학의 기본적인 성격을 논하시오!
† 트리엔트 공의회가 차지하는 교회사적인 의의는 무엇인가?
† 종교개혁 신학에 대한 트리엔트 공의회의 신학적 결정은 무엇인가?
† "가톨릭 종교개혁"과 "반종교개혁"이라는 개념을 정의하시오!
† 예수회는 어떻게 설립되었는지, 그리고 16, 17세기에 예수회는 어떤 중요성을 갖는지를 쓰시오!

근세 교회사와 신학사의 주요 문제

† 경건주의와 계몽주의 시대는 근세의 시작과 어느 정도의 관계가 있는가?
† 독일에서 경건주의가 발생하게 된 중요한 원인은 무엇인가?
† 경건주의의 시작에 대한 최근의 경건주의 연구 결과는 무엇인가?
† 스페너의 생애와 업적을 약술하시오!
† 스페너의 교회개혁 프로그램은 무엇인가?
† 할레에 끼친 헤르만 프랑케의 영향을 신학적·교회적 관점에서 약술하시오!
† 찐젠도르프와 헤른후트 형제단의 신학적·교회적 의의는 무엇인가?
† 교회적인 경건주의에서 교회비판적·분리주의적 경건주의를 구분하는 관점은 무엇이며, 분리주의적 경건주의의 대표자는 누구인가?

† 뷔르템베르그와 니더라인의 경건주의에 대하여 약술하시오!

† 경건주의의 의의와 영향을 전체적으로 논하시오!

† 18세기 유럽 계몽주의의 역사적 근원은 무엇인가?

† 계몽주의적인 사고가 세계관, 인간관 그리고 신관의 변화에 끼친 영향은 무엇인가?

† 18세기 영국과 프랑스의 계몽주의를 약술하고 그 대표자들을 쓰시오!

† 서유럽과 독일의 계몽주의는 어떠한 차이가 있는지 쓰시오!

† 독일의 철학적 · 신학적 계몽주의 대표자를 개괄하고 신지식(Neologie)에 관하여 특별히 논하시오!

19-20세기 교회사와 신학사의 주요 문제

† 18세기에서 19세기로의 전이 과정은 독일 현대 교회사에서 어느 정도의 심각한 시대 전환을 의미하는가?

† 프랑스 대혁명이 프랑스와 독일에 끼친 정치적 · 교회적 중요 영향들은 무엇인가?

† 1810/11년 이래 베를린에서 활동한 슐라이에르마허의 정신적 · 신학적 발전과정을 논하시오!

† 슐라이에르마허가 발전시킨 종교와 신학과 교회에 대한 새로운 이해는 무엇인가?

† 독일 각성운동의 기원과 발전과정, 중심지 그리고 대표자에 대하여 아는대로 쓰시오!

† 19세기 독일의 각성운동이 지닌 신학적 · 교회적 의의는 무엇인가?

† 유럽의 각성운동을 개괄하는 가운데 특히 영국의 각성운동을 중심으로 서술하시오!

† 어떤 점에서 19세기를 교회와 교회개혁에 대한 새로운 이해를 강력하게 추구한 시대라고 말할 수 있는가?

† 어떤 점에서 19세기는 프로테스탄트 신학사의 고전 시대로 불리울 수 있는가?

† 19세기 프로테스탄트 신학사의 대표자들과 그 주요 신학 방향을 구분하여 보시오!

† 19세기 개신교 내방선교와 사회사업의 목표와 대표자들에 관하여 약술하시오!

† 19세기 로마 가톨릭 역사의 중요한 사건들을 아는대로 쓰시오!

† 제1차 세계대전은 어느 정도의 심각한 변혁을 독일의 교회사와 신학사 가운데 초래하였는지 논하시오!

† 어떤 점에서 20세기의 변증법적 신학은 개신교 신학사의 전환점이 될 수 있는지 논하시오!

† 변증법적 신학의 신학적 출발점(Ansatz)을 논하고 그 대표자들을 쓰시오!

† 바이마르 공화국에서 교회와 국가의 관계는 어떻게 규정되었는가?

† 바이마르 공화국의 개신교 주교회 상황을 서술하시오!

† 제1차 세계대전 이후 가톨릭 교회의 상황을 논하고 가톨릭 교회 내적인 사건들 가운데서 20세기 전체적인 교회사에 중요한 것들을 구별하시오!

† 1933/34년 교회투쟁의 중요한 경험들을 서술하고 그 특징을 설명하시오!

† 1935년부터 1939년까지 그리고 제2차 세계대전에서 교회와 민족 사회주의 세력 간의 분쟁점은 무엇이었는지 약술하시오!

† 제2차 세계대전 이후 교회사의 중요한 사건들을 논하시오!

† 20세기 에큐메니칼 운동의 기원과 경향 그리고 회의에 대하여 약술하시오!

1 사도 교부 시대

개 요

제1세기 후반에서 제2세기 중반까지에 해당되는 이 시기는 초대 그리스도교가 헬라 세계에 발을 들여놓는 시기이다. 이것은 헬라-로마 고대 세계 속에서 그리스도교의 역사의 시작을 의미한다.

사도 교부들은 초기 그리스도교-속사도적인 저술들을 내놓은 사람들이다. 그 저술들은 신약 정경과 여러 면에서 밀착되어 있지만 정경 가운데는 포함되지 못한 것들이다. 물론 정경 안에는 요한복음, 히브리서, 야고보서, 그리고 목회 서신들과 같이 사도교부 시대와 비슷한 시대의 것들도 들어 있다. 이 시대는 초대 그리스도교 신학의 시대로써 아직은 옳고 그름을 분별할 어떤 규범을 갖추지 못한 시대였다. 이 저술들의 거의 대부분이 이방 그리스도교권에서 유래된 것이며, 대체로 상황에 따른 소책자이거나 서신, 또는 설교문들이며, 신약성서와 함께 그리스도교 신앙의 오랜 증거들이기 때문에 우리에게는 아주 특별한 가치를 제공하는 것들이다. 사도 교부의 의미는 저들의 가르침에도 있지만 그보다 더 그 기록들이 초대 그리스도교 공동체의 삶의 양식을 우리에게 잘 보여주고 있다는 데 있다. 사도 교부들은 초대 그리스도교의 신앙과 삶과 교회관습에 대하

여 결정적인 정보를 제공한다. 사도 교부 시대(또는 속사도 시대라고 한다)는 교회사적인 발전 방향을 결정적으로 확정짓는 시대였다.

바울과 사도 교부를 구별하는 역사적 분기점은 70년에 실패로 끝난 반로마 유대 항쟁이다. 유대인과 그리스도교인과의 관계를 볼 때에는 70년의 결과들과 바 코흐바(Bar Kochba)의 인도 아래 진행된 반로마 저항운동 실패라는 배경이 있음을 알아야 한다. 로마제국에 정치적으로 복속되는 것은 유대인들로 하여금 더욱 더 유대교에 몰두하도록 하였지만, 반면에 초대 그리스도교 내에서는 유대교가 제공했던 역사적이고 공간적인 배경들이 점차로 퇴색해 갈 수밖에 없었다. 티투스에 의하여 예루살렘이 파괴되자 예루살렘의 유대 그리스도교 공동체는 요단강 동편으로 이주해 갔고, 거기서 점점 저들의 역사적 발자취를 상실해 갔다. 이제 그리스도교의 사상적 발전 과정은 전적으로 헬라적인 영역 속에서 진행될 수밖에 없었다.

그리스도교 선교가 강화됨에 따라 유대인과 그리스도인의 사이에는 보다 분명한 구별이 요구되었다. 2세기와 3세기에 들어서도 유대인을 향한 그리스도교의 선교적인 노력은 계속되었지만, 근본적으로 그리스도교적인 자아의식은 종종 반(反)유대주의로 연결되었으며, 이 반유대주의는 사도 교부 시대 동안 다양한 양태로 표출되었다. 유대교의 내부적 결속은 결국 그리스도교라는 유대교의 변두리 집단이 자신의 정체성을 스스로 분명히 하도록 하는데 영향을 끼쳤던 것이다.

그리스도교의 전파는 그 공동체 구성원의 삶 가운데서 자연스러운 방법으로 시작되었다. 그리스도인들이 삶 속에서 보여준 도덕적 열심 때문에 저들의 후기 고대사회라 익숙한 틀로부터 뛰쳐나와야만 했다. 신학이나 교직에 관하여서도 사도 교부는 원시 그리스도교에서 나와 새로운 시대에로 이동을 시작하

였던 것이다. 원시 그리스도교와는 달리 사도 교부들의 저술들은 신앙의 윤리적인 수호를 매우 강조하였다.

여러 각도에서 관찰해 보면, 외적, 정신적-정치적인 요인들이 그리스도교의 전파를 가능하게 하였다. 로마제국의 광활함, 각 지방간의 활발한 교통, 헬라 문화와 언어적인 통일성 등등은 로마제국 지배자의 종교관용 정책과 연관되어져서 초대 그리스도교에 다가왔던 것이었다. 시골보다는 도시에서 먼저, 특히 헬라인과 로마인에게 그리스도교는 전파되어 갔다.

두말 할 것도 없이 최초의 <그리스도교 박해>는 사도 교부 시대 상황 속에서 벌어졌다.

주요 항목

사도 교부들의 중요한 저술들

† 클레멘스의 첫 번째 서신 : 95년경, 로마에서 기록함.

† 이그나티우스의 일곱 서신 : 안디옥의 감독 이그나티우스의 서신으로 수신자가 다양함. 115년경 순교지인 로마로 여행 중 기록함.

† 폴리갑의 서신 : 빌립보 교인에게 보냄. 110년경, 스미르나에서 기록함.

† 바나바의 서신 : 130년경, 이집트에서 나왔을 가능성 높음.

† 클레멘스의 두 번째 서신 : 140년경, 로마 또는 고린도에서 기록함.

† 헤르마스의 목자 : 150년경, 로마에서 기록함.

† 파피아스의 단편 : 150년경, 이레니우스와 유세비우스에 의해 전승됨.

† 디다케(열두 사도의 교훈) : 2세기 전반, 시리아에서 기록됨.

속사도 시대 유대인과 그리스도인의 관계

† 70년 유대인들은 로마 저항운동을 일으켰으나 처절한 실패를 겪었다. 트라얀과 하드리안 황제 치하에서 유대인들은 최후의 저항조차 실패하고 말았다(바-코흐바의 최후 저항 135년경).

† 이 정치적인 결과는 유대인과 그리스도인의 관계에 지대한 영향을 끼쳤다. 유대교에서는 유대 그리스도인을 포함한 유대교 주변 집단들을 제외시킴으로써 유대교 내면을 향한 종교적인 집중력을 과시하였다. 90년경에는 분리된 집단에 대한 저주의 기도를 유대교 회당의 18 기도문 속에 편입시켰다.

† 사도교부 문서들 가운데에는 반(反)유대적인 태도와 의도적으로 연결시키려는 그리스도교적 정서가 엿보인다(바나바 서신과 이그나티우스의 서신).

† 할례와 음식규정은 그리스도교 공동체에서는 그 의미를 상실하였다. 초기 그리스도교가 유대적 영역에서 그리스적인 영역에로의 이전은 이 시기에 완료되었다.

그리스도교 선교와 확산

† 그리스도교는 로마제국의 전 영역으로 신속하고 균일하게 확산되었다. 사도 바울의 선교 여행 때와는 달리 그리스도교는 공동체의 그리스도인들을 통하여 급속도로 전파되었다. 이처럼 속사도 시대에 그리스도교가 급속도로 전파된 것은 나름대로의 다양한 이유가 있다.

† 내적인 요인 :

그리스도인들은 삶을 통해 드러나는 신앙과 행위의 일치로 후기 고대사회에 강한 인상을 심어주었다. 이웃을 향한 그리스도인들의 사랑 실천은 고대적인 선행의 개념을 바꾸어 놓았다. 또한 공동체 안에서 부녀자와 노예를 동등하게 대하는

것은 고대사회의 전통에 역행하는 것으로써 상당한 주목을 받았다.

† 외적인 요인 :

아우구스투스 황제의 평화(Pax Augusta)

제국 내 각 지방 간의 무역과 이로 인한 문화교류의 증진

헬라적인 문화와 언어의 통일성

지배자 로마제국의 관용적인 종교 정책

이 시대의 그리스도교 박해

† 64년에는 로마에서 네로 황제에 의한 소수민족 박해(Pogrom)가 있었으며, 그때 베드로와 바울이 순교한 것으로 추정된다.

† 제2세기 전반의 그리스도교 박해는 각 지역에서도 있었는데, 트라얀 황제(98-117)의 통치 이후로는 그리스도인에 대한 공적인 수색이 없어졌고, 다만 고발이 있을 때에만 로마 정부는 반응을 보였다(플리니에게 보내는 황제의 칙서, 111/13).

† 그리스도교 박해의 결정적인 원인은 로마 사회와 그리스도교 자아의식 간의 좁힐 수 없는 간격에서 비롯되었다고 전제할 수 있다. 그리스도교 신앙은 국가와 사회의 관계에 대한 기존의 입장을 그대로 수용할 수 없었다. 그래서 그리스도교인들은 당연히 로마제국 사회 속에 낯선 존재로 여겨질 수밖에 없었다. 그리스도인들의 구원의식, 친밀한 공동체적 생활, 그리고 그 사회의 관습적인 것을 멀리 할 것, 심지어 죽음도 두려워하지 않은 강한 생활 태도 등은 당국과 충돌할 수밖에 없었다.

† 거부하는 것은 그리스도교의 끌어당기는 힘과 늘 평행하게 진행된다. 속사도 시대는 로마제국 내에서 교회가 확고한 기반을 다지는 시대였다.

사도 교부들의 신학

† 이방 그리스도교권을 통한 복음 전파는 그리스도교 신학이 원시 그리스도교와 연속성을 유지하면서도 변화하는 과정이 있다는 의미이다. 하나님은 우선 창조의 하나님이시며, 구원의 하나님, 그리고 윤리적 공의의 하나님이시다. 하나님의 초월성과 신 · 인의 차이가 강조된 시기였다.

† 그리스도를 보는 관점도 다윗의 아들에서 하나님의 아들로 옮기어져 갔고 그리스도의 부활을 통하여 카이로스로서의 그리스도를 증거하였다. 하나님을 로고스(말씀)라고 하는 말은 바로 그분의 선재를 나타내는 것이다. 하나님은 계시와 세상의 심판자로, 새로운 희망의 제창자로, 새로운 율법의 수여자로, 그리고 무엇보다도 윤리적인 삶의 주인으로 표현되었다. 원시공동체 안에 결여된 <예수의 삶에 대한 전승>(Leben-Jesu Überlieferung)은 기독론적으로 전개되었다.

† 교회는 그리스도의 몸이다. 그리스도뿐만 아니라 교회도 선재하였다. 교회는 성령의 피조물이며, 성령과 권능의 경험으로 말미암아 저들은 종말공동체에 있음을 확인하였다. 이런 의식이 있었기에 순교가 가능하였던 것이다.

† 사도 교부들의 윤리는 특별히 신약성서의 삶을 교회 공동체에 적용하는 것이었다. 그리스도는 새로운 율법을 가져왔다. 이방 그리스도교 공동체에서는 이 새로운 율법을 유대 의식법에서의 해방으로만 이해하였다. 그래서 아직은 바울적인 율법 이해의 깊이에까지는 도달하지 못하였고, 여전히 율법적인 수준에 머무르는 모습이었다. 도덕주의는 사도 교부들의 분명한 기본 가르침이었다.

교회 질서의 확립

† 은사 중심의 공동체(사도, 예언자, 교사) 직분은 두 가지의 형

태로 발전하였다: 유대 그리스도교 장로제도와 바울적인 감독제도이다. 두 가지의 형태는 사도 교부 시대에 감독과 장로와 디아콘이라는 세 직분으로 표현되고 있다. 감독의 직분은 장로 회의에서부터 분리하여 특별한 직분으로 성장하였다.

† 소위 단일 주교직(Monepiskopat, 한명의 감독이 하나의 공동체를 인도함)이 처음에는 시리아와 소아시아 지역에 등장했으며, 이는 이그나티우스의 서신에서 분명하게 증거하고 있다. 클레멘스의 첫 번째 서신에서도 교회직제의 의미를 강조하였고, 직분자를 사도의 계승자로 여겼다.

† 감독에게 안수하여 임무를 부여하는 예식(Ordination)은 유대적 관습에 따라 주후 100년 경부터 소아시아에서 시행된 것으로 추측된다.

† 사도 직분을 계승한다는 사상 역시 유대적인 관습을 따라 발전하였다. 이것은 다음과 같은 두 가지 의미를 지녔다:

1. 직분을 받은 자는 사도가 가졌던 가르치는 전승을 적법하게 물려받은 것이다.
2. 이것은 사도로부터 그 계승자들에게로 중단 없이 계승되었다.

사도 교부 저술들의 내용

† 클레멘스의 첫 번째 서신 : 이 서신은 로마 교회 장로인 클레멘스가 고린도 공동체에게 보내는 권면의 편지이다. 고린도 교회의 질서를 파괴하는 자들을 교회 질서에 따라 처리하여야 한다고 주장한다. 하나님은 자연과 역사 속에서 늘 질서의 하나님이셨다. 이 서신의 중심에는 창조 신학이 자리 잡고 있으며, 이로부터 파생된 세상과 국가에 대한 긍정적인 관점이 소개되고 있다. 그리스도교 신앙은 근본적으로 그리스도를 통해 드러난 새 계명에 대한 복종이다.

† 이그나티우스의 서신들 : 이 서신들은 사도 교부 시대의 성령 체험에서부터 나온 것이다. 이것들은 카리스마적인 글들이며 헬라 사상의 영향을 받은 것들이다. 구약성서와는 무관하다. 이단을 막기 위하여 감독에게 순종하는 것이 바로 하나님께 순종하는 것임을 강조하였다(Monepiskopat). 이 서신들은 성찬 이해에 관하여도 아주 중요한 변화의 과정을 보여주는데, 성찬은 <불사의 명약>(*φάρμακον αθανασίας*)으로 이해되었다. 그리스도교적 희망의 핵심은 하나님의 왕국을 기대하는 것이 아니라, 오히려 개인적 불멸에 초점이 맞추어져 있었다.

† 헤르마스의 목자 : 이 글은 사도 교부 시대의 세례와 회개의 법을 잘 보여준다. 그리스도인은 세례 받은 후 순결하고 거룩하게 살 의무가 있다. 세례 받을 때 오직 한 번만 용서가 시행되며, 선을 행할 능력을 선물로 받는다. 따라서 두 번째 회개는 불가능하다. 이러한 사상은 임박한 종말과 그리스도의 재림을 기대하면서 확립되었다. 그러나 파루시아의 도래가 지연됨으로써 윤리적인 요구 조건들은 점차 약화되었다.

1. 하나님의 명령이라는 개념은 점차 확대해석 되어서 고행에도 등급이 생겼다(클레멘스의 두 번째 서신). 금욕이 기도보다 낫고, 자선이 훨씬 더 낫다.
2. 죄의 개념에도 등급이 인정되었다. 죄에는 의식 중에 지은 죄와 무의식 중에 지은 죄가 있는데, 죄는 근본적으로 멸망이요, 악한 욕망이며, 죽음의 힘에 포로된 것이다. 동시에 착각이요 무지이다. 죄가 빚이라는 사상은 아직 전개되지 않았다.

헤르마스의 목자에서는 파루시아의 근접한 도래가 교회와 개인 간에 임하는 심판으로 선포되었다. 그럼에도 불구하

고 절망하는 사람은 없었다. 왜냐하면 헤르마스는 한 번의 회개할 기회가 더 주어질 것이라는 비전을 선포하였다. 이런 두 번째의 회개는 오직 한 번뿐이라는 점 또한 강조되었다.

† 바나바와 파피아스 : 이들의 글은 그리스도의 재림 전에 있을 천년 왕국에 근거한 종말론을 보여준다. 유대적인 통념에 의하면 이 세상의 역사는 여섯 번의 천년으로 나뉘어 진행되는데, 이것은 창조의 여섯 날들에 유비한 것이다. 6천년이 지난 후에 제7천년대가 오는데, 그리스도가 지상에서 신자들과 다스리는 기간이다. 그 다음에야 바로 영원의 제8일이 시작되는 것이다. 지상 천년 왕국 (Millenium 또는 Chiliasmus 라고 불린다)의 사상은 이때 이후로 늘 교회사 가운데 존재하였다.

참고문헌

Andresen, C./ Ritter, A. M., Geschichte des Christentums I/1, Stuttgart 1993, 7-18.

Beyschlag, K., Grundriß der Dogmengeschichte, Bd.I, 65-98.

Frank, K. S., Grundzüge der Geschichte der Alten Kirche, 1-14.

Frank, K. S., Lehrbuch der Geschicht Alten Kirche, 173-177.

Hägglund, B., Geschichte der Theologie. Ein Abriß, München 1993(2nd), 13-19.

Hauschild, W.-D., Lehrbuch der Kirchen-und Dogmengeschichte, Bd. I, §2, 2.-2.2, 60f. u. §2, 3.-3.4, 63-65.

Jacobs, M., Das Christentum in der antiken Welt, 13-35.

Moeller, B., Geschichtes des Christentums in Grundzügen, Göttingen 1992(5th), 35-42.

2 제2세기 그리스도교의 정신적 흐름과 신학 조류

개 요

사도 교부 시대 가운데 2세기 후반부는 교회사 · 신학사적으로 보아 그 정신적인 면이 최고조에 이른 시대였다. 이 시대의 핵심 질문은 그리스도교가 비그리스도교권과의 관계 속에서 어떠한 정신적인 중요성을 제공했는가 하는 것이다. 교회사에서는 150년에서 200년까지를 변증가의 시대라고 부른다. 그러나 이들 그리스도교의 수호자들만 등장했던 것은 아니다. 이 시대에는 그리스도교 영지주의에 의한 논란이 함께 진행되었다. 뿐만 아니라 마르시온은 고대 교회의 이단으로 등장하였고, 몬타누스는 예언적이고 종말론적인 개혁 운동을 진행한 바 있다. 우리는 여기서 때때로 경쟁의 관계에 서 있기도 했던 당시 정신세계의 다양한 흐름들을 다루어야 할 것이다.

2세기의 변증가란 그리스도교권에 대한 다양한 적대자를 저술 작업을 통하여 방어하는 그리스도교 작가군을 일컫는 말이다. 저들의 역사적인 중요성은 외적인 영향에서가 아니라, 오히려 정반대로 교회 내부를 향한 영향에서 찾을 수 있다. 변증가들 역시 어떤 점에서는 교회 신학의 교부들임에는 분명하다. 저들은 당시의 철학적 영향 아래 그리스도교적 계시의 진리성을 증거하였다.

영지(Gnosis)라는 말은 보통 그리스도교의 등장 때부터 영향을 끼쳐 온 혼합주의적 종교 운동이라고 이해한다. 이 운동의 특징은 세상에 대해 냉소적이며 인간 영혼이 하나님의 하늘나라로 돌아갈 것을 동경하는 것이다. 종교적인 흐름이요 명상적인 속죄론으로써의 영지(Gnosis)는 동양에서 서양을 향하여 전파되었으며 바벨론과 페르시아 종교의 영향을 받았다. 그 후에 이 사상적인 흐름은 시리아를 거쳐서 유대 지역에까지 이르렀는데, 특히 사마리아 지역에 크게 영향을 끼쳤다. 동시에 여기에서 유대적인 요소를 취하였다. 결국 이러한 혼합주의적인 운동은 초대 그리스도교를 자신들의 소용돌이 가운데로 몰아넣는 시도를 하게 되었다. 우리가 교회의 역사 속에서 영지주의라는 이름을 통하여 이해하는 것들이나, 혹은 제2세기의 그리스도교의 위기를 초래하였던 문제들은 바로 그리스도교 신학 그 자체로서 드러난다.

우리는 마르시온을 고대 교회의 가장 흥미 있는 인물로서 만나게 되는데, 그는 우리로 하여금 다양한 모습들을 경험하게 한다. 그리스도교가 단지 창조 신앙 또는 그리스도교화된 도덕 정도로 자신을 제한 당하도록 위협받고 있던 시대의 한복판에서 있었다. 거기서 그는 율법과 복음이라는 바울 신학의 근본적인 문제에 천착하였다. 율법과 복음의 관계는 결국 마르시온으로 하여금 급진적인 이원론에 빠지게 하고 말았다.

몬타니즘은 2세기 중엽 소아시아 지역의 예언적이고 종말적인 운동이었다. 에큐메니칼 범위에서 보면 몬타니즘은 윤리적 열광주의 때문에 벌어진 교회의 역사상 가장 오래된 분열 운동이었다. 몬타니즘의 문제는 이단의 문제로 다루기 어렵다. 왜냐하면 이 운동은 아직 이렇다고 할 만한 자신의 신학을 정리해 내지 못하였기 때문이다. 아직 가르침들을 확립하지 못한 상태라면, 몬타누스파의 관점은 당시 거대해져 가고 있던 교회

를 반대하는데 정향되었다고 할 수 있다. 초대 그리스도교의 영적인 줄기와 연결된 몬타누스주의는 사도 교부들과 변증가들의 신학에 반대하는 반동을 기대하였던 것이다.

주요 항목

변증가들의 저술들

† 소위 변증가라고 하면 제2세기 후반에 활동한 그리스도교 작가들을 일컫는데, 그들은 다음과 같은 도전에 대항하여 저술로써 방어했던 사람들이다: 이방 세계에 의한 비방, 로마 국가권력에 의한 억압, 유대교로부터의 배척. 이 글의 수신자들은 대부분 로마 황제나 그가 파견한 행정 장관들이었다.

† 그리스도교에 대한 이방 세계의 배척은 저술이 아니라 일반 백성들의 정서로 나타났다. 터툴리안은 자신의 변증을 통하여 이방 세계의 배척의 특징을 정리하였는데, 저들은 그리스도인들이 다신 신앙에 그 어떤 의미도 부여하지 않는다는 이유로 무신론자들이라고 비난하였다는 것이다.

† 우리는 180년경 『참된 말씀』(*Wahres Wort*)이라는 저술을 통하여 그리스도교를 공박했던 셀수스(Celsus)에게서 그리스도교를 반대한 이방 사상의 실체를 확인할 수 있다. 셀수스의 반그리스도교적인 작품을 통하여서 우리는 일종의 종교적 이상주의와 인본주의를 만나게 되는데, 이는 그리스도교적 유일신론의 배타성에 정면으로 반대하는 것이었다.

중요한 변증가들

† 순교자 져스틴(Justin der Märtyer, 마르쿠스 아우렐리우스 황제 치하에서 165년경 순교하였음). 안토니우스 피우스 황제와 마르쿠스 아우렐리우스 황제에게 보내는 두 편의 변증

과 특히 『트리포와의 대화』가 유명하다(그리스도교인의 시각에서 본 구약성서 변호).

† 져스틴의 영향을 받은 작품: 타티안(Tatian)의 『헬라인에 대한 연설』, 아테나고라스(Athenagoras von Athen)의 『아우레렐리우스 황제에게 보내는 그리스도교인들을 위한 탄원』, 기타 2세기 변증가들은 콰드라투스(Quadratus), 아리스티데스(Aristides), 멜리토(Melito von Sarden) 등이다.

변증가들의 신학 논증

† 변증가들은 그리스도교가 참된 철학임을 증명하려고 하였다. 그리스도교는 그리스 철학과 유대 종교의 완벽한 결합이었다. 져스틴은 철학이라는 말을 무엇보다도 참된 신 인식이라고 이해하였다. 철학자들이 추구해도 발견하지 못하는 것을 그리스도교 혼자의 힘만으로도 제공할 수 있다. 이 문제를 해결하기 위하여 변증가들은 다음의 네 가지의 증명 과정을 세웠다.

1. 기적 증명(Wunderbeweis) : 그리스도와 그의 사도들이 그의 이름을 통하여 귀신을 몰아내고 귀신들린 자를 치료하는 것은 그리스도를 하나님으로 증명한다.
2. 예언 증명(Weissagungsbeweis) : 변증가들은 우의적인 해석의 도움을 통하여 구약은 완전히 그리스도에 대한 예언임을 유대인들에게 증명하려고 하였다. 예언과 성취가 서로 맞아떨어질 때, 그렇게 이루시고 그리스도 안에 자신을 계시하시는 하나님의 섭리가 나타나는 것이다.
3. 고대성 증명(Altersbeweis) : 모세는 호머와 그 어떠한 그리스 지혜 문학보다 더 오래되었다. 철학자와 시인들이 말했던 모든 것은 예언자들에게서 그 기원을 찾을 수 있다. 이로써 다음과 같은 내용이 주장되어 질 수 있게 되었다.

즉 그리스 철학은 그리스도교에 예속된 것일 뿐만 아니라, 그리스도교는 이미 창조 때부터 있어 왔고, 또 인간이 이성적으로 사고하며 살려고 시도하는 곳 어디에서나 파고드는 이성적인 종교라는 주장이다. 그리스도교는 자연 종교다. 자연에 부합한다는 점과 이성에 부합한다는 점이 서로 균형을 이룬다. 이로써 변증가들에게 나타난 고대성 증명의 스토아적 기원이 드러나게 되었다.

4. 실천적인 증명(Der praktische Beweis) : 그리스도교인은 우선 인식된 진리를 가르치기만 한 것이 아니라, 실제로 실천 속에 투입하였다. 그리고 그리스도교적인 삶이 참으로 철학적인 삶이 되는 것은 소수의 배운 사람들에게만 해당되는 것이 아니라 보통 사람에게도 가능한 것이다.

변증가들의 로고스 기독론(Logos-Christologie)

† 로고스론은 그 근원이 우주와 자연 질서 속에서 최고의 이성을 인식하려는 스토아주의(Stoizismus)에 있다. 이 로고스에는 영원부터 하나님이 내재하셨고(logos endiathetos), 하나님으로부터 나와서 세계 창조에 참여하였다(logos prophorikos). 로고스는 세계 이성으로써 이미 그리스도 이전에 그리스 철학에 영향을 끼쳤고 아직 완성되지는 않았다(logos spermatikos).

† 로고스는 그리스도 안에 화육되었다. 로고스-그리스도는 자신을 인간들로 하여금 알아보도록 내어 주신 하나님이다. 이로써 초월하신 하나님과 이 세상 사이에 있던 간극이 메워지게 되었다. 변증가들의 로고스 개념으로 말미암아 그리스도교 밖의 지식이 그리스도교 내부에로 통합될 수 있는 가능성이 생겨났던 것이다.

† 변증가들은 로고스의 선재(Präexistenz)를 가정한다. 창조

때에 아들은 하나님으로부터 나왔다. 이러한 이유 때문에 그들의 기독론은 종속론적이라고 명명되었다(아들이 아버지 아래에 위치한다).

변증가들의 윤리와 종말론

† 로고스 기독론은 그리스도를 선생으로 이해하는 특징이 있다. 그는 하나님에 관하여 올바른 지식(Erkenntnis von Gott)을 전해 주며, 인생의 도를 알리는 새로운 율법을 가르친다. 구원의 개념도 지적이고 도덕적인 범주의 도움으로 해석되었다. 인간 스스로 내리는 결정권의 자유에 관하여서도 변증가들은 이것이 윤리의 전제조건이라고 생각하였다. 따라서 그들은 원죄에 대하여는 몰랐으며, 인간의 이성이 악마에 의하여 흐려지면, 이 악마는 착각하는 인간을 죄에로 이끌어 가게 된다는 것이다. 죄란 무엇보다도 선에 대한 의식이 결여된 것이다.

† 종말론의 경우에도 도덕적이고 이성적인 경향을 드러내고 있다. 따라서 저들의 경우에는 임박한 종말의식을 발견할 수 없다.

권위

† 변증가들의 의의는 무엇보다도 교회 내적인 영향에 있다. 그들은 신학의 교부들이었다.

† 그러나 바울의 칭의 신학과의 거리를 더 멀리 유지하고 있다.

† 그들의 교리사적인 발전 방향은 무엇보다도 그리스도교를 그리스적인 교육과 일치시켜 보려는 시도에서 그 중요성을 발견할 수 있다.

† 로고스 기독론은 삼위일체 교리 형성의 기초이다.

그리스도교 영지주의 : 정의와 자료

† 종교사학의 정의에 따르면 영지(Gnosis)란 후기 헬레니즘 세계의 혼합주의적인 종교운동으로 정의된다. 이에 반하여 영지주의(Gnstizismus)란 일반 종교적인 감정을 구체화된 체계 속으로 구현시킨 다양한 경향들을 총체적으로 일컫는 말이다. 2세기의 그리스도교 영지주의는 그리스도교를 어떤 일반적이고 종교철학적인 체계 속으로 편입시키려는 시도였다. 영지주의는 자신을 그리스도교 신학이라고 이해하였다(아돌프 폰 하르낙에 따르면 영지주의자는 최초의 그리스도교 신학자들이다).

† 그리스도교 영지주의의 문학작품들은 5세기 초에 계속 파기되거나 소실되었다. 콥트어로 번역된 소수의 작품들이 이집트에 보관되어 있는데 『신실한 지혜』(*Pistis Sophia*)와 북이집트에 위치한 낙 함마디(Hag Hammadi) 마을 근처에서 1946년에 발견된 『도마복음』, 『진리의 복음』 같은 것들이 있다. 낙 함마디 문서들이 발견되기 전까지는 교부 이레니우스나 터툴리안 또는 힙폴리투스의 반영지주의적 글들이 그리스도교 영지주의를 평가하는 주요 작품으로 분류되었었다.

그리스도교 영지주의의 사고 구조

† 신화론적이고 우주론적인 명상의 출발점은 영혼이 구원받아야만 하는 필요성에서 비롯된다. 물질적인 세계의 포로가 된 영혼은 자신의 영적이고 신적인 근원에로 회귀하기를 소망한다. 자신의 근원이 무엇인지 그리고 그 목표가 무엇이지를 앎으로 인하여 구원을 얻는다.

† 정신과 물질, 선과 악 그리고 하나님과 세상을 단호하게 구분하는 이원론이 그리스도교 영지주의의 모든 체계를 움직이는 이론이다. 이러한 이원론은 영지주의가 최고의 하나님

과 세상을 창조한 저급한 신을(Demiurg) 차등화 하는 사상과 연관되어 있다.

† 최고의 하나님은 하늘의 구원자를 물질적인 세상에 보냈는데, 그 구원자는 이 세상에서 외적으로는 육적인 예수와 연결되지만, 고난을 당하기 전에 그로부터 다시 분리되었다는 것이다. 가현적 기독론(doketische Christologie)의 시각에서 보면 그리스도-로고스는 단지 가현적인 육신을 취했을 따름이라는 것이다. 따라서 성육신과 고난은 단지 <가현>(Schein)일 뿐이라는 것이다. 그리스도의 사역 가운데 고난이나 죽으심은 아무런 의미가 없다. 오히려 그리스도가 영혼들에게 가져다주시는 깨우침과 조명에만 모든 비중을 두고 있다.

그리스도교 영지주의의 인간론과 윤리

† 인간은 영적 인간(Pnumatiker)과 정신적 인간(Psychiker)과 육적 인간(Hyliker)으로 구분된다.

† 오직 영적 인간만이 깨닫는 능력과 함께 구원받을 수 있다. 정신적 인간과 육적인 인간은 이러한 깨달음으로부터 완전히 제외되어 있다.

† 구원의 개념이 물질세계에서 영을 해방시키는 것이라면, 윤리적인 이상은 금욕적이어야만 한다. 그러나 영은 더 이상 물질과 연관될 것이 없기 때문에 윤리적인 관점은 정 반대의 것으로 표현될 수도 있다. 따라서 금욕주의나 자유적 이상이 모두가 그리스도교 영지주의의 윤리적 토대가 되었다.

그리스도교 영지주의의 몇몇 경향들

† 시몬 마그누스(Simaon Magnus, 행 8장)는 유대교에 그 뿌리를 두고 있는데, 그리스도교와의 연결을 시도하였고 스스

로를 <하나님의 크신 능력>으로 여겼다.

† 소아시아에서는 100년경에 케린토스(Kerinthos)들이 등장하였다.

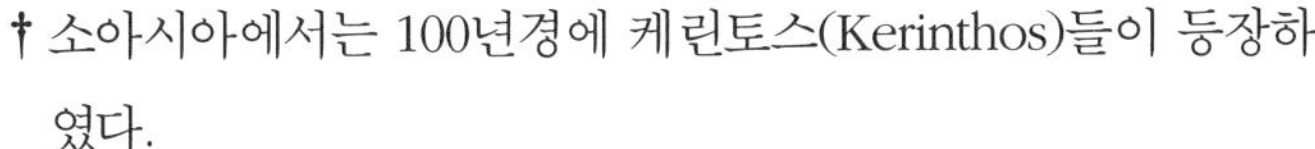

† 그리스도교 영지주의에서는 다음의 세 그룹이 중요하다. 동방적인 특징을 지닌 뱀 숭배교(Ophiten)와 바실리데스(Basilides) 그리고 발렌틴(Valentin)이다.

1. 뱀을 숭배하는 영지는 창세기 3장의 이야기에서 자신들의 이름을 가져왔다. 성서의 보고와는 다르게 이 뱀은 타락의 원인 제공자로 등장하는 것이 아니라, 하나님이 보내신 참된 영지의 중재자로서 그를 통하여 인간은 구원받도록 묘사되었다. 여기에서는 동방적인 신비주의가 주도적이다(Naassenerpsalm, 나아센 파).
2. 바실리데스는 시리아에 기원을 두고 있다. 130년경부터 알렉산드리아에서 바실리데스 학파가 등장한다. 이집트의 그리스도교는 본래적으로 영지주의적이었다. 가장 오래된 요한복음 주석도 영지주의자에게서 비롯되었던 것이다. 바실리데스는 신화론적인 드라마에 만족하지 않고 세상만사가 영적인 형태의 발전 과정을 통하여 신성에로 귀속되기를 소망하였다. 지존하시고 드러내지 않으신 하나님으로부터 유출 과정을 통하여 철학적이고 윤리적인 개념의 다양한 에온(Äeon)이 출현하였다. 최고의 하나님으로부터 보냄 받은 그리스도는 인간의 영혼을 다양한 에온을 통하여 다시금 영의 세계로 인도한다.
3. 알렉산드리아 출신인 발렌틴은 바실리데스의 제자로 150년경에 로마에 영향을 끼쳤다. 시리아에 발렌틴 추종자들의 중심지가 있다. 동방의 발렌틴 추종자 외에 로마 학파가 있는데, 헤라클레온(Herakleon)과 프톨레메오스(Ptolemäus)이다(플로라에게 보내는 프토레메오스의 편지).

발렌틴에게 이르러서 그리스도교 영지주의는 그 사상적인 최고점에 도달하였다. 저들의 명상은 이제 신학적인 깊이를 획득하였다. 그의 질문은 어떻게 자기가 이러한 불쌍한 세상에 오게 되었는가? 하는 것이다. 이 세상은 결국 선하신 하나님께로 돌아가야 한다. 세상의 기원에 관한 질문, 즉 우주론도 이런 사상 속에서 하나님의 정의(Theodizee)를 묻는 사상으로 발전한다. 세상은 세계지혜(Sophia)의 선재적인 하강으로 발생하였다.

이러한 소피아-미토스(Sophia-Mythos)는 성서적 구원사를 신화적으로 부연설명 하도록 하였다. 소피아-미토스는 세상의 기원에 대한 질문과 인간구원의 열망에 대한 질문에 답을 주려고 시도한 것이다.

성서적 그리스도교와 그리스도교적 영지주의

† 그리스도교 영지주의는 보다 심오하고 철학적으로 그리스도교를 이해하려는 시도였다고 할 수 있다. 그리스도는 모든 세상 드라마의 중심이요 전환점이다. 그리스도교 영지주의에서도 역시 심오한 그리스도 신앙(Christusfrömmigkeit)이 발견되곤 한다. 그럼에도 불구하고 2세기의 그리스도교 영지주의는 심각한 혼란을 의미한다. 왜냐하면 영지주의는 성서적 그리스도교와 다음의 세 가지 기본 전제를 달리하기 때문이다.

1. 영지주의는 창조 신앙을 거부한다. 세계의 창조자는 지존하신 하나님과 다른 존재이다. 물질이란 무조건 하나님에 반대되는 것이다. 저들의 창조론에 따르면 구약성서는 파기되어야 한다. 그래서 교회 교부들은 저들을 <창조주에 대한 신성모독>(blasphemia creatoris)이라고 불렀던 것이다.
2. 그리스도교 영지주의에서 인간은 자신의 죄에서부터 구원

받는 것이 아니라, 운명 지어진 물질세계의 속박에서부터 놓여나는 것이다.

3. 가현적인 기독론은 그리스도 안에서 나타난 성육신의 역사적 유일회성을 거부한다. 하늘의 그리스도는 당시의 종교적인 기대 가운데 나타난 수많은 구원자들 가운데 하나였을 뿐이다.

마르시온 : 인물과 영향

† 마르시온은 소아시아 남단 흑해 연안의 시노페(Sinope) 출신으로 그 아버지는 그 도시 그리스도교 공동체의 감독이었다. 그의 직업은 선박업이었다.

† 안토니우스 피우스 황제(138-161) 치하에서 로마로 들어와 자기의 생각대로 공동체를 이끌어 나갔고 처음에는 성공적이었다.

† 그가 로마에 끼친 영향은 결국 144년에 로마의 공동체는 물론 전체 교회와 분열하는 결과를 낳았다. 그는 마르시온 공동체를 형성하게 되었다. 그리고는 매우 빠른 속도로 북아프리카, 갈리아, 팔레스틴, 시리아, 소아시아의 모든 지역교회로 그의 사상은 확산되었다.

† 마르시온은 스스로를 교회의 개혁자로 여겼다. 즉 유대교에 의해 변색된 그리스도교의 선포를 정화하고 진실한 바울주의에로 복귀하려고 하였다는 것이다.

† 마르시온은 우선 구약성서에 대항할 신약성서 결정판을 만들었다. 모든 구약의 인용들을 제거한 누가복음과 열 개의 바울서신이었다. 이미 마르시온에게서 이러한 식으로 진행된 정경은 비성서적이고 이념적인(왜곡된) 것이기는 해도 나름대로의 분명한 신학적 개념에서 온 것이다. 즉, 바로 예수 그리스도의 복음 안에 다시 등장하는 유대 사상의 유입을 배

제하자는 것이었다. 그의 『반론』(*Antithesen*)에 보면 사랑의 하나님과 율법의 하나님을 매우 강렬하게 대비시킨다.

마르시온의 신학적 기본 이념

† 교회역사상 마르시온은 구약을 완전히 무가치한 것으로 여기는 최초의 신학자였다. 그는 더 이상 구약을 알레고리나, 신약에서의 언약과 성취의 구조로 이해하지 않고 문자적으로 이해하였다. 그 결과 구약의 창조주 하나님은 예수 그리스도의 아버지와는 완전히 다른 분으로 이해할 수밖에 없었다. 율법과 복음에 대한 바울적인 변증법은 마르시온의 입장에서는 율법 또는 복음이라는 선택적인 의미로 이해되었다. 그리스도의 복음은 율법을 영원히 제거하는 것이었다.

† 결국 세상을 악한 것으로 여기고 창조 신앙을 거부하는 마르시온은 극단적인 금욕주의로 나아가게 되었다.

† 그의 이신론(Zwei-Götter-Lehre)에 그의 기독론도 깊은 관계가 있다. 그 기독론은 양태론적이고 가현적이다. 그리스도는 몸처럼 보이는 것만을 취하셨다는 것이다.

마르시온의 의의에 대하여

† 그는 그리스도교 신앙에 대한 초기의 신뢰를 그 전통에서부터 가장 심각하게 흔들어 놓았다. 그리고는 그 자리에 자신의 전통을 확립하였다. 이렇게 마르시온은 원시 그리스도교에 대한 자신의 태도에 대하여 교회가 반응하지 않을 수 없도록 압박하였다. 즉 정경형성이라는 기본적인 특징을 교회에 등장시킨 것이다.

† 마르시온을 통하여 신의 개념에 대한 질문들이 분명하게 확답을 받았다. 마르시온의 이원론과 그리스도교 영지주의의 이원론에 대항하여 교회는 창조와 구원, 창조자와 구원자의

일치를 주장하였다.

† 가현적 기독론의 문제는 다음과 같은 질문을 탄생시켰다: 그리스도의 인간적인 면은 구원에 대하여 어떠한 의미를 가졌는가?

† 마르시온이 구약성서를 거부하고, 신의 개념을 제거하고, 복음을 변조하며, 그리스도의 역사성을 부인하는 것은 결과적으로 그리스도교 신앙에서 구약을 제거한다면 그리고 옛 계약과 새 계약의 역사적 연관성을 해지하려고 할 때 얻어지는 결과와 같다.

† 그리스도교 영지주의에 대한 마르시온의 태도는 연관성과 아울러 차이점도 보여준다. 구약성서를 거부하는 모습이나 가현설과 육의 부활을 거부하는 것 등은 일치한다. 반대로 차이점은 마르시온이 혼합주의자가 아니라는 것이다. 영지주의적인 체계나 신화론적 명상이 그에게는 결여되어 있다. 모형론이나 알레고리를 그는 거부한다. 마르시온은 평범한 공동체 신앙을 선포하려고 하였다. 그는 인간을 다양하게 구분하는 가르침에 관하여서는 아는 바가 없었다. 마르시온은 그리스도교 영지주의의 영향을 받았지만, 그럼에도 불구하고 개성 있는 사상가로서 활동하였다(이레니우스는 마르시온을 시리아 영지주의자 케르도 Cerdo의 제자로 이해하였다).

몬타니즘(Montanismus)

† 2세기 중엽이 지난 후 소아시아 프리기엔(Phrygien) 지방에 등장한 일종의 예언적이고 묵시적인 운동이다.

† 이 운동은 자신을 요한복음 14-16장에 나오는 약속된 성령으로 여기는 몬타누스에게서 비롯되었다. 그는 임박한 종말과 하늘 예루살렘의 도래를 선포하였다.

† 이 운동은 당시의 교회가 윤리적인 차원에서 타협적인 성격

을 보여주는 것에 대한 반작용으로 등장한 것이었다. 몬타누스주의는 원시 그리스도교의 성령적인 줄기를 따르고 있다. 그래서 성령 충만한 예언자, 열광주의, 엄격한 금욕 그리고 순교의 열정 등등의 특징은 소아시아와 나중에 서양에서 이 운동에 가담한 자들에게 영향을 주었다. 임박한 종말 기대가 그 핵심적인 주장이었기에 이 운동은 곧 소멸할 수밖에 없었다.

† 몬타누스주의가 주장하는 개인적 성령부여 때문에 당시 교회는 감독이 소집한 모임에서만 성령충만이 일어난다고 가르쳤다. 이런 맥락 속에서 지역 감독회의가 등장하는 것이다.

참고문헌

Andresen, C./ Ritter, A. M., Geschichte des Christentums, 18-31.

Beyschlag, K. Grunfriß der Dogmengeschichte, Bd.I, 99-138 u. 142-149.

Biebert, W. A. Dogmengeschichte, 49-99.

Chadwick, H. Die Kirche in der antiken Welt, Berlin, New York 1972, 32-40.

Frank, K. S. Grundzüge der Geschichte der Alten Kirche, 47-76.

Frank, K. S. Lehrbuch der Geschichte der Alten Kirche, 147-156, 165-167 u. 178-183.

Hägglund, B. Geschichte der Theologie, 20-32.

Hausschild, W-D. Lehrbuch der Kirchen- und Dogmengeschichte, Bd. 1, §2, 4-7 u. §3, 7.

Moeller, B. Geschichtes des Christentums, 42-48.

3 초대 가톨릭 교회의 설립과 그 신학 사상

개 요

그리스도교 공동체는 2세기 중엽부터 심각한 실존 위기에 처하게 되었다. 증가 일로에 있는 그리스도교적인 다원주의는 외적으로는 통일된 그리스도교 공동체를 혼합주의적인 해체 상황에로 변화시키고 있었다. 이러한 상황 속에서 그리스도교 신앙적 진리를 추구하려는 대안이 요구되었다는 것은 지극히 당연한 일이라고 하겠다. 계시의 역사적인 정체성을 확립하려는 시도와 그리스도교의 근본을 확정하려는 노력은 바람직한 일이었다. 초대 가톨릭 교회가 설립되는 다각적인 과정은 그리스도교 영지주의와 마르시온주의 그리고 몬타누스주의를 극복하는 것과 깊은 관계가 있다. 교회는 그리스도교 신앙과 다른 모습을 형성하는 것에 대하여는 분명하게 아니라고 선언하였다. 이제 그리스도교의 주장은 보다 배타적인 것이 되었다.

사도 후 시대부터 이미 이러한 경향은 두드러졌다. 그러나 2세기 중엽부터 근본적인 대립 양상은 진척되어서 이제는 교회 발전의 방향을 결정짓게 되었다. 이러한 대립의 결과가 바로 초대 가톨릭 교회의 발생이며 소위 가톨릭적인 규범의 도움으로 그리스도교인들을 명명하게 되는 역사적인 과정인 것이다.

형성 과정에 있는 가톨릭 교회를 규정하고 이단에 대항하여

본질상 그 정통성을 확증하는 규범이 세 가지가 있다: 정경, 신앙 규칙 그리고 주교 직분이다. 최근의 연구에 따르면 특별이 세 번째 규범, 주교 직분이 근본적인 직분과 교회이해와 연관하여 문제시 되었다. 진리수호의 은사는 감독에 의한 정통교리 전수로 이해되었으며, 아직은 주교직에 연관된 성례전적인 직분수여로 여겨지지는 않았다.

세 가지 가톨릭의 규범과 함께 200년경 초대 가톨릭 교회가 본질적으로 설립되었다. 이러한 근본적인 것이 없었더라면 교회는 제2세기 다양한 종교운동들의 격류에 휘말려 좌초하고 말았을 것이다. 필연적인 역사의 진행 과정 이면에는 역시 간과할 수 없는 것이 있다: 성령의 자유로운 섭리하심에 의해 확정되는 원시 그리스도교의 다양성들은 결국 올바르고 합법적인 형태로 접근할 수 있었다는 점이다.

세 가지 규범에 의하여 이루어진 초대 가톨릭 교회의 형성 과정은 200년대의 신학에 특별한 의미를 가진다. 만일 그리스도교 신앙이 신앙 규칙들에 의하여 합법적으로 확정되었다면, 이제 신학적인 과제는 이러한 신앙 정식(depositum fidei)들을 전개하는 데에 놓여 있는 것이다. 전통을 붙잡는 것은 이제 신학의 본질적인 과제가 되었다. 이러한 일이 신학적 작업에 대한 어떠한 제한을 의미하지 않는다는 점을 최초의 비중 있는 고대 교회 교부들이 보여주고 있는데, 그들은 바로 이레니우스, 터툴리안, 알렉산드리아의 클레멘스, 오리게네스 등등이다. 어떠한 방법으로 신학이 전개되었는가에 대한 문제는 본질적으로 그 자신의 출신지에 의해서 결정되는 개별 신학자들의 자아의식에 달려 있다. 200년대에 진행된 놀라운 신학적 풍성함은 로마제국의 서방과 동방에서 다양한 관점 가운데 전개되었던 것이다.

고대 가톨릭 교부들의 신학은 무엇보다도 영지주의와의 투

쟁을 통하여 각인된 것이기에 그 중심에 언제나 신론과 창조론, 성육신과 육의 부활 등이 놓여 있다.

주요 항목

가톨릭적 규범들

† 초대 가톨릭 교회의 형성 과정은 그리스도교 영지주의, 마르시온주의, 그리고 몬타누스주의에 대한 방어와 극복에 연관되어 있다. 소위 가톨릭적 규범들의 도움으로 그리스도교 신앙과 다른 형태에 대하여 분명한 거절이 선포될 수 있었다. 그리스도교의 선포는 배타적이 되었다.

† 가톨릭적 규범이란 정경 형성, 신앙 정식(regular fidei)으로써의 신조 확정 그리고 장로회에서 비롯된 주교 직분의 성장(Monepiskopat)을 의미한다. 이 세 가지 규범과 함께 200년대의 초대 가톨릭 교회는 본질적으로 설립되었다.

† 가장 오래된 연구는(하르낙) 원시 그리스도교적 자유로움에 반대하여 그리스도교 신앙의 합법화(Verrechtlichung)와 형식화(Formalisierung)를 강조하였다. 요즈음에는 초대 가톨릭 교회로 되어 가는 경향을 이미 사도 후 시대에서부터 찾는다.

신약 정경의 확립에 대하여

† 구약의 헬라 번역과 함께 예배 때에 낭독되는 다양한 초기 그리스도교 문서들이 처음부터 등장하였다.

† 2세기 중엽 이래로 확실히 소아시아 지역에는 주의 말씀에 대한 구전 또는 단편 전승 대신에 네 복음서 그룹의 복합적 일치가 형성되기 시작하였다.

† 100년경부터 분명히 바울서신 모음이 존재하였는데, 이 서

신은 본래 수신 교회 이외에서도 예배 때에 낭독되는 것들이었다.

† 150년과 180년 사이에 네 복음서에 바울서신 열 셋, 사도행전, 베드로 전서, 요한 1, 2, 3서 그리고 계시록이 결정적으로 결집되었다. 이레니우스는 이 신약 문헌들을 근거로 하여 그리스도교 영지주의에 대항하는 문헌 증거로 삼았다.

† <무라토리 정경>(Kanon Muratori)은 신약의 가장 오래된 목록이다. 아마도 200년경 로마에서 비롯되어진 것인데 1740년 무라토리에 의하여 발굴되었다.

† 마르시온은 정경 형성 과정 가운데 결정적인 자극이 되었다. 성서로 선택될 수 있는 전거는 그 사도성에 있었다. 논쟁(Antilegomena)이 되었던 것은 사도행전과 요한계시록 그리고 헤르마스의 목자였다.

† 367년에 나온 아타나시우스의 『부활절서신』에 처음으로 27개 신약 정경 목록이 나온다.

† 신약성서의 집성은 당시의 그리스도교 신앙이 그리스도의 기본적인 선포와 일치한다는 증명을 가능하게 하였다.

† <정경>의 개념은 4세기에 이르러야 정립이 된다. 4세기 말에 가서야 목록이 확정되었다(382년 로마회의 정경목록).

† 정경 형성은 원시 그리스도교의 역사적인 위치를 의미할 뿐만 아니라, 다가올 전체 교회의 역사를 위한 초대 그리스도교 문서라는 항구적인 표준을 의미하였다. 정경 형성이 결여되었더라면 그리스도교는 혼합주의 속에서 몰락의 길을 걸을 수밖에 없었을 것이다.

신앙 정식들의 형성에 관하여

† 그리스도교 신앙은 처음부터 신앙고백적인 표현 양식을 확립하였다. 처음에는 한 줄로 되었지만 후에는 두 줄 세 줄의

신앙고백이 등장하였다(마태 28:19, 고후 13:13).

† 신약성서에 나오지는 않는 가장 오래된 신앙고백문은 2세기 중엽 로마 교회의 세례 고백이다(Symbolum Romanum). 이 신앙고백은 다음과 같은 세 개의 세 줄짜리 고백이다: "나는 하나님, 아버지, 전지전능 하신 분/ 예수 그리스도, 그 분의 독생자, 주님/ 성령, 교회, 부활을 믿습니다."

† 2세기 후반에는 로마 교회 신조(Symbolum Romanum)가 신학화 되었다. 여기에는 특별히 두 번째 항목에 대한 보충이 필요하였는데, 영지주의적인 가현설에 대항하기 위하여 예수 그리스도로 나타나신 하나님의 성육신이 강조되어야만 하였다. 이러한 과정을 통하여 <사도신조>가 생겨나게 되었던 것이다. 이 신조는 사도 시대의 신앙 양식을 담고 있다. 고대의 고백들과는 달리 사도신조는 그 목적이 분명하다는 특징이 있다. 즉, 더 이상 개인적인 신앙고백에 머무른 것이 아니라, 이단들에 대항하여 바른 그리스도교 신앙을 정리하였다는 것이다.

† 이 <신앙 정식>은 전체 교회의 공감을 얻은 사도적인 선포의 규범적인 요소를 드러낸다. 이 정식은 더 이상 초보적인 신앙 습작이 아니라, 전체 사도적 명령의 표현과 틀이다. 이 양식은 신약성서 정경의 일치점들과 구전 전승들을 연합시킨 것이다. 이렇게 신앙 정식은 이루어졌으며 두 부분의 문서전승이 일치를 이루어 이해할 수 있게 되었다.

† 더 나아가 신앙 정식은 성서를 넘어서는 권위를 소유하기에 이르렀다(터툴리안). 왜냐하면 영지주의와 대적하기에는 전체 성서를 가지고 싸우는 것보다 훨씬 더 간편하였기 때문이었다. 어쨌든 신앙 정식은 고대 교회의 방향을 정하고 필연적인 규범을 제시하는 힘을 과시하였다.

주교 직분(Bischofsamt)의 형성 과정에 대하여

† 주교 직분의 권위는 정경 형성과 신앙고백의 등장과 관련지어 관찰함이 마땅하다. 이것은 당시의 그리스도교 선포들이 원시 그리스도교의 진리들과 부합한다는 점을 다루기 때문이다.

† 군주적 감독제(Monepiskopat)는 처음으로는 소아시아의 장로회(Presbyterkolloguim)에서부터 발전되었다. 주교는 올바른 사도전승의 보증으로 이해되었다. 여러 명으로 구성된 성직자 집단보다 단 한 사람의 주교직이 이단들에 대항하여 그리스도교의 진리를 훨씬 더 잘 수호할 수 있었다.

† 160년경 헤게지프(Hegesipp)는 최초의 로마 교회 주교명단을 작성하였다. 이레니우스(Irenäus) 역시 이런 최초의 로마 감독 명단을 전하고 있다(185년). 이후의 주교명단은 다른 주요 공동체에게서 발견된다(안디옥, 알렉산드리아, 예루살렘).

† 이러한 명단과 함께 그리스도교의 신앙 유산(딤전 6, 20)은 유지되어야만 하였다. 그러나 신앙 유산의 유지로 더불어 감독들을 사도적 전통의 보호자로 기록하는 전승 고리(계승) 역시 형성되어졌다.

이레니우스(Irenäus)

† 그는 소아시아 출신이며 177년 리용의 주교가 되었다.

† 190년에 이레니우스는 로마의 빅토르(Viktor)와 소아시아 그리스도교 공동체 사이에 벌어진 부활절 논쟁에 개입하였다. 빅토르의 요구 사항은 로마 교회의 부활절인 니산월 14일 다음의 주일을 소아시아에서 수용하라는 것이었는데 이레니우스는 이에 반대하였다. 로마 교회의 감독이 부활절 축제일이 서로 상이한 문제를 놓고 교회의 분열을 유발시킬 아무런 권

한이 없다는 것이었다.

† 이레니우스의 두 저작이 우리에게 전해진다: 『그릇된 지식에 대한 반대와 폭로』(*adversus haereses*)와 『사도적인 선포에 대한 서술』이다.

그리스도교 영지주의와의 논쟁을 통하여 이레니우스는 중요한 신학 사상을 발전시켰다. 즉, 창조와 구원의 상호 연계성이다.

† 이레니우스의 신학 사상은 성서를 두 부분으로 구분하는데 그 기초가 있다. 이레니우스는 고대 교회 최초의 의미 있는 성서신학자이다. 성서에 근거하여 그는 자기의 신학을 <창조부터 완성까지 이르는 하나님의 구원 질서>(oikonomia salutis)로 발전시켰다. 이로써 이레니우스는 구속사적 신학의 태두가 되었다.

† 그리스도를 통한 구원은 구속 사역의 핵심인데 이것을 이레니우스는 다양하게 표현하였다. 그의 신학 특징들은 다음과 같다: 영생은 하나님의 불멸성과 인간 본성의 신격화에 참여하는 것이다. 구원은 불멸이라는 선물로 연결된다.

† <회복>(anakephalalaiosis 또는 recapitulatio, 에베소 1:10)의 개념을 통하여 이레니우스는 그리스도의 구원을 요약한다. 즉, 구원은 창조의 재현이요 모든 창조사역의 요약이다. 그리스도는 인간의 죄 때문에 상실한 하나님의 형상을 새 아담으로 다시금 창조하신다. 인간의 목표는 바로 그리스도와 동일하게 되는 것이다.

† 하나님은 진실로 그리스도 안에서 인간이 되셨다. 예수의 완전한 인성에 대한 강조는 영지주의적인 가현설에 대한 반대이다.

† 이레니우스에게는 변증가들과는 반대되는 근본적인 차이점이 발견된다. 즉, 여기서 구원이란 창조의 재현이라는 점이

다. 이레니우스에게서는 구원이란 단지 재현일 뿐만 아니라, 창조의 완성이다. 이로써 그리스도는 타락 이전 아담의 피조성에 더 큰 가치를 부여하는 것이다. 이를 통하여 제시되는 것은 그리스도교는 자연 종교나 참된 철학이 아니라 하나님의 새로운 계시라는 점이다.

터툴리안(Tertullian)

† 터툴리안은 로마 사람으로서 이레니우스와는 매우 다른 개성을 지닌 인물이었다. 그는 라틴어권인 서방의 대표적인 신학자였다.

† 150년경에 그는 카르타고 관리의 아들로 태어났다. 그는 카르타고와 로마에서 법률가로서 영향력을 행사하였다. 그가 언제 그리고 어떠한 정황 가운데 그리스도인이 되었는지는 알려져 있지 않다. 다수의 저작들이 195년에서 220년 사이에 발표되었다. 207년경에 터툴리안은 몬타누스주의에 빠져들게 되었고 220년경에 사망하였다.

† 터툴리안은 이레니우스와 마찬가지로 성서신학자였다. 그러나 이레니우스의 신앙적인 문체는 터툴리안의 출중한 수사학과 변증 능력에 대하여 대조를 이룬다.

† 터툴리안은 기도, 주기도, 세례와 회개에 관한 요리문답적인 저술 이외에도 특별히 그리스도교 변증적인 저술을 하였다. 주요 대적: 그리스도교 영지주의와 마르시온

† 가장 중요한 작품 : 『변증』(*Apologeticum*), 『마르시온에 반대함』(*Adversus Marcionem*), 『이단 문서에 대하여』(*De praescriptione haereticorum*), 『프락세아스에 반대함』(*Adversus Praxeam*)

† 『변증』은 법정적인 용어를 사용하여 기술되었고 초대 그리스도교 변증학의 걸작이다. 그리스도인에 대한 박해는 여기

서 미친 짓으로 낙인찍혔다. 왜냐하면 로마제국에서 가장 신뢰도 높은 사람들을 처벌한 결과가 되었기 때문이다. 그러나 그리스도인에 대한 박해는 결과적으로 그리스도교의 확장에 기여한 모양이 되었다(그리스도인의 피가 씨앗 semen est sanguis Christianorum).

† 터툴리안에게서부터 새로운 국가 개념과 복종 개념이 출현하였는데, 즉 국가는 이제 자신의 종교적인 영광(religiöse Verklärung)을 잃었다.

† 터툴리안은 철학이란 영지주의 이단의 본산이라고 여겼다. 신앙고백은 명상적인 이성에 반대하는 것이다. 터툴리안은 자연적인 신 인식에 대하여 다음과 같은 말로써 긍정적인 가치를 부여하였다: "본성적으로 그리스도인인 영혼의 증거" (testimoniun animae naturaliter Christiana)

† 초월적인 <철학자들의 하나님>에 반대하여 터툴리안은 예수 그리스도 안으로 내려오신 하나님의 성육신을 강조하였다.

† 그는 교회 이해에 있어서 사도적 전통의 강력한 수호자 역할을 하였는데, 그는 영지주의자와 마르시온에 대항하여 처음으로 사도신조에 규범적인 의의를 부여한 사람이다.

† 터툴리안의 신학적 표현들은 후기 삼위일체론과 기독론의 근간을 이루었다. 즉, 아버지와 아들과 성령은 하나님의 일치(Einheit) 속의 세 위격(Personen)이다(tres personae-una substantia). 아들은 독립적인 위격으로서 아버지로부터 나왔으며(hervorgegangen), 따라서 아들은 아버지에 종속된다(Subordination). 터툴리안은 이레니우스와 마찬가지로 삼위일체를 구속사적으로 이해하였다.

기독론의 문제에 관하여 터툴리안은 그리스도의 신적 본성과 인적 본성을 날카롭게 구분한다. 이 두 본성은 한 위격 안에서 연합하였으나(vereint) 혼합되지는(vermischt) 않았다.

로고스(logos)가 육체로 오셨으나(ins Fleisch gekommen), 육체로 변화한(in Fleisch verwandelt) 것은 아니다.

† 그리스도는 무엇보다도 새 법을 알리는 교사였다. 구원의 목적은 하나님의 명령에로 변화시키기 위함이다.

† 은총은 타락 때부터 인간 본성을 지배하고 있는 멸망을 제거한다. 자연 본성적인 멸망은 출생과 동시에 상속되는 것이다. 이것이 후기 원죄론의 원조이다. 은총은 인간에게 새로운 삶을 향한 능력을 준다. 그리고 은총은 공로가 있는 행동(verdienstvolles Handeln)을 가능하게 한다. 이로써 터툴리안은 서양 가톨릭 구원론의 기초를 놓았다.

알렉산드리아 신학에 대하여

† 반영지주의 교부인 이레니우스와 터툴리안은 서방에 영향을 미쳤다. 그러나 동방에서는 위대한 알렉산드리아인인 클레멘스(Clemens)와 오리게네스(Origenes)가 그에 필적할 만하다. 알렉산드리아의 신학도 역시 영지주의자들과 투쟁하였는데, 영지주의적인 사고유형을 변형하고 수용하려는 노력이 포함되었다.

† 알렉산드리아의 신학적 작업은 클레멘스와 오리게네스가 영향을 끼쳤던 소위 교리 학교(Katechetenschule)의 범주에서 비롯되었다. 거기에서 처음으로 그리스도교와 그리스 철학 사이의 주목할 만한 종합(Synthese)이 시도되었다. 성서는 알레고리적인 방법의 도움을 받아 해석되었다. 철학은 중기 플라톤주의였으며, 또한 고대 플라톤 학파의 연장이었다.

† 알렉산드리아 신학은 순수한 권위적 신앙(Autoritätsglauben, Pistis)을 확증된 인식(Gnosis)에로 끌어올리려고 하였다. 이레니우스가 영지를 유혹적인 명상이라고 이해한 반면에, 클레멘스와 오리게네스는 영지를 그리스도인 됨의 완성 단계

라고 보았다.

알렉산드리아의 클레멘스(Clemens von Alexandrien)

† 그는 2세기 중엽 아테네에서 출생하였을 것이다. 여러 군데를 여행한 끝에 그는 알렉산드리아로 와서 학교에 자리 잡게 되었다. 3세기 초에 그는 박해 때문에 그 도시를 떠나야 하였고 215년경 갑바도기아에서 사망하였다.

† 클레멘스 역시 성서신학자였으며 구약성서를 완전히 받아들였다.

† 그는 그리스 철학과 성서적인 인식을 연결지으려고 하였다. 하나님의 로고스는 그리스도 안에서 인간이 되었다. 이것은 후기 고대의 지혜 속에서 공개적으로 강조되었다.

1. *Protreptikos*(충고)는 그리스 지식인을 위한 그리스도교 홍보 또는 변호의 문서이다.
2. *Paidagogos*(교사)는 윤리 방법을 서술한 책이다. 올바른 그리스도인의 행동 동기는 양심 내면에서부터 온다. 하나님의 로고스는 인간을 영적이고 도덕적인 과정 속으로 이끈다.
3. *Stromateis*(카페트). 마치 카페트를 짜는 것처럼 여기서는 다양한 삶의 양상들이 서로 혼합된다. 신앙 인식은 이론이 아니라 오직 개별적인 수용에 의하여 일어나는 것이다. 완전한 그리스도인은 완전한 영지주의자이며, 그는 이제 더 이상 인간적인 교사가 필요하지 않다. 왜냐하면 그는 이미 공동체 가운데서 하나님과 함께 살고 있기 때문이다.

† 마가 10장 17절 이하를 중심으로 <어떻게 부자가 하늘나라에 들어 갈 수 있는지>를 묻는 클레멘스의 설교가 전해진다.

† 알렉산드리아의 클레멘스는 고대 교회에서 영향력 있던 신학자였는데, 그의 사상은 후에 그리스도교 수도원 제도

(Mönchtum)에 영향을 끼쳤다.

참고문헌

Andresen, C./ Ritter, A.M. Geschichte des Christentums, I/1, 31-38.

Beyschlag, K. Grunfriß der Dogmengeschichte, Bd. I, 149-199.

Biebert, W. A. Dogmengeschichte, 99-115 u. 122-135.

Campenhausen, H. v. Griechische Kirchenväter, Stuttgart 1986(7th), 24-42.

Campenhausen, H. v. Lateinische Kirchenväter, 1986(6th), 12-36.

Chadwick, H., Die Kirche in der antiken Welt, 87-91 u. 100-127.

Frank, K. S. Grundzüge der Geschichte der Alten Kirche, 39-56.

Frank, K. S. Lehrbuch der Geschichte der Alten Kirche, 139-143, 183-187 u. 195-197.

Hägglund, B. Geschichte der Theologie, 33-48.

Hausschild, W-D. Lehrbuch der Kirchen-und Dogmengeschichte, Bd. 1, §2, 8-11, 75-89.

Moeller, B. Geschichtes des Christentums, 48-56.

4 3세기의 그리스도교

개 요

제3세기의 교회와 신학의 상황 가운데 특징적인 것은 점차로 성장하는 그리스도교적 자아의식이다. 이러한 교회적이고 신학적인 자아의식은 두 명의 위대한 신학자에게서 특별히 각인되어 나타난다. 즉, 동방에서는 어거스틴 이전 고대 교회의 위대한 사상가인 오리게네스이고, 서방에서는 카르타고의 감독인 키프리안(Cyprian)이다.

오리게네스(ca. 185-253)의 삶과 영향을 통하여 콘스탄틴 이전 시대의 신학 발전은 그 최고조에 달하였다. 그리스도교 신앙과 그리스 사상과 경험은 이 신학자에게서 긴밀하게 연결되었다. 그리고 그가 세운 신학적인 질문들에 의하여 미래를 위한 융화가 이루어졌다. 신플라톤주의의 창시자인 플라톤(205-270)과 함께 오리게네스는 자기 시대의 가장 중요한 정신적 인물이었다.

3세기 중엽 서방에서는 이 시대에 두 번째로 중요한 인물이 영향력을 행사하였는데 그가 바로 카르타고의 키프리안이다. 내용적으로나 시대적으로나 키프리안은 터툴리안과 어거스틴 사이에 선 인물이며, 이 세 사람은 모두 북아프리카 출신의 저명한 라틴 교부라 불린다. 전 교회의 역사 가운데 키프리안은

교회 내에 교리를 완성하고 교회의 직분을 발전시킨 최초의 신학자이다.

3세기 교회의 외적인 상황은 점차로 확고해졌다. 그리스도교 신앙은 모든 민족들에게도 그리고 각 지방과 주요 도시들에게로 확산되었다. 제2세기의 심각한 박해가 지나간 후 3세기의 전반부는 비교적 조용한 시기였다. 로마 황제 시대는 소위 종교적 혼합주의의 시대라고 불린다. 그러나 3세기 중반에 이르러 데키우스(Decius) 황제 하에서 벌어진 총체적이고 계획적인 박해로 인하여 교회와 로마제국은 충돌하게 되었다. 249년 로마제국의 혼란 가운데 데키우스 황제가 통치를 시작하였을 때, 그는 날로 성장하고 있는 교회를 파괴하기 위하여 24로마시 천년 기념제(248년)를 위한 고대 로마 복구 염원을 이용하려고 하였다. 바로 같은 시기에 카르타고의 키프리안은 영향력을 행사하였는데, 박해 시대의 거대한 도전에 대하여 교회의 개념과 직분의 개념을 정립하는 기본적인 작업들을 통하여 이에 응전하였다. 258년 키프리안은 발레리안(Valerian) 황제의 연이은 심한 박해 때에 순교하였다. 약 40년간의 평화 시대를 지낸 후 등장한 디오클레티안(Diokletian) 황제 때의 심한 박해는 소위 콘스탄틴 황제의 전환(Konstantinische Wende) 이전의 마지막 박해였다.

주요 항목

3세기의 교회와 신학적 상황에 대하여

† 3세기 그리스도교의 특징은 그리스도교 신앙이 모든 민족에게 지속적으로 확산되는 상황과 더불어 일어난 그리스도교적인 자아의식의 성장이다.

† 로마제국의 심한 박해는 교회 공동체를 매우 압박하였고, 교

회가 이제 더 이상 전 제국으로 확산된 거대 조직이 되지 못하도록 위협할 수 있었다.

† 3세기 중엽 데키우스 황제 때인 250년경에 처음으로 제국 전체적인 그리스도교 박해가 일어났다.

† 257년에서 258년 사이 발레리안 황제의 치하에서 두 번째의 심한 박해가 일어났는데, 교회의 구조를 파괴하려는 저들의 목적은 처음 박해 때와 마찬가지로 달성되지 못하였다. 콘스탄틴 황제의 전환이 이루어지기 전 디오클레디안 황제 치하에서 벌어진 마지막 대규모 박해가 있기까지 약 40년간은 평화의 시대였다.

† 이 시대의 영향력 있는 신학자는 두 사람인데 동방에서는 어거스틴 이전의 위대한 고대 교회의 사상가 오리게네스가 있고, 서방에서는 카르타고의 감독 키프리안이다.

오리게네스의 생애 약사

† 4세기 전반에 오리게네스의 친구이자 제자인 가이사리아의 감독 유세비우스(Eusebius von Caesarea)는 자신의 『교회사』 제6권에서 오리게네스의 생애와 영향을 자세히 기술하였다.

† 오리게네스는 185년 알렉산드리아의 그리스도교 가정에서 출생하여 성장하였다.

† 그의 아버지 레오니데스(Leonides)는 알렉산드리아에서 교사로 활동하였으며 3세기 초에 발생한 그리스도교인 박해 때에 희생되었다. 오리게네스는 어린 시절에 마태 19장 12절의 말씀에 문자적으로 순종하여 금욕적인 열망 가운데 살았다. 그래서 그는 “하늘의 뜻에 따라” 스스로를 거세하였다.

† 203년부터 오리게네스는 알렉산드리아의 교리 학교에서 가르쳤다. 오리게네스는 성공적인 교사로서 플라톤 전문가인

이방 철학자 암모니오스 사카스(Ammonios Sakkas)에게서 철학적 기본 학문을 연구하기로 결심하였다.

† 오리게네스 시대의 정신 사조는 중기 플라톤 철학이었다. 즉, 하나님은 최고의 정신적인 존재로 여겨졌으며, 정신적 존재성의 세계는 그로부터 유출 과정(Emanationsprozeß)을 통하여 유래되었다.

† 231/232년 소위 <오리게네스 사건>(Fall des Origenes)이 발생하였다. 사건의 배후에는 교리 학교를 자신의 감독 아래 두려는 알렉산드리아의 감독 데미트리우스(Demitrius)와 자유롭게 가르치려는 오리게네스 사이에 벌어진 권력투쟁이 있다. 사건의 발단은 오리게네스가 강연출장 중에 시행한 장로안수였다. 그 때문에 오리게네스는 팔레스틴(가이사리아)으로 자신의 임지를 옮겨야만 하였다. 이 유명한 교사는 계속하여 소아시아로 그리스로 그리고 로마로 옮겨 다녔다.

† 오리게네스는 254년 데키우스 황제의 그리스도인 박해 때에 가이사리아에서 순교하였다.

조직신학자로서의 오리게네스

† 주요 저술 : 『제일 원리』(*Peri archon; De principiis*)는 그리스도교 신앙을 조직적으로 규합한 최초의 책이다. 이 작품을 통하여 비로소 구속사적인 교회 전승은 알렉산드리아적인 중기 플라톤 철학의 추상적 범주, 그리고 가치 개념과 연결되었다.

† 그의 표현 구조에 따르면 철학적-신학적 체계는 영지주의적인 신비와 비슷하다. 이것은 다음의 요소들을 포함하고 있다: 하나님은 절대적이고, 불변하는 영적인 원존재(Ur-Eine)이다. 하나님으로부터 비롯된 아들과 성령의 출현은 우주론적인 드라마의 제1막이다. 아들은 계시의 하나님이며 동시에

창조자이신 하나님의 로고스이다. 그는 영존하신다. 로고스는 본질상(wesenhaft) 그러나 파생된(abgegleitete) 신적 존재(Gottheit)이다. 그는 아버지와 본질적으로 하나(wesen-seins)이지만, 그럼에도 불구하고 아버지보다 아래에(subo-rdinatianisch) 위치한다. 그 아들 아래에는 세 번째 <위격>(Hypostase)으로써 성령이 위치한다. 이 세 본질이 함께 <삼위>(Trias)를 형성하는데, 모든 다른 영적 존재들이 그 아래에 위치한다. 하나님으로부터 지음 받은 모든 본질들은 자유의 선물을 받았다. 저들은 그 자유를 하나님에 대항해서 여러 가지로 사용한다. 하나님으로부터 멀어지는 것은 타락을 향한 하강으로써 형이하학적인 심연에로 빠져들어 가는 것이다(천사, 인간, 악마).

이로써 이 세상은 신학적으로 볼 때 유배지로써 여겨지지만, 최후에는 카오스가 아니라 코스모스이다. 언제나 하나님의 징벌은 하나님의 교육 도구로써, 당신의 진리에로 돌아갈 것과 예수 그리스도 안에서의 구원과 연결되어 있는 도구이다. 로고스는 구원을 두 가지의 방법으로 완성시킨다.

1. 자신을 모범으로 하거나 자신의 가르침을 통하여
2. 인간의 해방을 위하여 악마에게 자신의 죽음을 속전(lytron)으로 사용하여서, 그리스도에 의하여 해방된 인간은 여러 단계를 통하여 스스로를 완성한다. 육체의 죽음 뒤에는 정화의 불길이 축복의 길로 인도한다. 오리게네스는 구속사의 이중적인 출구에 대항한다. 고린도전서 15장 28절과 연결하여 오리게네스는 소위 <만유의 회복>(apokatastasis panton)을 가르쳤다.

† 로고스는 선재하는 가운데 자신을 순수 인간적인 영혼과 연결시켰다. 로고스와 영혼의 이러한 연합은 마리아에게로 들어가서 그리스도를 <신-인>(theos anthropos)이 되게 하는

것이다. 그리스도를 통한 구원은 영적으로 그리고 도덕적으로 영향을 끼친다.

† 교회는 우선적으로 교육기관이다. 즉, 로고스를 위한 교육의 장이다. 교회 기관은 이로써 인정을 받는 것이며, 영과 직제가 연합을 이루어야 함은 물론이다. 고대 교회 내에 처음으로 세례와 성만찬에 대한 신앙고백이 이루어졌다.

† 하나님이 교육하신다는 생각이 우월하였기에 재판이나 범죄, 용서에 관하여 순수한 성서적인 전거는 설자리가 없었다. 징벌은 잠정적으로 이해되었으며, 심판에 대한 깊은 생각은 아직 드러나지 않았다.

성서학자로서의 오리게네스

† 성서 해석들 : 주석(Kommentare), 주해 설교(Homilien), 그리고 본문 출판(Textausgabe)

† 주석서는 스콜리엔(Scholien)과 호밀리엔(Homilien)으로 구분되는데, 스콜리엔은 개별적인 본문을 주해한 것이고, 호밀리엔은 성서의 책들을 계속적으로 주석한 것이다.

† 그는 우선 우의적인(allegorisch) 해석법을 고대 작가들의 우화(Allegorese)와 연결시키는 작업을 시도하였다.

† 성서신학자로서 특별한 의의: 포괄적인 구약성서의 본문 편찬, 즉 6개 언어 대조 성경인 『헥사플라』(*Hexapla*).

† 오리게네스는 해석 작업을 통하여 성서의 본문을 기본적으로 세 가지 의미로 구분하였다: 육적인 의미(문자적), 혼(魂)적 의미(정신적), 영적 의미(성령적)

카르타고의 키프리안-삶과 사역에 대하여

† 카르타고의 키프리안(Cyprian)은 내용적으로나 시대적으로나 터툴리안과 어거스틴 사이에 위치해 있다.

† 캐실리우스 키프리아누스(Caecilius Cyprianus)는 약 210년 경 카르타고에서 출생하였다. 그는 수사학자가 되었다가 40세의 나이에 그리스도인이 되었다. 세례를 받고 나서 곧 카르타고의 장로가 되었고 감독이 되었다. 250-251년 사이에 벌어진 데키우스 황제의 그리스도인 박해 때에 그의 영향력을 발휘하였다. 키프리안은 발레리안(Valerian) 황제 때인 258년에 순교하였다.

† 첫 번째 작품 : 구제에 대한 소책자, 인내에 관하여, 순교에 대한 제언, 그리고 공동체 내에서의 선포를 위한 성서적인 증거들 등등이다.

† 주요 저작 : 『배교에 대하여』(*De lapsis*), 『보편적 교회의 일치에 관하여』(*De ecclesiae catholocae unitate*)

† 키프리안의 편지들은 3세기 중엽의 교회 역사에 대한 중요한 자료를 제공한다.

키프리안의 교회사적 의의에 대하여

† 키프리안은 교회론과 직분론에 대한 학문적인 이론을 처음으로 발전시킨 신학자이다.

† 배교자에 대한 저술은 감독 직분의 탁월한 지위를 강조한다. 이 책은 박해의 시대 동안 그리스도인들의 태도를 위한 목양적인 지침을 담고 있다.

† 교회의 일치를 위한 전제조건으로 감독에게 복종을 하는 것은 박해의 시대에 예견된 분열의 위험에 직면하여 저술한 『보편적 교회의 일치에 관하여』라는 책에 언급되었다.

† 키프리안의 눈에는 베드로야말로 모든 감독들의 원형적 모범이었으며, 이로써 그는 교회의 일치의 모범이기도 하였다. 모든 감독 개개인은 교회를 구성하는 감독 직분의 부분 부분을 소유하고 있는 것이다.

† 이단 세례 논쟁을 통하여 로마와 카르타고 사이에는 이단에 의하여 베풀어진 세례의 합법성에 관한 논의가 전개되었다. 소위 <이단 세례>(Ketzertaufe)라는 것이 존재할 수 있겠는가? 키프리안은 이 질문에 대하여 부정하였다. 왜냐하면 참된 가톨릭 교회 밖에서 시행된 세례는 "교회 밖에는 구원이 없다"(quia salus extra ecclesiam non est)는 말처럼 합법성이 없다고 생각하였기 때문이다. 이와는 반대로 로마 교회의 실천은 이미 시행된 세례의 유일회성과 그 효능을 확고히 붙들고 있다. 성례전은 이를 수여하는 사람에 무관하게 영향을 미친다. 로마의 스테판 1세는(Stephan I) 키프리안의 견해에 반대하고 고대 전통과 로마 감독의 권위에 의거하여 로마 교회의 합법성을 변호하였다.

† 키프리안과 스테판의 논쟁 사이에서 두 가지의 서로 다른 교회 개념들이 역사적으로 모습을 드러낸다: 감독제도주의(Episkopalismus)와 후기의 교황주의(Papalismus) 또는 교황청주의(Kurialismus)이다.

참고문헌

Beyschlag, K. Grunfriß der Dogmengeschichte, Bd. I, 200-214.

Biebert, W. A. Dogmengeschichte, 116-142.

Campenhausen, H. v. Griechische Kirchenväter, 43-60.

Campenhausen, H. v. Lateinische Kirchenväter, 37-56.

Chadwick, H. Die Kirche in der antiken Welt, 130-141.

Chadwick, H. Origenes, in: Gestalten der Kirchengeschichte, Bd 1, Alte Kirche I, 134-157.

Frank, K. S. Grundzüge der Geschichte der Alten Kirche,

58-72.

Frank, K. S. Lehrbuch der Geschichte der Alten Kirche, 187-191 u. 198f.

Haendler, G. Von Tertullian bis Ambrosius, 21-42 u. 54-75.

Hausschild, W-D. Lehrbuch der Kirchen-und Dogmengeschichte, Bd. 1, §1, 8, 18-21 u. §2, 10, 82-84.

Moeller, B. Geschichtes des Christentums, 62-78.

Wickert, U. Cyprian, in: Gestalten der Kirchengeschichte, Bd 1, Alte Kirche I, 158-175.

5 콘스탄틴 황제의 전환과 수도원 운동의 시작

개 요

콘스탄틴 대제 시대에 로마제국을 향한 교회의 입장은 <콘스탄틴 황제의 전환>(Konstantinische Wende)이라는 개념과 더불어 근본적인 변화를 보이고 있다. 이것은 후기 고대 교회사 안에서 뿐만 아니라, 전체 그리스도교 역사 속에 커다란 의미를 가지고 획을 긋는 사건이었다.

로마제국은 비교적 늦게, 전 제국적으로는 3세기 중엽에 이르러서야 비로소 그리스도교 공동체 존재의 영향력과 그 조직적인 결속이 점차 강해져 간다는 것을 깨닫기 시작하였다. 물론 이것은 그리스도교권과 로마제국 사이의 분쟁이 이때에서야 시작되었다는 의미가 결코 아니다. 오히려 그리스도교 공동체와 로마 당국과의 충돌은 처음부터 피할 수 없는 것이었다.

데키우스(Decius) 황제의 박해는 그리스도 교회의 구조를 근본적으로 파괴하지는 못하였다. 로마 사회에서 그리스도 교회는 이미 오래 전부터 확고하게 자리 잡은 것이어서 박해는 아무런 쓸모가 없는 대책일 뿐이었다. 겉으로 보기에 전체 백성들은 더 이상 국가의 명령 뒤에 가려 있지는 않았다.

3세기 후반부에는 그리스도교가 다양한 지방에서 지속적인 증가일로에 있는 것에 별로 관심을 두지 않았던 황제들이 짧은

기간 동안 다스리기도 하였다. 결국 디오클레티안(Diokletian) 황제가 성공적인 제국 개혁을 통해서 제국이 붕괴하는 것을 막고, 또한 이로써 가장 극심했던 그리스도교 박해가 4세기 초반에 일어났을 때까지는, 로마제국의 존속을 위한 투쟁은 날로 어려워만 갔다. 순교자의 수가 매우 많았음에도 불구하고 이 박해는 교회의 폭넓은 확산과 그 조직력을 깨뜨릴 수는 없었다. 결국 교회는 제국 내에서 일종의 압력단체(Machtfactor)가 되어 버렸고, 따라서 현명한 정치권력가라면 더 이상 교회를 무시하거나 박해할 수 없었다.

306년 서방의 단독 통치자로 떠오른 콘스탄틴은 교회의 처지를 근본적으로 바꾸어 놓았다. 로마 근처에서 312년 10월 28일에 벌어진 저 유명한 밀비아 다리의 전투를 통해서 콘스탄틴은 자신에게 도전하던 막센티우스(Maxentius)를 물리치고 서방에서의 단독 통치권을 획득하였다. 그래서 이 전투는 국가에 대한 교회의 관계를 결정적으로 전환하게 한 사건으로 표현된다.

이 전투 직후인 313년에 콘스탄틴과 동방의 통치자 리키니우스(Licinius) 사이에는 소위 밀라노 칙령(Edikt von Mailand)이 맺어졌다. 이 칙령으로 국가에 대한 교회의 입장은 합법적인 전환을 맞게 되었다. 이제 박해는 중단되었고, 그리스도교는 허가된 종교로(religio licita) 선포되었다. 이로 말미암아 제국 교회(Reichskirche)의 발전이 시작되었다. 즉, 이것은 데오도시우스(Theodosius) 황제가 380년 이래 실천에 옮긴 것과 같이 교회와 국가의 매우 가까운 밀착과 연계를 의미하였다.

그리스도교는 점점 더 넓고 깊게 사회와 국가 속으로 영향을 행사하여 들어갔다. 그러나 이와 같은 외적인 면과는 반대로 <수도원 주의>(Mönchtum)라는 이름의 운동이 그리스도

교 역사 속에 아주 특별한 현상으로 등장하였다. 콘스탄틴 황제의 전환과 관련된 전체적인 양상에는 이집트와 시리아 사막에 있는 에레미텐(은둔가, Eremiten)과 수도원들의 모습도 포함된다.

이러한 현상이 벌어지게 된 것은 다양한 국면들이 결합되었기 때문이었다. 원시 그리스도교 이래로 고대 그리스도교적인 금욕 사상은 존재해 왔다. 수도원 주의는 대체로 이러한 금욕 사상의 새로운 한 형태로 이해되어질 수 있다. 사회적인 단체로부터 나와서 혼자 완전한 고독 속으로 자신을 밀어 넣는다는 점이 새로운 것이다. 공동체로부터 금욕가들이 분리해 나오는 것은 수도원 주의의 초기에 해당된다. 이집트 수도원 주의의 역사적인 기원은 이집트 그리스도교의 특별한 개성으로 나타난 금욕적이고 영지주의적인 성격의 갱신으로 설명된다. 그리스 감독 교회에 대항하여 영적으로 자유로워지려는 노력과 경제적인 긴급 상황, 그리고 이집트의 폭넓은 민족 계층에 등장한 외국 지배로 인한 법적인 불안 등등이 수도원을 안전한 장소로 여겨지도록 하였다. 그리고 이것은 적어도 부분적으로는 이집트에 수도원적인 생활이 시작되었다는 것을 분명하게 한다.

콘스탄틴 시대의 교회는 수도원 주의를 완전히 수용하였다. 수도원은 교회 내부의 한 기관이 되었다. 이것은 언제나 매우 놀랄 만한 선례이다. 그러나 이 선례는 무엇보다도 면책 기능(Entlassungsfunktion)을 설명해 주는데, 수도원 주의는 마치 이전의 순교와 비슷하게 교회에게 제시된 것이었다.

주요 항목

고대 교회의 그리스도인 박해

† 로마제국은 잘 조직되고 넓게 퍼져 나간 그리스도 교회의 영

향력을 3세기 중엽에 이르러서야 비로소 깨닫기 시작하였다. 그러나 그리스도교 공동체와 로마 당국과의 충돌은 처음부터 피할 수 없는 것이었다. 콘스탄틴의 세기는 비록 그 강도는 달랐지만 여러 지역과 제국 전체적인 박해의 물결이 뒤덮었던 시대였다. 국가적인 박해의 주요 동기는 다음과 같다: 그리스도인들의 종말론적 소망은 로마인들에게 일종의 혁명을 시도하는 것으로 비쳐졌다. 왜냐하면 이 소망은 기득권자에 대한 비판과 연결되었기 때문이었다.

그리스도인들은 강한 유일신론(Monotheism) 때문에 황제 숭배를 거부해야만 하였다.

그리스도교 신앙의 사해동포주의(Kosmopolitanismus)는 로마제국의 이상인 보편주의(Universalismus)와 배치되었다.

로마 사회에서 그리스도인은 낯선 자로 여겨졌다. 왜냐하면 그들의 구원의식(heilsgewissheit), 매우 밀접한 공동체적 생활상 그리고 일반사회적인 풍습과의 결별뿐만 아니라 종말을 준비하는 것에 이르는 엄격한 생활양식들은 언제나 충격적인 영향을 끼쳤기 때문이었다.

† 전 제국적으로 그리스도인을 반대하는 일반적이거나 법적인 규칙은 데키우스 황제에 이르기까지는 존재하지 않았다. 그리스도교는 허가된 종교(religio licita)로 인정받지는 못하였지만, 법적으로 완전히 금지된 종교도 아니었다. 그래서 지역 지배자나 통치자가 그리스도인을 어떻게 대할 것인지는 그들의 평가에 맡겨져 있었다. 형법은 그리스도교에 대한 금지를 예견하고 있지는 않았다. 황제 숭배를 거부한다는 점이 그리스도인들을 법정에 고발할 수 있도록 하는 가능성이 되었다(crimen laesae Romanae religionis). 두 번째의 가능성은 소위 형벌권(Coercitio)이라는 것으로써, 범죄자나 불복종자를 원하는 대로 처벌하여 복종시키는 제국 내재적인 권한

을 의미한다. 이로써 지역 통치자는 자기의 지역을 편안하고 질서 정연하게 다스릴 경찰권을 가지고 있었다.

† 불분명한 법적인 토대 때문에 지역 통치자 플리니(Plini)에 대한 트라얀(Trajan) 황제의 칙령이 등장하였다(111/13): 그리스도인에 대한 무작위의 색출을 막는 서신이다. 반드시 고발이 있을 경우에만 수색하되, 그것도 익명의 고발은 무시하도록 한 것이다. 물론 배교하면 처벌하지 않았다.

† 동시에 트라얀 황제는 그리스도인들의 특별한 방식의 집회도 금지하였다.

† 로마제국 시민들 사이에 산재한 그리스도인에 대한 반감은 국가기관의 박해와 연계되었는데, 3세기 중반까지의 이 기간을 우리는 셋으로 구분할 수 있다:

1. 네로(Nero)와 도미티안(Domitian) 황제의 박해로 맞은 제1세기.
2. 트라얀(Trajan)에서 마르쿠스 아우렐리우스(Marc Aurel)까지의 시대(2세기초에서 180년까지).
3. 코모두스(Commodus)에서 필립 아랍스(Phillipus Arabs)의 시대(189-249).

† 고대 교회 내의 그리스도인 박해에 관한 주요 자료는 소위 순교기록들(Märtyrerakten)이다. 이것들은 공동체의 목격자 증언록이거나 그리스도교적인 첨삭이 포함된 재판기록들이다. 이 이록들은 교회를 향한 공동 서신들로 등장하였다. 신약성서 외에 가장 오래된 순교보고는 스미르나(Smyrna)의 감독인 폴리갑(Polycarp)의 순교사화이다(156년 또는 167년 순교). 그 이후의 순교보고는 다음과 같다: 져스틴(Justin, 165년경 로마에서 처형됨)의 순교, 177년 아우렐리우스 치하에 리용(Lyon)과 비엔나(Vienne) 그리고 180년 북아프리카의 시실리(Scili)에서 있었던 그리스도인 박해, 이러한 순교

상황과 더불어 변증가 교부들은 제2세기의 개별적인 그리스도인 박해에 대하여 증언하고 있다.

† 212년 카라칼라(Caracalla)황제의 칙령(Constitutio Antoniniana)을 통하여 모든 로마제국 시민에게 로마 시민권이 수여되었다. 로마의 시민과 외국 거주민(Peregrien) 그리고 제국 내 외국인의 차이는 이제 제거되었다. 제국 내 모든 백성의 동등한 위치가 확보되자마자 제국 전체적으로 계산된 그리스도인 박해가 시작되었는데, 그 대표적인 경우가 249년 데키우스 황제 치하에서 일어난 박해이다.

디오클레티안 황제의 대책(284-305)

† 데키우스와 발레리안 치하의 박해가 지난 후 그리스도교와 로마제국은 약 40년간의 평화 기간을 보냈는데, 그 사이인 주후 262년에 갈리에누스(Gallienus) 황제의 칙령(Reskript)이 등장하였다. 이 칙령은 이집트의 그리스도교 감독들에게 보낸 것인데, 그동안 압수하였던 그리스도교 예배처소와 묘지를 반환해주고 동시에 그리스도교 신앙에 대한 어떤 억압도 더 이상 가하지 않는다는 점을 확인하고 있다. 이것은 최초로 교회 감독의 청원서에 대한 황제의 응답이며, 이로써 기관으로써의 교회는 그 상대자인 최고 국가 권위에 의하여 승인을 받게 되었다.

† 다음 황제 디오클레티안의 정책은 재국 내에서 권력의 통일성과 처벌권으로 정돈되었다. 성공적인 제국의 개혁은 무너져가는 국가를 다시금 일으키도록 시도하였다: 관료제도개혁 및 군대개혁뿐만 아니라 황제의 통치를 분할하고 세속적인 것에만 제한하는 새로운 시스템 도입.

† 이러한 제국 전체적인 대책은 교회와 국가의 충돌에로 이르게 되었다. 무엇보다도 큰 문제는 군복무를 위한 그리스도인

의 징병이었다.

† 303/304년에는 다양한 칙령을 통하여 폭넓은 반그리스도교적인 법이 제정되었다: 교회는 파괴되어야 했고, 성서는 압수되어 불태워졌다. 모든 그리스도교 집회는 금지되었다. 지방 통치자에게는 그리스도교 사제들을 체포하도록 고지되었으며, 강력한 체포령뿐만 아니라 고문으로 인하여 희생자가 나오기도 하였다. 디오클레티안 치하에서 벌어진 그리스도교 박해는 콘스탄틴에 이르기까지 벌어졌던 그리스도교 박해 가운데 가장 심한 것이었다.

† 제국 개혁에 이어서 여러 지방에 서로 다른 양상의 박해가 전개되었다. 콘스탄틴의 아버지인 서방 황제 콘스탄티우스 클로루스(Konstantius Chlorus)는 그리스도교에 대한 동정심 때문에 갈리아와 영국 지방에서는 그리스도교에 반대하는 칙령만 내리지는 않은 것으로 보인다. 이미 데키우스와 발레리안 때에 있었던 것과 같은 이러한 박해는 수많은 순교자를 내었음에도 불구하고 그리스도교회의 폭넓은 확산과 조직력을 파괴할 수는 없었다. 결국 교회는 로마제국 내에서 일종의 압력단체(Machtfactor)가 되었고, 따라서 현명한 정치가라면 더 이상 교회를 무시할 수 없었다.

† 디오클레티안은 305년에 퇴직하였고, 서방의 공동 통치자 막시밀리안(Maximilian)도 마찬가지였다. 서방에서는 더 이상 박해가 진행되지 않았다. 동방에서는 311년까지 계속되었다.

콘스탄틴 황제 통치하에서 교회와 국가 사이의 외적인 변화

† 312년 10월 28일 로마 근교의 밀비아 다리에서 벌어진 이 전투에서 콘스탄틴이 승리함으로 말미암아 그의 적대자인 막센티우스(Maxentius)를 누르고 서방의 단독 통치권을 획득

하였는데, 이 전투는 교회와 국가의 관계에 대한 결정적인 전환을 가져오게 된 사건으로 기록되었다.

† 313년 콘스탄틴과 리키니우스 사이의 밀라노 칙령은 311년 이후 다시 박해가 시작된 동방의 그리스도인에게도 종교평화를 가능케 하였다. 기독교는 다른 모든 이방 종교들과 동이한 지위를 획득하였으며, 교회재산이 반환되었고, 교회는 법인체로 인정받게 되었다.

† 동방의 경쟁자였던 리키니우스에게 최종승리를 거둔 콘스탄틴은 324년부터 전체 제국을 홀로 통치하게 되었다. 콘스탄틴의 통치 시대에 시작된 교회와 국가의 새로운 관계는 이미 어느 정도는 중세적인 역사에 가까이 접근하였다고 할 수 있다. 처음으로 그리스도교회는 국가를 신학적으로 존중하는 표현을 하였다. 감독들은 이미 재빠르게 특정한 세속통치영역에서 영향권을 선점하였다. 감독 직분의 정치적인 기능은 바로 이 시대에서부터 시작되었다.

콘스탄틴 황제의 중요한 조치들(306-337)

† 콘스탄틴 황제가 그리스도교에 이로운 쪽으로 결정한 동기는 종교적인 것뿐만 아니라 정치적인 정황도 있다. 정치적인 동기는 그의 교회 정책에서 근본적으로 드러난다.

† 콘스탄틴은 두 번의 교회 내적인 분쟁에 개입하였다: 북아프리카 교회에서 교회의 거룩성 문제에 대하여 서로 다른 이해를 하도록 만든 도나투스 논쟁이다. 도나투스파의 이해에 따르면 교회는 능동적인 성자들의 모임인데 반하여, 교회는 무엇보다도 성례전이라는 거룩한 행위만으로 드러나는 거룩한 조직(Heilsanstalt)을 의미하였다. 콘스탄틴은 314년에 아를르(Arles)에 교회회의(Synod)를 소집하여 도나투스파를 심판하였다(교회사 최초의 제국 시노드).

† 콘스탄틴 황제는 제1차 니케아 에큐메니칼 공의회(Ökumenisches Konzil von Nizäa, 325)를 소집함으로써 알렉산드리아에서 발생한 아버지에 대한 아들의 위치논쟁 해결의 주도권을 스스로 행사하였다. 그 결정적인 구절은 <호모우시오스>(homoousios, 아들은 본질상 아버지와 하나이다)인데, 이 용어는 황제 주변이나 그 자신에게로부터 온 용어이다.

† 321년에는 주일을 지키기 시작하였고, 구원의 표지로써 십자가가 공개적으로 등장하였다.

† 콘스탄틴의 신속한 교회 설립은 특별히 그리스도교가 제국교회가 되어가는 도상에 있었다는 점을 분명하게 하였다: 콘스탄틴은 콘스탄티노플에 교회를 세우고, 예루살렘의 묘지교회(Grabeskirche)와 로마에 구원 교회(Erlöserkirche) 그리고 네로시대의 경기장에서 나온 재료로 구(舊) 베드로 바실리카(Petersbasilika)를 건립하였다.

† 330년에 콘스탄틴은 동방으로 수도를 옮겼다: 옛 비잔틴을 더 확장하고 아름답게 하여 콘스탄티노플(Konstantinipel)을 건설하였다. 콘스탄티노플 건설로 말미암아 로마는 로마황제, 즉 후에는 비잔틴 황제로부터 자유롭게 되었다. 콘스탄티노플에서는 주교좌가 완전히 황제에게 귀속되는 방향으로 발전되어지는 동안, 로마에서는 교황 제도가 교회적이고 정치적인 중심으로 세력을 확장하였다. 동방 교회의 중심지인 콘스탄티노플은 곧 로마의 경쟁자가 되었는데, 동 · 서방 교회의 이질화는 계속 가속되고 심화되었다.

† 콘스탄틴 시대의 조치들은 발전과정에 무조건적인 반대를 하는 것은 아니었다. 세계적으로 뻗어 나가며 동시에 세상과 여러 가지로 협력 관계를 유지하는 교회의 여정은 이미 오래 전부터 시도되었던 것이다. 그러나 그리스도교가 이제부터

는 공적인 책임을 져야 한다는 점은 매우 새로운 것이었으며 적지 않은 위험요소들을 가져왔다.

콘스탄틴 통치 시대의 교회 내적인 변화들

† 황제의 교회 통치권은 교회 구성에 지대한 영향을 끼쳤다: 황제는 교회법 제정과 교리, 교회 재판 그리고 교회 관리에 간섭하였다. 그는 교회회의(Synod)를 소집하고, 감독 선거를 관장하고, 결국은 자기 스스로 감독이라 칭하였다.

† 공동체 내에서도 감독들은 점차 더 강력한 권위를 소유하였다. 그들은 교회 재산을 마음대로 처리할 수 있었으며, 세속 재판에도 권한을 행사할 수 있었다. 감독 외에도 다른 직분들이 있었다: 부제(副祭, Diakone), 부제장(Archidiakone) 그리고 장로(Presbyter)이다. 사제서품이라는 특별한 성례전을 통하여 사제 계급이 될 수 있다. 또한 사제 계급이 직업을 갖지 않고 결혼하지 않는 전통도 이 시대에부터 점차 시행되었다.

† 예배와 경건 생활이 콘스탄틴 황제 때부터 더욱 풍부하고 의식적인 형태로 발전하였다. 예배는 두 부분으로 구성된다: 원입교인을 위한 미사(missa catechumenorum)는 성서 낭독과 세례 받지 않은 자들을 위한 기도로 구성되고, 입교인을 위한 미사(missa fidelium)는 성만찬 예식이 있는 미사이다. 성만찬은 희생 예식으로 이해되어졌으며, 전체 예배는 성만찬 예식 때에 그 최고조에 달하였다.

† 325년 니케아 회의 때에 부활절 일자가 확정되었다: 춘분 후 첫 만월이 지난 첫 일요일이다. 부활절이 가장 중요한 축제이다. 4세기가 지나가면서 로마에서는 성탄절을 12월 25일로 확정하였는데, 이것은 동지 축제이기도 하다.

† 4세기의 경건 생활 가운데는 그리스도교 세계와 이방 세계

사이의 다양한 상호 영향들이 드러난다: 성자숭배, 마리아 숭배의 등장, 성물예배, 성상숭배, 성지순례 등등이다.

제국 교회(Reichskirche)를 향해 가는 4세기의 교회

† 콘스탄틴 대제 이후 그의 아들들이 제국을 다스렸다: 콘스탄틴(Konstanstin) 2세(337-340) 그리고 340년 이후에는 전체 서방을 콘스탄스(Konstans, 337-350)가 다스렸고, 콘스탄티우스(Konstantius, 337-361)는 350년 이후 전제국의 유일한 통치자가 되었다. 이러한 통치자—그중 콘스탄티우스가 가장 중요하다—아래에 있는 교회는 이제 더 이상 수혜자의 입장에만 있는 것이 아니라, 이방 제의들을 뿌리 뽑는 방향으로 국가의 종교 정책을 이끌어 나가고 있었다. 341년 이방적인 제사 의식은 사형이라는 형벌로 금지되었고, 346년 이방 신전은 폐쇄되었다.

† 국가 교회(Staatskichentum)라는 방향으로 발전되어 가던 과정은 율리안(Julian, 361-363) 황제에 의하여 중단되었다. 이방 세계의 반작용이 국가의 수뇌부에 침투하였다. 율리안은 이방 제의들의 복고를 통하여 제국을 개혁하려고 시도하였다. 그리스도인들은 이제 국가 업무에서 밀려나기 시작하였고, 사제들의 특권이 박탈되었다. 황제는 이방 종교 외에도 유대교를 허락하였다. 그리스도인들은 비록 박해를 받지는 않았지만, 사회적이고 국가적인 범주에서부터 밀려났다. 이것에 대하여는 362년의 학교 법안이 극명하게 보여주는데, 그리스도인은 모든 고등교육 기회로부터 제외되었던 것이다. 363년의 페르시아 원정 때 율리안은 전사하였다. 교회의 특권적인 위치는 그 다음의 황제에 의하여 즉시 복구되었다.

† 380년의 종교 칙령을 통하여 니케아 정통인 삼위일체론이 제국적 교리로 받아들여졌다. 이제 로마제국 내에는 종교의

자유가 폐기되었다. 데오도시우스 대제(Theodosius d.Gr. 379-395) 치하에서 그리스도교는 <국가종교>의 기능을 수행하였다.

수도원 주의의 등장

† 그리스도교적인 수도원 주의는 그리스도교적 금욕주의에서 비롯되었다. 금욕주의의 가능성에 대한 성서적 전거: <사막>을 거룩한 곳으로 그리고 하나님 곁 또는 하나님의 법정으로 여기는 것, 이 세상의 무상함(고전 7:31), 그리스도를 본받는 청빈(마 19:21), 하늘나라를 소망하는 자들의 결혼 포기(마 19:12) 그리고 독신주의의 실천(고전 7:1ff) 등등이다. 카리스마적인 방랑 금욕주의와 영지주의—그리스도교적 그리고 종말론적—열광주의적인 흐름이 그 특징이다.

† 그리스도교적 금욕주의의 외적 요인: 팔레스틴 유대교의 묵시사상, 알렉산드리아인 필로(Philo)의 종말론(Vollkommenheitslehre), 피타고라스파(Pythagoräer)의 덕목론(Tugendlehre) 그리고 뱀숭배교와 스토아(Stoa) 학파이다. 신플라톤주의 육체와 영혼/영 이원론과 영지주의도 있다.

† 3세기 수도원 주의가 형성되게 된 추가 요인: 공동체 질서로부터의 거리감, 특별히 감독에 대한 거리감, 경제적 · 정치적 부담으로부터의 해방.

† 3세기가 진행되어 가는 동안 공동체 외적인 금욕주의가 등장하였다: 이집트와 시리아의 사막에서 수도원 주의의 시작이 진행되었다.

† 수도원 주의의 가장 고전적인 형태는 에레미텐(eremiten) 또는 은둔주의자(Anachoretentum)이다. 에레미트는 완전한 그리스도인의 표상인데, 그 공동체를 대표하는 방식으로 하나님과 함께 하는 삶을 영위하는 자들이다. 에레미트의 경건

성에는 육과 영의 이원론, 하나님의 공동체와 악마 사이의 투쟁이 그 중요한 역할을 담당한다.

† 가장 오래된 수도원 주의의 형태는 성자 안토니우스(Antonius)에게서 그 역사를 찾을 수 있다. 그의 삶에 대한 주요 자료는 4세기 후반에 기록된 아타나시우스(Athanasius)의 『안토니우스의 생애』(*Vita Antonii*)이다. 안토니우스(ca. 250-356)는 사막으로 들어가 거기서 자신의 주변에 많은 모임들을 이루게 한 은둔가들 중에 하나이다. 이 수도사 스승의 지혜는 그 제자들에게 『스승의 잠언』(*Apophthegmata Patrum*)이라는 모음집으로 전승된다.

† 보다 발전된 후대 형태의 수도원 주의는 <공동생활단>(Koinobitentum)인데, 그들은 수도원에서 공동생활을 하였다. 이들은 은둔주의자 부분적으로는 동시대에 발전하였다. 320년 이래로 이 <공동생활단>은 이집트에 존재하였다는 기록이 있다. 파코미우스(Pachomius, 292-346)는 이 수도생활의 창시자인데, 이 수도원은 일련의 규칙을 발전시켰다. 모든 수도원에는 수도원장이 있었다. 나일강의 타베니시(Tabennisi)에 최초로 그리스도교 수도원이 설립되었다. 수녀원의 설립도 파코미우스에게로 거슬러 올라간다. 지금까지 수도원은 정한 규칙도 없이 저절로 성장하였지만, 이제는 통일된 엄격한 생활 질서와 의무적 규칙을 준수하여야만 하였다. 수도원장과 훈련, 노동의무 그리고 사유 금지에 대한 복종이 중요한 요구 사항이었다. 아직 <영구적 수도사서약>은 요구되지 않았다.

† 4세기 초부터 수도원은 이집트와 시리아 그리고 팔레스틴에 급속도로 퍼져 나가기 시작하였다. 4세기 후반에는 심한 반대에도 불구하고 서방으로도 퍼져서 신학자까지 배출하였다: 로마의 히에로니무스(Hieronymus, 420년 사망), 밀라노의

암브로시우스(Ambrosius, 397년 사망), 북아프리카의 어거스틴(Augustin, 430년 사망), 갈리아에서는 투어스의 마틴(Martin von Tours, 396/97년 사망) 그리고 요한 카시아누스(Johann Cassianus, ca. 435년 사망, 남부 갈리아의 Leninum 수도원).

† 콘스탄틴 시대의 교회는 수도원을 완전히 수용하였다. 수도원은 교회 내적인 기관으로써 자리를 잡았다.

† 가이사랴의 바질(Basilius von C?sarea, 379년 사망)은 그리스 수도원 운동의 <아버지>로 알려져 있다: 수도원 규칙, 영적인 삶(기도 시간과 고해).

† 누르지아의 베네딕트(Benedikt von Nursia, ca. 480-547)는 529년의 몬테 카지노(Monte Cassino) 수도원을 건립하고 <베네딕트 수도규칙>(Regula Benedicti)을 만들었다. 탁발승단의 반작용에 대한 명령은 다음과 같다: 장소고정(stabilitas loci), 윤리준수(conservatio morum), 순명(oboedientia) 그리고 <기도과 노동>(ora et labora)이다.

† 451년 칼케돈(Chalcedon) 공의회를 통하여 수도원은 완전히 교회로 편입되었다. 그 이유는 감독이 관리하고 교회의 부담을 더는 기능(2단계 윤리)에 있다.

† 수도원 주의의 역사는 4세기 이래로 동방과 서방에서 매우 다양하게 발전되었다.

참고문헌

Andresen, C./ Ritter, A. M. Geschichte des Christentums I/1, 64-72.

Chadwick, H. Die Kirche in der antiken Welt, Berlin, New York 1972, 142-150.

Clauss, M. Konstantin der Große und seine Zeit.

Dassmann, E. Kirchengeschichte II/1, 15-63.

Frank, K. S. Geschichte des christlichen Möchtums, 1-50.

Frank, K. S. Lehrbuch der Geschichte der Alten Kirche, 205-218 u. 365-384.

Hausschild, W-D. Lehrbuch der Kirchen-und Dogmengeschichte, Bd. 1, §3, 10-11, 135-144 u. §6, 1-3, 261-274.

Jacobs, M. Das Christentum in der antiken Welt, 169-186.

Moeller, B. Geschichtes des Christentums, 79-94.

6 고대 교회 교리사 개관

개 요

삼위일체론은 콘스탄티노플(Konstantinopel) 공의회(381)에서 그리스도교회 최초의 교리가 되었다. 칼케돈(Chalcedon) 공의회(451)는 예수 그리스도의 인성을 두 번째의 교리로 만들었다. 이러한 공의회 결정이 있기까지 고대 교회 전체 역사는 고통스러운 신학적인 논란을 겪었는데, 그 안에는 콘스탄틴의 전환 이래 수많은 교회 정치적인 권력투쟁이 심하게 투영되어 있다. 이 논쟁 가운데에는 그리스도교 신앙의 핵심에 관한 것도 포함되어 있는데, 그것은 예수 그리스도가 하나님의 영에 사로잡힌 한 인간인지, 아니면 완전히 참 하나님인지에 관한 질문이었다. 고대 교회의 삼위일체를 둘러싼 논쟁은 사실 예수 그리스도의 신성에 관한 논쟁이다.

전체적으로 볼 때, 2세기에는 그리스도교 공동체와 그 신학의 비중이 유대적인 영역에서부터 그리스 사상의 세계로 완전히 전이되었다는 사실이 이 논쟁의 본질적인 부분이다. 이로써 그리스도교 신앙을 그리스 사상과 감정에 맞게 다시 표현하는 작업이 필요하게 되었다.

381년의 신앙고백이 콘스탄틴 이후 이 시대를 풍미하였다. 이것은 분명히 우연한 일은 아니었다. 또한 교리사 가운데에서

도 콘스탄틴과 그의 아들들 시대의 새로운 교회상황은 매우 중요한 기준으로 작용하였다. 4세기는 교회적인 신앙의 규준에 대한 비중이 그리스도교적인 증언에서부터 객관적 · 교리적 규범성의 영역에로 전이되는 규범사적인(normgeschichtlich) 전환 시대라고 불렀다(Karlmann Beyschlag). 니케아와 콘스탄티노플에서 하나님의 본질에 관한 비밀이 해결되지는 못하였다. 그러나 기타의 다른 해석들에 대항하여 하나님은 예수 그리스도 가운데 완전히 계시되셨으며, 성령으로 교회 속에 현존하신다는 점은 명백하게 기반을 잡았다. 콘스탄틴의 전환으로부터 국교화에 이르기까지 로마제국 내에서 그리스도교가 승인 받는 여정은 이러한 삼위일체론의 교리사적인 발전 과정 없이는 상상할 수도 없는 것이었다.

그리스도가 참 하나님이시라는 삼위일체 교리에 따르자면, 그리스도교 사상 가운데는 또 다른 문제들이 등장할 수밖에 없었는데, 그것은 어떻게 신적인 면과 인간적인 면이 예수 그리스도의 한 위격 속에 공존할 수 있는가 하는 점이었다. 심한 논쟁을 겪은 후 451년 칼케돈 공의회가 열렸다. 이 공의회에서 두 본성론(Zwei-Naturen-Lehre)이 교리로 확정되었다: 두 본성으로 되신 한 위격 예수 그리스도에 대한 신앙고백, 즉 완전한 하나님이요 완전한 인간이며, 서로 혼합되지도(vermischt) 않으며 서로 분리되지도(getrennt) 않는다. 각각의 올바른 관심사들을 공통적으로 규합할 수 있으려면, 오직 부정 표현(negetive Ausdrücke)을 통해서만 서로 다른 주장들의 극단적인 차이를 지적해 낼 수 있다. 결국 개념을 정의하는 방법을 통해서는 예수 그리스도 위격의 비밀을 풀어 낼 수 없다는 것을 분명하게 하였을 뿐이다.

451년 이후에도 동방에서는 그리스도론적인 논쟁이 소위 단성론(monophysitisch) 논쟁으로 고통스럽게 계속되었는데,

5세기 말에는 이 문제로 동방과 서방의 교회는 처음으로 갈라서게 되었다. 그러나 계속된 교리 발전에는 칼케돈 신조가 언제나 그 배경에 있었다.

주요 항목

신약성서에 나타난 삼위일체 신학적 항목들

† 그리스도교 삼위일체론의 뿌리는 신약성서에 놓여 있다. 삼위일체에 대한 그리스도교 외적인 자료(플라톤 철학, 이란의 종교인 파르시즘(Parsismus)) 문제는 오늘날 이미 해결된 것으로 여겨진다. 확실히 전체 그리스도교 역사는 삼위일체론에 대한 비판으로 점철되어 있다(예를 들면 종교개혁 시대의 반삼위일체론자). 그 시대의 철학 사조와 연관되어 있는 고대 교회의 삼위일체론 논쟁은 사실 예수 그리스도의 신성에 관한 논쟁이었다.

† 신약성서의 가장 오랜 전승자료는 양자론적(adoptianisch)으로 표현되었다: 예수는 요한의 세례 때에 하나님으로부터 <아들>로 입양되었다는 표현이다(막 1:11). 그러나 예수는 여기서 단순한 인간이 아니다. 이 아들 안에 하나님이 자신을 계시하였다.

† 무엇보다도 그리스도의 선재에 대한 언급과 요한과 바울의 그리스도 상에 나타난 하나님과의 동일 형상(Gottesebenbildlichkeit)은 하나님에 대한 부가적인 교훈을 유발하였다(요 1:1-14, 빌 2:5-11, 롬 8:29, 고후 4:4, 골 1:15). 그리고 성령에 관한 언급은 삼위일체가 어떤 방향으로 발전되었는지를 반영한다: 성령은 하나님과 그리스도에게 밀접하게 연결되었다. 그러나 또한 그들과 구별된다(요 14:17; 26).

† 하나님과 그리스도와 성령에 관한 언급을 삼각 구도로 삼아

보다 발전된 단계에 도달하였다(고후 13:13, 마 28:19).

† 과거의 신앙고백과 신앙 정식 역시, 그 삼각 구도 속에서 진보하여, 교회가 삼위일체론을 가르치는 방향으로 전개되었는데, 예를 들면 150년경의 로마 신조(Symbolum Romanum)이다.

200년경 처음 시도된 삼위일체 문제에 대한 설명

† 계속되는 발전 단계 속에서 특별히 중요한 것은 변증가들의 로고스-그리스도론(Logos-Christologie)이다. 그들은 그리스적인 로고스 이해(세계 이성, 세계 법)를 요한 일서의 로고스 사상과 연결시켰다. 두 가지의 관점이 효과가 있었는데, 첫째는 그리스도교 신앙의 합리성에 근거한 해석이고, 다른 하나는 선재(Präexistenz) 개념에다 그리스도론적인 사고를 옮겨 놓은 것이다. 선재하는 로고스의 독자성이 유지되는 가운데에서 <다중적 단일신론>(Pluralistischer Monotheismus, Friedrich Loofs)의 문제가 등장하였다. 결국 하나님의 본질에 대한 이중적, 그 후에는 삼중적인 면이 언급되어져야만 하였는데, 이러한 다중성에도 불구하고 그 통일성이 손상되어서는 안 되었다(저스틴에게 그리스도는 "제2의 하나님"(deutros theos) 이다).

† 변증가들의 로고스 그리스도론에 대항하여 군주신론(Monarchianismus)의 운동이 있었다. 군주신론주의자들은 하나님의 단일성을 강조하였고, 하나님을 설명하는데 명상적인 요소는 모두 배제하였다. 군주신론주의는 다음 두 가지로 구분되는데, 오직 로고스 그리스도론에 반대한다는 점에서만 공통적이다.:

1. 역동적 군주신론(dynamistischer Monarchianismus, 양자론)

2. 양태론적 군주신론(modalistischer Monarchianismus).

역동적 군주신론은 예수의 신성(das Göttliche)을 능력으로 이해하였는데, 이 능력이 예수의 다음 행보를 결정하며, 동시에 요한에게 세례를 받을 때에 하나님의 아들로 받아들여지도록 만든 것이었다. 하나님은 한 분이다. 즉 아버지와 아들의 관계는 역동적인 관계이지 본질적인 관계가 아니다. 이 사상의 대표자는 <무두장이> 데오도트(Theodot, 190년경 로마)와 <환전상>으로 불리는 또 다른 데오도트(Theodot, 200-210년경)이다. 부분적으로 260년경부터 안디옥의 감독이었던 사모사타의 바울(Paul von Samosata)도 이러한 경향에 포함시킬 수 있다.

† 양태론적 군주신론은 아버지와 아들을 한 하나님의 두 가지 다른 현현 모습으로 이해하였다. 결과적으로 이러한 해석은 그리스도와 하나님 자신을 일치시키는 방향에로 나아갈 수 있었다. 그러나 적대자들은 여기서 <성부수난설>(Patripassianismus)에 대하여 이야기하였다. 즉, 아버지 스스로 고난을 당하였다는 것이다. 대표자: 스미르나의 노에토스(Noetos), 프락세아스(Praxeas), 사벨리우스(Sabelius).

노에토스는 아버지와 아들의 인격성 차이에 대하여 논쟁하였는데, 오로지 이 방법만이 유일신론을 보존할 수 있다고 보았기 때문이다. 그리스도는 우리를 위하여 고난당하신 참 하나님이어야만 하였다. 왜냐하면 이렇게 되어야 그의 고난이 우리에게 구원을 의미할 수 있기 때문이다. 이로써 이 신학자는 이미 4세기의 아타나시우스(Athanasius)보다 앞섰다.

프락세아스는 양태론의 한 형태를 발전시키려고 시도하였는데, 이는 하나님 스스로 고난 당하셨다는 표현을 피하기 위함이었다. 그는 이러한 맥락에서 <하나님의 아들>이라는 이름을 설명하였다. 그는 아들을 아버지와 단순히 일치시키지

않았고, 예수 가운데 신적인 면을 그의 육신과 구분하였다. 오직 육신만이 마리아로부터 출생하였다는 것이며, 오직 그 육신만이 고난을 당한 것이지 그 아버지가 고난을 당한 것은 아니라는 것이다. 이러한 예수의 육신이 성서에서 하나님의 아들이라고 불리는 것이다. 이와는 반대로 구원자 가운데에 나타나는 신적인 면은 지존하신 하나님과 인격적으로 동일하다. 프락세아스에 반대하는 사람으로서는 누구보다도 터툴리안을 꼽을 만하다.

사벨리우스는 이러한 경향의 중요한 대표자이다. 그는 하나님의 인격적인 유일성을 구속사 가운데에 교대로 계시하시는 세 얼굴 또는 세 역할(prosopa)로 표현하였다. 이것을 삼위일체론의 가계도적인 원형(ökonomische Typus)이라고 부르는 데에 반하여, 소위 내재적인(immanente) 삼위일체론은 하나님의 본질상 내적인 구분을 강조하는 것이다.

† 군주신론의 그리스도상은 거절되었다. 역동적 군주신론의 경우에 예수는 완전한 인간도 완전한 하나님도 아니었다. 아버지와 아들의 차이를 제거하는 양태론은 결국 예수의 역사적인 모습은 완전히 간과하였다. 교회의 신학은 역동적 군주신론에 반대하여서는 아버지에 대한 아들의 본질적 동일성의 교리를 주장하였고, 양태론에 반대하여서는 신성의 세 위격의 교리를 주장하였다.

삼위일체 교리 발전을 향한 교부들의 역할

† 교회 교부들은 다시금 로고스 그리스도론과 연결을 시도하였다. 이레니우스는 구속사 가운데에서 계속되는 하나님의 계시를 가르쳤다.

† 터툴리안은 분명한 개념을 정의하였다. 그의 정의는 다음과 같다: 한 본질에 세 위격(una substantia-tres personae), 한

본질 가운데 세 위격이 있지만, 하나님은 단일하다(Einheit). 구속사에서는 이러한 단일성이 삼위성(Dreiheit)으로 구분된다.

† 오리게네스는 소위 내재적 삼위일체론을 대표하는 최초의 사람이다. 하나님은 아들을 영원 가운데로 불러내셨다. 아들이 아버지로부터 나왔듯이, 성령도 아들로부터 나왔다. 이로써 아들은 아버지 아래에, 성령은 아들 아래에 위치하게 된다(종속론, Subordinatianismus). 오리게네스는 신성의 세 위격에 대하여 본체(Hypostase)의 개념을 도입하였다. 이것은 개별적인 본질성(Wesenheit)을 의미한다. 그 본체와 관련하여 아들과 성령은 아버지로부터 구별된다. 그러나 동시에 그들은 의지의 단일성(Einheit des Willens)에 관하여는 하나이다.

아리우스 논쟁의 시작

† 이 논쟁(318-381)의 대상은 다음과 같은 질문이다: 그리스도가 하나님의 영에 사로잡힌 인간인지, 아니면 완전한 의미에서 참 하나님인지.

† 이 논쟁의 원인은 4세기 초 알렉산드리아의 장로 아리우스(Arius)가 제공하였다. 그는 신학적으로 하나님 아래에 종속된 로고스를 강하게 주장하는 안디옥의 루치안(Lucian von Antiochien)에서 비롯되었다. 철학적으로 정향된 그의 하나님 개념은 하나님의 유일성과 초월성을 명시하게 되었다. 예수 그리스도는 영원 전에 무로부터 만드신 하나님의 피조물이라는 것이다. 아리우스는 주장하기를 "하나님 홀로 계셨고, 로고스나 그 어떤 지혜도 존재하지 않았다. 그러나 하나님께서 우리를 창조하려 하셨을 때 먼저 하나(Einen)를 창조하시고 그를 로고스, 지혜, 아들이라고 명하셨으며, 이로써 그는 저를 통하여

우리를 창조하도록 하셨던 것이다." 그는 오리게네스적인 본체(Hypostase) 개념을 받아들였지만, 아들과 성령은 파생된 신성만을 가졌을 뿐이라고 하였다. 아리우스는 아들이 아버지와 본질상 하나라는 것은 생각할 수조차 없었다.

† 아리우스에 반대하여 알렉산드리아의 감독인 알렉산더(Alexander)가 등장하는데, 그는 모든 철학적인 사고에 반대하여 그리스도의 신적 동일성의 비밀을 굳게 붙잡고 있었다.

† 318/19년 알렉산드리아 교회회의(Synod)에서 아리우스와 그 동료들은 출교당하였다. 그는 니코메디아의 감독 유세비우스(Eusebius von Nikomedien)에게로 피신하였고, 오리게네스적으로 생각하는 동방의 감독들은 그를 후원하였으며 그 논쟁은 퍼져 나갔다.

† 콘스탄틴 황제는 이 논쟁에 개입하기로 결심하였다. 그는 325년 니케아에 제국 전체 회의를 소집하였는데 이것이 제1차 에큐메니칼 공의회이다. 여기에서는 오래된 신앙고백이 채택되는데, 그 결의된 내용은 다음과 같다: 아들은 "아버지의 본질로부터 출생되었으며, 피조되지 않았고 아버지와 본질상 하나이다." 아마도 황제 자신이거나 아니면 코르도바(Corduba)의 감독 호시우스(Hosius)가 논쟁에 끌어들였을 것으로 추정되는 <동일 본질>(homoousios)이라는 용어는 라틴어로 하면 터툴리안이 쓰는 unius substantiae 이다.

† <호모우시오스>이라는 개념은 이 회의의 다양한 분파(아리우스 지지자, 온건한 오리게네스파, 알렉산더 감독 지지자, 앙키라의 마르셀, 코르도바의 호시우스) 모두를 일치시킬 수 있었는데, <본질상 하나>(wesensein) 또는 <동일 본질의>(wesensgleich)라는 이 말의 의미가 애매한 것이었기 때문이었다.

† 그러나 아리우스 자신과 그 동료들은 이 개념은 전혀 받아들

일 수 없었다. 그들은 이 신앙고백에 서명하기를 거부하였고, 결국 재판을 받아 추방되었다.

325년부터 362년까지의 아리우스 논쟁과 감독 아타나시우스(Athanasius)

† <아버지와 동일 본질>이라는 표현은 니케아에서 <출생하였지 피조된 것은 아니다>라는 의미였는데, 이것은 아들의 완전한 신성을 의미하였다. 그러나 신성의 일치와 위격의 다양성을 사고를 통해 해결하려는 시도는 아니었다. 그래서 새로운 질문들과 새로운 문제들이 야기되었다. 그중 다음 두 가지가 중요하다:

1. 하나님 다양한 위격들이 어떻게 상호작용 하는가?
2. 예수 그리스도에게 배태된 신성이 복음서에 나타난 지상의 예수와 어떻게 함께 사고될 수 있는가?

이 두 가지 질문을 둘러싸고 아리우스 논쟁이 진행되었던 것이다.

† 니케아 공의회의 결정은 오리게네스의 신학에 근거하여 하나님의 위격들의 차이를 심각하게 강조하였던 동방의 감독들 대부분에게 하나의 도전이었다. 그들은 근본적으로 아리우스적인 생각을 가지고 있었다. 결국 아리우스주의는 325년 이후에는 황제의 정책에 의하여 보호받게 되었다.

† 328년부터 알렉산드리아의 감독으로 활약한 아타나시우스 감독(373 사망)은 이에 반대하였다. 그는 사실 니케아 신조를 지키려는 논쟁가였으며 아리우스파의 주요 대적자였다. 그는 트리에르(Trier, 335-337)와 로마(339년부터)로 추방당한 동안에 서방의 삼위일체론을 배웠다(터툴리안의 본질 개념, Substantiabegriff). 아타나시우스는 <호모우시오스> 개념에서 우선 아들의 신성이 선포되고 있음을 보았다. 훗날

그는 본체개념(Hypostase-Begriff)을 채택하여 이 개념을 하나님의 본질적인 일치(Wesenseinheit Gottes)의 의미로 이해하였다.

† 아타나시우스의 특별한 점은 구원론적으로 삼위일체를 정의한 것이다. 그가 이처럼 강력하게 아들과 아버지와의 동일본질(Wesenseinheit)을 붙잡게 된 것은, 반드시 그래야만 아들을 통한 구원이 확증되기 때문이었다. 그리스도가 하나님의 피조물이라면 그는 어떠한 실제적인 신인식(Gotteserkenntnis)도 제공 못한다. 신인식 없이는 구원도 없다. 아타나시우스의 결정적인 용어는 다음과 같다: "말씀이 육신이 된다면, 우리가 신격화(vergöttlicht)되는 것 아닌가" 인간의 신격화는 인간 본성이 썩지 않는 불멸성(Unsteblichkeit)으로 재창조(Wiederherstellung) 되는 것을 의미한다. 이것은 서방신학에서 우세한 도덕적인 구원 이해에 반하여 <육적인>(physisch) 구원론을 말하고 있는 것이다.

† 350년부터 콘스탄티우스는 제국의 단독 통치자가 되었다. 그리고 아리우스주의의 돌파구를 마련해 주었다.

† 325년 이후 아리우스주의 논쟁에 참여한 분파들은 다음과 같다. 1. 상이본질(anhomios)로 대표되는 급진적 아리우스파, 2. 유사본질(homoiousios)로 대표되는 호모이우시오스파, 3. 성서에 따라 동일하다는 호모이오스파(homoios), 4. 동일본질(homousios)로 대표되는 호모우시오스파. 그중 가장 다수의 분파가 호모이우시오스파(오리게네스 중도파)이다. 그들은 극단적 아리우스주의에 반대하고, 니케아에서 결정한 <동일본질 Wesenseinheit>을 <본질상 같음 Wesensgleichheit> 또는 <본질상 유사함 Wesensähnlichkeit>이라고 해석하였다. 호모이오스파는 아들의 신성은 존재론적(ontologisch)이 아니라, 성서적(biblizistisch)으로 논증하였

다. 유사본질론적인 신앙고백은 359년 콘스탄티노플에서 교리로 채택되었었다.

- 율리안 황제(361-363)의 통치 시기는 외부로부터 아리우스 논쟁의 다양한 분파들 사이의 대립을 멈추게 하였다.
- 알렉산드리아 교회회의(362)에서는 일종의 일치가 이루어졌는데, 다음과 같은 정식에 합의하였다: 하나님은 세 본체(Hypostasen) 안에 한 본질(Wesen)이시다(mia ousia-treis hypostaseis).

세 카파도기아인과 381년의 신조

- 율리안 황제 사망 이후 카파도기아(Kapadozien) 출신의 신학자들은 정확한 개념 설명을 통하여 삼위일체적인 신조 형성의 가능성을 제공하였다. 그들 가운데 속한 사람은 가이사리아의 바실리우스(대 바실리우스 Basilius d.Gr., 379사망), 니싸의 그레고리(Gregor von Nyssa, 394사망), 나지안주스의 그레고리(Gregor von Nazianz, 390사망)이다. 그들은 <본질>(ousia)이라는 말을 <공통적 하나님 되심>(das gemeinsame Gottsein)이라고 이해하였고, 반면에 <본체>(hypostasis, 원뜻은 "그 아래 드러남")라는 말은 아버지와 아들과 성령에서의 <하나님 되심>(Gottsein)이 개별화(Vereinzelung) 되는 것이라고 생각하였다.
- 이로써 325년 니케아 공의회의 결정을 계승하는 381년의 콘스탄티노플 공의회를 위한 전제조건은 충족된 셈이었다. 381년의 신앙고백 가운데 3번째 항목이 근본적으로 확대되었다.
- 이미 아타나시우스는 아리우스파와 오리게네스에 정향된 신학자들에 맞서서 성령의 신성을 강조한 바 있다. 성령의 신성은 콘스탄티노플의 감독 마케도니우스(Makedonius, 342-

360) 주변에 몰려들었던 소위 <성령이단론자>(Pneumatomachen)에 의하여 거부당하였다. 381년의 신조는 다음과 같다: 성령은 아버지로부터 와서 아버지와 그리고 아들과 함께 경배를 받을 것이다.

고대 교회의 그리스도론적 질문

† 아리우스 논쟁에서 드러난 바와 같이 그리스도론적이고 삼위일체론적인 문제제기는 매우 밀접하게 상호 연관되어 있다. 그러나 381년이 지나서는 그리스도론적인 영역에도 교리적으로 분명해져야 할 필요성이 대두되었다.

† 그리스도론적 근본문제는 다음과 같다: 만일 그리스도가 참 하나님이시라면, 어떻게 신적인 면과 인간적인 면이 예수 그리스도 안에서 서로 조우하였는지를 분명히 밝혀야 한다. 이 질문은 4세기나 5세기에 처음으로 등장한 것이 아니라, 이미 원시 그리스도교권에서부터 비롯되었다.

콘스탄틴 이전 그리스도교의 그리스도론

† 고대의 그리스도론적인 관념 가운데에 소위 에비온적(ebionistisch) 그리스도론과 가현설은 미래가 없었다. 에비온주의자들은 유대 그리스도인으로서 바울에 강하게 반대하였고 유대적 영지주의적인 범주의 영향을 받아서 교회로부터 분리되어 나갔으며, 예수를 요셉과 마리아의 실제 아들로 이해하였다. 예수는 분명히 메시아였으며 언젠가 당신의 왕국을 건설하기 위하여 다시 오실 것이라고 하였다. 그들은 그리스도에게서 하나님으로부터 특별한 영적 능력을 부여받은 한 인간을 보았다(양자설과 비슷하다).

† 소위 가현설은 다양한 영지주의 집단들과 마르시온이 가르친 것으로써 그리스도는 단지 겉보기에 인간이 되었다고 하

였다.

† 교회 그리스도론의 발전은 바울과 요한의 어록에서 보호를 받았다(요 1:1-14, 롬 1:3ff, 빌 2:5-11).

† 삼위일체적인 질문에서처럼 변증가들도 그들의 로고스 그리스도론으로 미래를 인도하였다. 그들은 선재설(Präexistenzgedanke)로 그리스도의 신성을 강조하고 있다.

† 초대 교부들 가운데서 누구보다도 터툴리안과 오리게네스가 그리스도론적인 문제들을 가까이 접근하였다. 터툴리안은 로고스가 인간적인 육체를 수용하였다고 언급하였다. 예수 그리스도는 두 본성(Naturen) 또는 두 본질(Subtanzen)을 지녔다. 각각의 본질은 그 자신만의 특성과 활동성을 갖는다. 두 가지 본질은 서로 분리될 수도 없다. 터툴리안은 "우리는 이중적인 존재 양식(status)을 보는데, 혼합되지는 않으나(unvermischt) 한 인격 안에서 연합된(verbunden) 하나님과 인간 예수를 본다." 고 하였다. 터툴리안은 성육신과 예수의 완전한 인성, 즉 예수가 인간적인 영(Seele)을 가졌다는 점을 강조하였다.

† 오리게네스는 그의 관념적인 신론의 도움을 받아 예수 그리스도의 신성뿐만 아니라 인성을 표현하려고 시도하였다. 예수의 인간적인 영이 선재한다는 말은 그 영이 신적인 로고스와 하나가 되어서, 이제는 완전한 무죄하신 이가 되었다는 것이다. 또 다른 선재하는 인간적이 영들은 물론 하나님으로부터 분리된 것이다. 로고스와의 연결을 통하여 영혼은 성육신 때에 예수의 육에 들어왔다. 신적인 로고스와 육체 사이에서 영혼은 그 중간 지체(Mittelglied)다.

알렉산드리아와 안디옥-동방의 두 중심지

† 4세기와 5세기의 그리스도론 논쟁은 근본적으로 이 두 신학

중심지 사이에서 전개되었다. 알렉산드리아에서는 무엇보다도 그리스도 안에서 인간적인 본성이 신적 본성과 연합한다는 데에 관심이 있었다. 그리고 구원론적인 관심 때문에 예수 그리스도 안에서의 신과 인간의 일치를 강조하였다(Athanasius). 안디옥에서는 그리스도의 두 본성적 차이가 더욱 창조되었다. 예수가 지상에서 끼친 영향은 도덕적인 모범으로써의 사역이다("예수－삶" 신학, "Leben-Jesu" Theologie).

† 논쟁은 4세기에 시리아 라오디게아(Laodicea)의 감독인 아폴리나리스(Apollinaris)로부터 비롯되었다. 그의 이론은 다음과 같다: 예수의 인간 영혼은 신적인 로고스로 대치되었다. 그는 좁은 의미에서 그리스도론적인 질문을 제시한 최초의 신학자이다. 그러나 그의 해석이 그리스도의 완전한 인성을 부인하는 것이었기 때문에, 안디옥 학파뿐만 아니라 알렉산드리아 학파까지도 모두 그의 사상에 반대하였고, 그의 가르침은 381년 콘스탄티노플에서 정죄되었다. 아리우스주의자들 역시 로고스가 예수의 영혼의 자리를 차지하고 있다는 관점을 대표하였다. 안디옥에서는 아리우스주의자에 반대하여 그리스도의 신성을 확고히 하였지만, 동시에 예수 안에 인간적인 영혼을 거부하는 결과도 나타나 있다. 그렇다면 예수는 참 인간이 아니라는 말이 된다.

† 그래서 안디옥의 유스타티우스(Eustathius, 337사망)는 로고스가 육과 영으로 된 인간 예수에게 들어갔다고 가르쳤다. 이로써 미리 5세기 초반의 안디옥 그리스도론이 어느 정도 분명히 그 모습을 드러내었다.

5세기 초반 안디옥과 알렉산드리아 학파의 대표자들

† 5세기 초에는 안디옥과 알렉산드리아 사이의 그리스도론 논

쟁이 더욱 날카로워졌다. 그 이유는 콘스탄티노플에 대한 두 총 대주교좌의 교회 정치적 경쟁심이었다.

† 신학적인 대립 양상은, 안디옥에서는 예수 안에 있는 신성과 인성 사이의 관계가 발전하여 부활과 승천 때에 그 최고에 이른다고 본 반면에, 알렉산드리아에서는 육적인 의미에서의 신성과 인성의 일치를 확신하였다.

† 안디옥 학파의 중요한 대표자는 다소(Tarsus)의 디오도르(Diodor, 394사망), 몹수에시아(Mopsuestia)의 데오도어(Theodor, 428사망) 그리고 키로스(Kyros)의 데오도레(Theodoret)이다. 특별히 뒤의 두 신학자는 안디옥의 해석학적 성과를 올린 매우 중요한 인물이다.

† 알렉산드리아 학파는 우선 키릴(Kyrill, 444사망)과 디오스쿠어(Dioskur, 451사망)가 대표한다.

네스토리우스 논쟁

† 이것은 무엇보다도 동방의 대주교좌가 있는 알렉산드리아, 안디옥, 콘스탄티노플 사이의 우월성에 관한 문제였다.

† 알렉산드리아의 키릴은 콘스탄티노플의 감독인 네스토리우스(Nestorius, 428년부터 감독, 431년 정직. 451년 사망)에 반대하는 입장에 서 있었다. 네스토리우스는 과거 안디옥 신학자들과 비슷한 그리스도론을 가지고 있었는데, 이것은 아폴리나리스에 반대하여 예수 그리스도의 참 인성이 강조되어야만 한다는 것이다. 로고스는 단지 하나의 몸을 가진 것이 아니라, 완전한 인간을 가지고 있는 것이다.

안디옥 학파에게는 로고스-인간-그리스도론(Logos-Anthropos-Christologie).

알렉산드리아 학파에게는 로고스-육체-그리스도론(Logos-Sarx-Christologie).

† 키릴은 마리아의 칭호가 <하나님을 잉태한 자>(theotokos) 라고 불릴 수 있지 않은가? 라는 질문을 통하여 네스토리우스와 대적하였다. 네스토리우스는 마리아에 관하여 <그리스도를 잉태한 자>라고 부르기만을 원했다.

† 논쟁은 계속되었고 데오도시우스 2세 황제는 431년 에베소 공의회를 소집하였다. 심한 혼란을 겪은 후 양쪽 진영에서는 상대를 저주하고야 말았다. 황제는 키릴과 네스토리우스를 체포하였다. 키릴은 감옥에서 나올 수 있었지만, 네스토리우스는 퇴위와 함께 출교 당하고 말았다. 431년 키릴을 중심으로 한 부분적인 회의가 제3차 에큐메니칼 공의회가 되었다. 마리아는 <하나님을 잉태한 자>라는 칭호를 인정받았다.

† 키릴이 죽은 후 그 후임인 디오스쿠어(Dioskur)는 449년 에베소에 교회회의를 소집하였다. 이 회의는 그리스도 안에는 오직 신적 본성만이 지배하고 있다고 결정하였다(유티케스 논쟁[448-451], 알렉산드리아 유티케스(Eutyches). 이후에 출교됨).

레오(Leo)의 교서와 451년 칼케돈(Chalcedon) 공의회의 두 본성론

† 레오 1세 대제(Leo I., d.Gr., 440-461)는 서방의 그리스도론적인 사고를 표현한 유명한 교서(449)를 통하여 동방의 그리스도론 논쟁에 개입하였다. 그리스도는 두 본성(Zwei Naturen)으로 된 한 위격(eine Person)인데, 신성과 인성은 변화하지 않은 채 있으며, 서로 함께 공동으로 영향을 끼친다("레오의 교서", Tomus Leonis).

† 이러한 결정은 451년 제4차 에큐메니칼 공의회인 칼케돈 신앙고백의 근간이 되었다. 칼케돈에서는 소위 두 본성론이 교리로 대두되었다: 두 본성으로 된 그리스도의 한 위격에 대

한 신앙고백으로써, 완전한 신 그리고 완전한 인간이며, 서로 혼합되지도(vermischt) 않으며, 서로 분리되지도(getrennnt) 않는다. 네 가지의 개념은 다음과 같다: <혼합되지 않으며>(unvermischt), <변화하지 않는>(unverwandelt)다는 안디옥 학파의 입장을 채용하였다. 동시에 <분열되지 않으며>(ungeschieden) <분리되지도 않는>(ungetrennnt)다는 알렉산드리아의 입장을 채용하였다.

† 그리스도론적 논쟁은 451년 단성론(monophysitischen) 논쟁으로 진행되었다.

참고문헌

Beyschlag, K. Grundriß der Dogmengeschichte, Bd. I, 254-308 u. Bd !!/1, 1-130.

Bienert, W. A. Dogmengeschichte, 154-225.

Frank, K. S. Lehrbuch der Geschichte der Alten Kirche, 241-260 u. 272-285.

H?gglund, B. Geschichte der Theologie, 53-81.

Hausschild, W-D. Lehrbuch der Kirchen-und Dogmengeschichte, Bd. 1, §1, 1-51, u. §4, 1-11, 153-189.

Moeller, B. Geschichte des Christentums, 95-105.

Ritter, A. M. Dogma und Lehre in der Alten Kirche, in: Handbuch der Dogmen-und Theologiegeschichte, Bd. 1, 99-283.

7 어거스틴(Aurelius 354-430)

개 요

395년 시작된 로마제국의 분리통치는 결국 동방과 서방이 각각 다른 방향으로 발전하게 된 계기가 되었다. 비잔티움은 동방 제국의 수도로 승격이 되었고 거류민을 성공적으로 보호하였다. 서방에서는 이와 반대로 서로마에서는 게르만족이 제국내(처음 수도는 밀라노, 402년부터는 라벤나)로 이동해 들어왔고, 결국 410년에 서고트족에 의해 로마가 침략 당하였다. 이 사건은 정치적으로 문화적으로 거대한 변화를 의미하는 것이어서 어거스틴의 고향인 아프리카에서도 이러한 변화는 감지될 수 있었다. 로마제국의 위수 지역이며 훗날 어거스틴이 감독으로 있었던 힙포(Hippo)도 430년 어거스틴이 죽을 때는 이미 반달족에 의해 점령당한 상태였다.

어거스틴의 시대에는 정치적인 소란 외에도 교회 내적으로 중요한 분파와 교리 논쟁이 있었다. 하나는 도나투스 논쟁으로 교회가 분열되는 결과를 초래하였고, 펠라기우스를 둘러싼 죄와 은총을 올바로 이해하기 위한 논쟁도 마찬가지였다. 이 시대에 어거스틴이 살았고 그가 정치적, 정신적 변환기의 안내자 역할을 했다는 사실은 매우 큰 의미를 지닌다.

어거스틴의 사상은 고대 그리스도교 발전의 정신적인 유산을 집약한 듯하다. 그리고 그의 신학적 관점은 그의 사후에도 지대한 영향을 미쳤다. 어떤 다른 그리스도교 신학자들과도 그의 중요성과 영향력은 비교될 수 없다. 그에게서 고대 교회의 교회적, 신학적 발전이 최고봉에 이르렀다는 것뿐만 아니라, 후기 고대사회의 형성도 그의 시대에 만개하였다. 그리스도교와 고대 세계의 접목은 어거스틴의 사상에 아주 긴장감 있는 무게로 다가왔고, 그는 여러 가지의 중요한 문제들을 다루어야 했다. 어거스틴의 삶과 사역은 그 가운데 얽혀져 있는 것이다.

주요 항목

『고백록』(*De Confessione*)-어거스틴의 삶과 사상을 위한 주요 자료

† 『고백록』은 397/398년 어거스틴이 바울적인 은총론의 방향으로 전환하고 나서 쓴 작품이다. 그는 자신의 삶을 찬양과 고백의 형태라는 하나님의 은총의 한 예로 믿었다. 『고백록』은 고대 세계의 가장 의미 있는 그리스도교적 자서전인 동시에 그리스도교 사상의 근저가 되는 중요한 책 가운데 하나라는 데 있다.

† 『고백록』은 다음과 같이 세 부분으로 나뉘어져 있다.

(1) 1-9권 : 386년 밀라노에서의 회심까지를

(2) 10권 : 고백록을 저술하게 된 현재 심경에 대한 변명을

(3) 11-13권 : 창세기 1장 주석을 담고 있다. 창세기 1장 주석을 항상 그가 붙들고 애쓰는 이유는 "도대체 어디에서 악이 시작되었는가?" 에 대한 질문 때문이다.

어거스틴의 내적 발전 과정

† 어거스틴은 354년 북아프리카 타가스테(Thagaste)에서 출생

하였다. 그의 가정은 종교적으로 혼합적이었다. 그의 아버지 파트리키우스(Patricius)는 어거스틴의 출생 때에 아직 이교도였고, 그의 어머니 모니카(Monnica)는 그리스도인이었다. 어머니가 보여준 종교적인 모범이 어거스틴의 어린 시절을 강하게 지배하고 있었지만, 그는 내적으로 심한 갈등에 사로잡혀 있었다.

† 카르타고에서 수사학자가 되려는 목표로 공부하였고, 그의 나이 열아홉 살에 내연의 관계를 통하여 아데오다투스(Adeodatus)라는 아들을 얻었다. 카르타고에서 어거스틴은 키케로의 『호르텐시우스』(*Hortensius*)를 만났다. 호르텐시우스를 경험한 것은 그에게 최초로 벌어진 정신적인 진보였다. 치제 그는 정신적으로 진리 탐구의 길로 들어섰다. 성서를 만났지만, 성공적인 만남은 아니었다. 무엇보다도 구약성서는 내용적으로 어거스틴과 충돌하였다. 교회 중심의 그리스도교도 그를 만족시키지 못했다.

† 이러한 상황에서 그는 마니교(Manichäismus)와 마주치게 된다. 그는 마니교 추종자가 되었다. 마니교는 그 당시 종교적인 세계 속에 강하게 스며들어 왔다. 북아프리카, 이탈리아, 갈리아 등지에서는 서방 마니교가 자신을 그리스도교 보다 우월한 철학적인 형태로 소개하였다. 마니교의 우주론 체계는 빛과 어두움 사이의 이원론에 철저히 기인한다. 물질적인 육체에 연결되어 있는 인간의 영혼은 금욕 실천과 절식을 통하여 신적인 밝은 세상을 향한 길을 발견할 수 있다.

† 어거스틴은 마니교가 철학적인 영지라는 주장에 매혹되었고, 거기서 악의 기원에 관한 설명을 발견하였다. 선과 악 모두는 세상의 절대적인 원리이다. 모든 악한 것들은 어두움에 속한 악한 하나님으로부터 오고 선한 것들은 빛의 세계의 하나님으로부터 온다.

† 어거스틴은 마니교의 감독인 파우스투스(Faustus von Mileve)를 만나게 되었다. 파우스투스는 마르시온과 비슷한 방법으로 구약성경을 비판하고 예언자들의 증거를 거부하였다. 그리고 복음과 바울 서신에 대한 문학비평을 시도하였다. 훗날 어거스틴이 쓴 반마니교 저술은 『파우스투스에 반대함』(*Contra Faustum*, 397/98)이다.

† 384년 밀라노에서부터 어거스틴은 내면적으로 마니교에서부터 벗어나기 시작하였다. 그가 마주친 것은 당시의 위대한 두 정신세계였는데, 하나는 신플라톤주의요, 다른 하나는 암브로시우스 감독하의 가톨릭 교회였다. 어거스틴은 내적으로 마니교의 신론에서 문제를 느끼기 시작하였다. 하나님은 대적할 수도 상처를 입힐 수도 없는 존재였다.
신플라톤주의의 문서강해를 통하여 어거스틴은 영적인 것의 실체를 느낄 수 있었다. 그는 악의 실체가 무엇인가라는 질문에 대한 답변을 발견하였는데, 하나님은 가장 거룩한 존재요 가장 선한 존재이며, 모든 존재는 따라서 선하다. 그러므로 악이란 그 어떤 본질적인 존재가 아니라, 존재의 결핍이다. 즉 악이란 마니교에서 가르치는 대로 어떤 실체(Substanz)가 있는 것이 아니라, 선을 빼앗긴 것을 뜻한다(privatio boni).

† 암브로시우스의 설교 역시 어거스틴에게 영향을 미쳤다. 그의 우의적인 성경 해석은 어거스틴을 구약 신론의 신인동형론을 극복하는 길로 인도하였다. 이러한 신학은 어거스틴에게 자신이 신플라톤주의에서 발견한 것들과 비슷한 정신을 보여주었다. 어거스틴은 이제 하나님을 순수한 영적인 존재로 이해할 수 있게 되었다. 사람들을 끌어 모으는 암브로시우스의 품성 때문에 어거스틴은 권위를 느끼게 되었다. 모든 인식에는 반드시 승인이 선재한다. 즉 신앙(Glauben)이냐 인식(Erkennen)이냐 하는 문제로부터 사람은 해방될 수 없

다. 성서의 권위는 그에게 아주 이성적인 일이 되어 버렸다. 왜냐하면 교회가 전 세계에 퍼져 나갔기 때문이다. 종내 신앙 문제는 권위를 믿는 데서부터 벗어나 통찰하는 데로 나아가야만 했다. 중세 스콜라 신학은 이러한 점에서 어거스틴의 생각을 다음과 같은 말로 표현하게 되었던 것이다: "나는 믿습니다. 이로써 알게 됩니다"(credo, ut intelligam).

어거스틴의 회심

† 밀라노에서 받은 그리스도교 신플라톤주의의 영향과 특별히 암브로시우스 감독의 도움으로 점점 그리스도교에 접근하던 어거스틴은 회심(386)하게 된다. 결국 그는 금욕적인 생활을 하기로 결심하고 결혼생활과 세상적인 명망 쌓는 것을 포기한다.

† 금욕적으로 사는 승려들의 모범은 어거스틴에게 새로운 삶과 사상의 방향을 제시하였다. 그는 이집트 유민 안토니우스(Vita Antonii des Athanasius)와 밀라노 근처의 수도원에 관해서도 들었다. 그 후 어느날 그는 로마서 13장 13절을 읽었고, 그 내용을 자신과 직접적으로 연관 짓기 시작하였다(비교 : 『고백록』 8권).

† 마치 큰 병에 걸린 듯 그의 회심은 자기의 열정적인 미래상을 다 부수어 내었고, 그는 이제 인생의 목표를 명상적인 삶(vita contemplativa)에 두었다.

† 회심은 그를 세례 받게 하였다. 암브로시우스가 387년 밀라노에서 세례를 주었다.

회심 이후의 철학적 저술들

† 이때의 글들에는 신플라톤주의 사상이 지배적이다. 어거스틴은 그리스도교적인 목표에 맞추어 철학하였다. 신플라톤

주의가 그의 비판력을 앗아갔기 때문에, 그는 아직 그리스도교적인 면에는 보조 역할밖에는 할 수 없었다.

† 이 시기 어거스틴의 문제는 하나님과 영혼 그리고 질서였다. 즉, 세계 질서의 문제와 선과 악의 문제로 그는 고민하였다. 어거스틴은 인간 영혼의 불멸성을 증명하려고 시도하였다. 인간이 순전히 영적인 진리를 이해할 수 있다면, 그는 이 진리의 영원성에 참여할 수 있으리라고 보았다. 하나님은 세상의 창조주이다. 그러나 세상에는 선에서 한 단계 멀어진 것도 있다. 선과 악 사이의 대립은 마치 지혜와 우매함 사이의 대립과도 같다. 그는 모든 도덕적인 타락은 무지에서 비롯되었다고 생각하였다.

† 이 시기에 그가 쓴 중요한 철학 저술들은 다음과 같다: 『아카데미쿠스 논박』(*Contra Academicos*), 『질서에 대하여』(*De ordine*), 『독백』(*Solioloqia*), 『영혼의 크기에 대하여』(*De quantitate animae*), 『영혼불멸에 대하여』(*De immortalitate animae*)

† 바울 서신에 대한 연구는 다음과 같은 결실을 맺었다: 『자유의지론』(*De libero arbitrio*, 388-395). 이 책에서 어거스틴은 악에 관한 마니교적인 이해를 극복하였다. 즉, 악이란 하나님에 대항하는 인간의 자유의지에서 비롯된 것이지, 우주적인 원리 가운데서 악이 기원한 것은 아니라는 것이다. 이로 인하여 그는 성서적 그리스도교에 한층 더 접근하는 진보를 하였다.

어거스틴의 바울적인 전환

† 이것은 그가 교회 직분을 수임하는 것과 병행하여 시작되었다. 391년부터 어거스틴은 힙포(Hippo)의 감독 레기우스(Regius)와 접촉하였다. 그는 장로가 되었으며, 395년부터는

430년 죽을 때까지 힙포의 감독으로써 활약하였다.

† 감독의 직분을 수행하기 위하여 그는 다시금 바울 서신을 연구하였다. 이 결과 나온 작품은 바로 『심플리키아누스에 대한 반대질문』(*De diversis quaestionibus ad Simplicianum*, 396)이다. 여기에서 어거스틴은 밀라노의 감독으로 암브로시우스의 후임자인 심플리키안의 두 가지 질문에 답변하였다. 즉 로마서 7장과 9장 10-19절의 올바른 이해에 관한 답변이었다.

† 로마서의 영향 아래에서 어거스틴의 자유의지 개념은 흔들렸다. 과거에 주장했던 하나님에 대항한 인간의 선택 의지가 이제는 부인될 수밖에 없었다. 인간은 스스로를 하나님을 향하여 서도록 할 능력이 없는 존재였다. 이 능력은 오로지 하나님의 은총의 선물로 제공된다. 의지란 오직 심리적인 역할로써 인간을 선행의 도덕적 단계로 인도할 뿐이다. 그런데 인간은 이 선을 실천할 능력을 죄를 지음으로써 상실하였다. 이제는 어거스틴의 질문은 달라졌다. 즉 악의 기원이 무엇인가를 묻는 것이 아니라, 어디에서 선이 비롯되었는가를 묻는 것이다. 선은 행위에서 비롯되는 것이 아니라, 신앙에서 비롯된다. <선한 생명>(vita beate)은 하나님께서 은총을 부어주신 증거이다. 이러한 사상을 통하여 어거스틴은 로마서 9장과 로마서 전체의 은총론을 파악하였다. 이 경험을 바탕으로 그는 『고백록』을 저술하게 된다.

어거스틴 신학의 핵심주제들

어거스틴의 교회론과 성례론

† 역사적 배경 : 도나투스 주의자들과의 논쟁. 도나투스주의는 디오클레디안 황제 치하의 북아프리카에서 일어난 박해와

관련된 분파 운동에서 기인한다(312년 이후). 도나투스파는 참으로 거룩한 그리스도인 공동체를 만들려고 시도하였다. 저들은 가톨릭 교회와의 관계에서 재세례를 요구하였는데, 그것은 교회의 진실성이 그 세력의 세계적인 확장에 있지 않고, 행위의 거룩성에 있다고 여겼기 때문이었다. 따라서 성례전을 시행하는 사람의 인격적인 위엄성이 성례전을 효력있게 하는 전제조건이라고 생각하였던 것이다.

† 도나투스적인 분파는 카르타고의 여러 회의들 가운데에 어거스틴의 영향으로 극복되었다(401, 404, 411). 평화적인 방법으로는 도나투스파를 다시 교회로 끌어들일 수 없게 되자, 어거스틴도 역시 국가적인 보복 조치를 변호할 수밖에 없었다(호노리우스 황제에 의하여 400년에 반포된 분파주의자를 다루는 이단 법령. 어거스틴은 누가복음 14:23에 근거하였다).

† 이단세례 논쟁에서 드러난 바와 같이 북아프리카 교회에서 도나투스적 입장은 매우 엄격한 관점에 서 있었다. 반면에 가톨릭 교회의 입장은 성례전이란 거룩한 예식이지만, 이것을 베푸는 자나 받는 자의 거룩성에 의하여 영향을 받는 것은 결코 아니라는 주장이다. 성례전의 유효성 자체는 가톨릭이나 도나투스파 모두 인정하는 점이었다.

† 어거스틴 교회론의 한 단면은 외적인 구원 공동체와 성례전 공동체라는 점이다. 이 공동체 안에서 설교와 성례전은 베푸는 사람의 위엄과는 독립적으로 영향을 미치는 은총선물이다. 어거스틴의 교회개념 가운데 결정적인 면은 교회의 외적인 거룩성이 아니라, 거룩한 공동체(communio sanctorum)라는 사랑과 신앙의 내적인 공동체라는 점이다. 이 공동체의 구성원은 사랑과 일치의 끈으로 (vinculum caritatis et unitatis) 묶여 있다. 오직 하나님만이 이 참된 교회의 구성원을 알고 계신다. 교회는 하나님과의 연합을 표시하는 것이

며, 신비한 그리스도의 몸이다(corpus Christi mysticum). 그런데 이러한 내적인 교회는 외적인 거룩한 모습과 별도로 실현되는 것이 아니라, 외적인 모습 속에 함께 나타난다. 그러므로 외적인 교회가 참된 교회와 동일한 의미라고 할 수는 없지만, 이 둘을 분리할 수도 없는 것이다. 따라서 외적인 교회는 섞여 있는 몸(corpus permixtum)이다. 이 점이 교회의 거룩성을 앗아갈 수는 없지만, 외적 교회에 속해 있다는 것이 구원을 얻는 보증이 될 수도 없다는 것이다.

† 은총론의 맥락에서 보면 어거스틴은 선택받은 자의 범위를 하나님의 본래적인 교회, 즉 예정 받은 자의 수(numerus praedestinatorum)로 여기고 있다고 볼 수 있다. 선택받은 자의 범위는 외적인 거룩한 모습과 일치하는 것도 아니며, 신도의 공동체와 일치하는 것도 아니다. 어거스틴 교회론의 핵심은 믿는 자들과 서로 사랑하는 자들의 공동체에 놓여 있지만, 이 공동체에는 살아있는 자(Lebenden)만이 아니라 모든 죽은 자(Vollendeten)로 계산되어지는 것이다.

† 어거스틴의 교회론을 이해하는 데는 그의 대작인 『신의 도성』(*De civitate Dei*)이 중요하다. 믿는 사람들은 이 세상에 낯선 사람으로 방황하고 있다. 그런데 이 세상의 반대는 영원한 고향이다. 이 작품이 쓰이게 된 역사적인 배경은 410년 서고트족과 알라릭(Alarich)의 로마 침공에 있다. 어거스틴은 인간의 모든 역사를 하나님을 사랑하는 사람들과 하나님을 미워하고 스스로를 사랑하는 두 집단(civitas Dei, civitas diaboli) 사이의 투쟁으로 이해하였다. 이 세상에 있는 모양대로 한다면 이 두 도성은 교회와 국가이다. 그러나 세상에 있는 교회는 아직 하나님의 도성은 아니다. 그리고 국가는 인간 사이에 평화와 정의를 보장하기 위하여 필수적인 존재이다. 무엇보다도 어거스틴의 이 작품은 중세 시대에 현저한

영향을 끼쳤다.

† 어거스틴의 교회론은 그의 성례 이해와도 일치한다. 외적인 말씀과 내적인 말씀처럼 외적인 성례전 시행(sacramentum)과 내적인 성례전의 효능(effectus sacramenti)도 구분될 수 있다. 한 번 시행된 세례나 서품은 수임자에게 결코 잃어 버리지 않을 특성(character)을 수여한다. 성례전의 효능은 오로지 하나님의 특권에 기초해 있다. 성례전은 보이는 말씀(verbum visibile)이다. 먼저 내적인 말씀이 표지에 의미를 준다: "말씀이 요소에 임하면, 성례전이 된다"(accedit verbum ad elementum et fit sacramentum). 어거스틴은 상징적인 성례 이해를 대표하는 사람인데, 그 의미는 성만찬을 나눌 때에 단지 기념하는 것만이 아니라, 그리스도와 실제적인 영적 공동체가 되는 것이다.

펠라기우스주의

† 펠라기우스 문제에 맞닥뜨리기도 전인 396년 이래 어거스틴은 죄론과 은총론을 발전시켰다.

† 어거스틴이 쓴 펠라기우스를 반대하는 저작들에는 그의 죄론과 은총론이 명확하게 드러나 있는데, 그 저술의 역사적인 배경은 말할 나위 없이 펠라기우스주의다. 이 사상은 브리튼 출신의 금욕적인 수도사 펠라기우스(Pelagius, 355-420)에게로 귀결되는 4세기 교회와 신학의 운동 방향이었다.

† 펠라기우스주의적인 신학은 수도사적 입장을 그 배경으로 한다. 즉 그리스도교는 인간의 도덕성을 강화시켜야 할 과제를 가지고 있는데, 그 이유는 선한 행동과 악한 행동은 자유의지를 뿌리로 하기 때문이라는 것이다. 펠라기우스는 마니교의 이원론을 완전히 배격하고, 자유의지에 관한 어거스틴의 초기 작품에서 부분적인 채용을 하였다. 죄짓는 본성이란

존재하지 않는다. 오직 죄란 결코 상속될 수 없는 일종의 신념이요, 의지의 행동인 것이다. 그러나 아담의 죄를 통하여 전체 인간은 죄짓는데 익숙함을 지니게 되었다(consuetudo peccandi).

이 죄론은 은총론과 상응한다. 즉 은총의 도움을 하나님께서는 이미 창조하실 때에 부여해 주셨다. 그러나 선행을 향한 인간의 능력은 타락으로 말미암아 약화되고 말았다. 그래서 하나님께서는 자신의 은총을 두 가지 역사적인 계시의 양상을 통하여 강화시키고 갱신하였는데, 그것은 모세 율법의 은총과 그리스도 안에 나타난 하나님의 계시(새로운 율법으로서, nova lex)인 것이다. 아담이 저지른 악한 경우에 대응하여 그리스도의 선한 경우가 등장한 것이다. 은총은 세례를 통하여 제공되며, 이 은총은 세례 전에 지은 죄를 용서해 주는 것이다. 세례 은총을 받은 후에 인간은 다시 합당한 대가가 약속된 선한 행동을 할 수 있는 능력을 지니게 되었다는 것이다.

펠라기우스 논쟁

† 소위 펠라기우스 논쟁(411-431)은 펠라기우스가 그의 동료인 캘레스티우스(Caelestius)가 로마로부터 카르타고에 도착하였을 때 벌어지기 시작하였다. 펠라기우스는 계속 예루살렘으로 여행하였지만, 어거스틴과 캘레스티우스 두 사람 사이에는 원죄문제와 무죄 가능성 문제를 둘러싼 논쟁이 시작되었다. 캘레스티우스는 원죄를 거부하고 유아세례가 죄를 용서하지 못한다고 주장하였다. 왜냐하면 어린아이는 아담이 타락하였던 시점보다 훨씬 더 이전에 처해 있는 존재이기 때문이다.

† 카르타고 회의(411)는 캘레스티우스를 정죄하였다. 이에 대항하여 펠라기우스는 동방에서 열린 두 회의에서 자신의 입

장에 대한 지지를 얻어낼 수 있었다(415). 감독 조시무스(Zosimus)도 어거스틴이 격렬하게 반대하였던 펠라기우스를 지지하였다. 황제 호노리우스(Honorius, 395-423)는 어거스틴 편에 섰다. 이노센트 1세(Innocenz)가 417년 어거스틴의 편에 선 이후, 로마 교회도 자신의 판단을 수정하였다(이 결정에 관하여 훗날 『명제집』(Sentencz)" 에 다음과 같이 요약 표현되어 있다:"로마가 말하고, 논쟁은 끝났다"). 펠라기우스주의에 대하여 심판하였던 카르타고 회의(418)는 펠라기우스 논쟁의 처음 단계일 뿐이다.

431년에 에베소에서 열린 에큐메니칼 공의회에서는 펠라기우스주의에 대한 공식적인 심판이 이루어졌다.

율리안(Julian von Eclanum)은 420년부터 펠라기우스주의의 대변자가 되었다. 그는 특히 원죄론과 혼인에 대한 견해에 있어서 어거스틴을 마니교라고 비난하였다.

† 펠라기우스주의가 물러간 후에 서방에서는 소위 반(半)펠라기우스주의(Semipelagianismus) 논쟁이 등장하였다. 하드루메툼(Hadrumetum)과 남부 갈리아(Südgallien, Massilia, Lerinum)의 수도사들은 어거스틴적인 은총론의 극단적 문장들에 대항하였다. 요한 카시아누스(Johannes Cassianus)와 레리눔(Lerinum)의 빈첸티우스(Vincentius) 어거스틴과 펠라기우스 사이를 오가는 신학적인 입장을 대변하였는데, 하나님의 은총과 인간의 자유의지는 상호 작용한다는 것이다. 하나님의 은총은 거역할 수 없도록 작용하는 것이 아니며, 하나님은 인류의 일부를 영원한 저주에로 결정해 버리지도 않는다는 것이다.

† 5세기에 교황 레오 대제(Leo d.Gr., 440-461)는 펠라기우스주의 종말을 이끌어 냈다. 어거스틴주의는 529년 오렌지 회의(Synod von Orange)에서 반펠라기우스주의에 대하여 승

리하였다.

어거스틴의 죄론과 은총론

† 어거스틴의 죄론과 은총론은 창조에 그 출발점이 있다. 처음 은총(prima gratia)의 상태는 죄를 짓지 않을 수 있고, 죽지 않을 수 있는 것(posse non peccare, posse non mori)을 가능케 하였다. 아담은 선과 악을 선택할 수 있는 자유를 가졌다. 그가 범죄로 인하여 악을 선택하면, 다시 말해 하나님으로부터 유리되거나 자존(Eigenseinwollen)을 선택하는 한, 그는 이제 선을 택할 자유를 상실하는 것이다. 그 벌로써 다음과 같은 것이 따른다: 무지(ignorantia), 정욕(concupiscentia), 멸망(mortalitas).

죄를 설명하기 위하여 어거스틴은 두 가지 개념을 사용한다: 교만(superbia)과 정욕(concupiscentia). 첫 번째의 개념에서는 성서적인 죄 이해인데, 바로 하나님에 맞서는 자기 사랑(Ich-Liebe)으로 표현된다. 반면에 두 번째의 개념은 인간적인 본성의 착오를 뜻하는 정욕인데, 의미상으로는 성적인 의미를 뜻한다. 어거스틴의 원죄 이해를 위하여서는 정욕(concupiscentia) 개념이 결정적이다. 죄는 모방(Nachahmung)에 의하여서가 아니라, 생식 행위(Zeugungsakt)를 추구하는 정욕에 의하여 이식된 것이다. 정욕(concupiscentia)은 이로써 죄의 원인이요 결과이다.

아담의 범죄 이래로 인류는 죄의 억압 아래에 놓여 있다(죄를 지을 수밖에 없다. necessitas peccandi). 물론 어거스틴은 결정론적으로 가르치지는 않는다. 이것은 로마서 5장 12절에 대한 그의 이해를 보여준다. 아담 안에서 모든 인간은 죄를 지었다. 아담의 의지는 바로 우리의 의지이다. 죄는 무조건 상속되는 것이 아니라 의지대로 물려받은 것이다. 죄는

모든 인간의 정욕 속에서 계속 살아 있다.

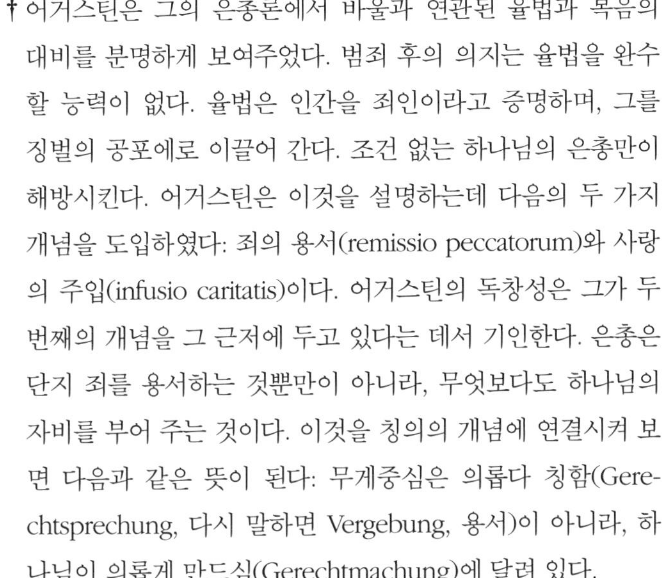

† 어거스틴은 그의 은총론에서 바울과 연관된 율법과 복음의 대비를 분명하게 보여주었다. 범죄 후의 의지는 율법을 완수할 능력이 없다. 율법은 인간을 죄인이라고 증명하며, 그를 징벌의 공포에로 이끌어 간다. 조건 없는 하나님의 은총만이 해방시킨다. 어거스틴은 이것을 설명하는데 다음의 두 가지 개념을 도입하였다: 죄의 용서(remissio peccatorum)와 사랑의 주입(infusio caritatis)이다. 어거스틴의 독창성은 그가 두 번째의 개념을 그 근저에 두고 있다는 데서 기인한다. 은총은 단지 죄를 용서하는 것뿐만이 아니라, 무엇보다도 하나님의 자비를 부어 주는 것이다. 이것을 칭의의 개념에 연결시켜 보면 다음과 같은 뜻이 된다: 무게중심은 의롭다 칭함(Gerechtsprechung, 다시 말하면 Vergebung, 용서)이 아니라, 하나님이 의롭게 만드심(Gerechtmachung)에 달려 있다.

이미 소명(vocatio)의 개념에서 은총은 결코 획득할 수 있는 것이 아니라는 사실은 분명해졌다. 선재하는 은총(gratia praeveniens)이 소명보다 앞선 것이다. 말씀과 성례전을 통하여 인간은 신앙에로 부름을 받는다. 신앙 가운데 은총은 영향을 끼쳐서, 인간적인 의지가 선한 것을 행할 능력을 갖추게 한다(gratia cooperans). 그러나 하나님은 인간을 교회 밖에서 부르실 수도 있다. 영성적인 신비주의에는 영적인 소명도 존재한다. 신적인 은총을 완전히 부어 주시는 것은 먼저 사랑 안에서 일어난다. 신앙은 단지 최초의 그리고 기본적인 단계일 뿐이다.

† 신앙 이전에 사랑을 강조하는 것은 어거스틴과 루터 사이의 근본적인 차이를 보여준다: 루터의 경우 하나님의 언약에 대한 신앙이 의롭게 하시는 기초가 된다면, 어거스틴의 경우, 신앙은 하나님의 은총이 사랑과 함께 부어지게 되는 첫 걸음

일 뿐이다.

† 어거스틴의 은총론은 그의 예정론에서 그 최고봉을 이룬다. 신적인 의지의 전능하심은 은총을 불가항력적 은총(gratia irresistibilis)으로 만든다. 모든 것이 결국은 하나님의 선택에로 귀결된다. 오직 선택받은 자만이 은총을 받는다. 구원이 확정된 자의 정확한 숫자가 얼마나 되는가 하는 질문은 선택받은 자가 타락한 천사를 대신하게 될 것이라는 관점에서 설명된다. 즉, 선택받은 자의 수는 가시적 교회에 속한 자들의 숫자와 일치하는 것은 아니다. 그는 선택이라는 개념을 통하여 하나님의 자비하심을 드러내려고 하였다. 선택받지 못한 자들에게 하나님의 정의는 멸망으로 나타날 뿐이다.

† 어거스틴의 죄론과 은총론에 관한 주요 저작들: 『영과 문자에 대하여』(*De spiritu et littera*, 412), 『신앙과 행위에 대하여』(*De fide et operibus*, 413), 『거룩한 자의 예정에 대하여』(*De praedestinatione sanctorum*), 『인내의 선물에 대하여』(*De dono perseverantiae*, 428/29).

어거스틴의 삼위일체론에 관하여

† 주요 저작 : 삼위일체에 대한 15권의 저술 『삼위일체에 대하여』(*De trinitate*, 399-419). 신학과 철학의 어거스틴적 연결은 이 저서에서 특별히 분명하다.

† 어거스틴은 아버지와 아들과 성령의 본질적 동일성에 관하여 381년부터 확고하였다. 그것은 세 위격(Personen)과 한 신적 본질이다. 어거스틴이 삼위일체론에 기여한 것은 두 가지인데, 관계적인 위격 개념과 피조물의 유비(삼위일체의 흔적, vestisia trinitatis)이다.

† 어거스틴은 삼위일체적인 위격들을 가장 약한 관계의 카테고리로 정의하였다.

세 위격은 하나의 신성 안에 있는 세 가지 동일하게 영원한 관계들이다. 아버지는 아들이 아니며, 아들은 아버지가 아니다. 그러나 이러한 다름은 절대적인 것이 아니라, 하나의 상대적 다름이요, 관계의 다름이다. 그럼에도 불구하고 하나님의 본질은 하나(Einheit)이다. 왜냐하면 관계들이란 그 다름에도 불구하고 하나님의 일치(Einheit)를 파괴할 수 없기 때문이다.

† 어거스틴은 하나님의 삼위일체성을 위하여 피조물의 유비로 설명을 시도하였다: 인간의 영혼에는 기억(memoria)과 지식(intelligentia)과 의지(voluntas)의 능력이 영향을 끼친다. 인간의 사랑에서도 역시 삼위성이 발견된다: 사랑하는 자, 사랑 받는 자 그리고 사랑 그 자체이다.

참고문헌

Betschlag, K. Grungriß der Dogmengeschichte, Bd.II/2, 24-111.

Chadwick, H. Augustin.

Dassmann, E. Augustinus. Heiliger und Kirchenlehrer, 11-25, 118-130 u. 147-156.

Frank, K. S. Lehrbuch der Geschichte der Alten Kirche, 285-295.

Haendler, G. Die abendländische Kirche im Zeitalter der Völkerwandlung, 41-65.

Hauschild, W-D. Lehrbuch der Kurchen-und Dogmengeschichte, Bd. 1, §5, 1-10, 209-246.

Loewenich, W. v. Augustin, 28-50 u. 65-117.

Moeller, B. Geschichte des Christentums, 105-116.

8 교황 제도의 성립과 비잔틴 제국 교회 약사

개 요

교황 제도는 출발은 미미했지만, 서양 그리스도교의 가장 의미심장한 기구로 발전하였다. 이것은 로마 가톨릭 교회의 중앙집권적 교회관을 표현하고 있다.

초대 그리스도교 시대의 감독 직분은 동료로서 지도하는 직분이었다. 150년경까지 공동체는 감독과 디아콘에 의하여 집단적으로 지도되었다. 모든 지역에 다 등장한 것은 아니지만, 3세기경에 군주적 감독제가 성립된 이후 각기의 지역교회는 동등한 위치를 확보하기 시작하였다. 독자적인 감독교회들이 모여서 전체 교회를 형성하였다. 이러한 공동체적 성격으로부터 다른 감독 교회에 대한 한 감독이 더 우월하다고 인정하는 방향으로 급하게 발전한 것은 아니었다. 오히려 처음에는 전체 교회적인 동등권이 방해받지 않는 것을 중요하게 여겼다.

로마에서는 군주적인 감독제가 비교적 늦게 발전되었다. 그래서 2세기 중반에야 비로소 등장하였다. 그때부터 로마에서는 이 새로운 직분이 아주 본질적인 의미가 되어 버렸다.

6세기에 동로마 제국에 고대 로마제국 교회를 갱신하는 의미심장한 일이 발생하였다. 제국의 양 진영이 서로 반목하는 일은 이미 5세기부터 점차로 확대되었고, 476년 서방 제국이

그 존속을 마친 이래로 동방에서는 비잔틴 제국이 게르만족의 대이동의 시기에도 비교적 자신을 잘 지킬 수 있었다. 비잔틴 제국 교회의 기초에는 유스티니안 황제(527-565)의 통치력이 있었다. 이 기간에 성취되어진 것이 동방 정통 교회 내에서는 지속적인 의미를 갖는다. 비잔틴 제국 교회는 엄격한 중앙집권적인 교회였는데, 이 시기에 이 교회로부터 네스토리우스와 단성론 민족교회들(Nationalkirchen)이 분리되었다. <민족 교회>(Nationalkirche)라는 용어가 명백히 보여주는 것은 그리스적인 통일체요 콘스탄티노플에서 주도되는 제국 교회의 이상이 역사적으로 결코 성공적이지 못하였다는 것이다. 후에는 불가리아, 루마니아, 세르비아 그리고 무엇보다도 러시아에 민족 교회가 설립되는데, 이 교회들은 물론 황제가 설립한 교회라는 구조를 지녔고, 콘스탄티노플 대 교구와 지속적인 연결 가운데 있었다.

주요 항목

로마의 군주적 감독제

† 이미 사도 교부 시대에 카리스마적인 교회 직분들은(사도들, 예언자들, 교사들) 감독, 장로, 디아콘 직분에게 자리를 내주었다. 2세기 전반부터 등장하는 군주적 감독은 이방제의를 분쇄하고 영지주의와의 투쟁과 밀접하게 연계되었다.

† 군주적 감독의 성립은 개별 지역마다 다르게 진행되었다. 개개 감독 교회가 동등한 위치에 있다는 생각은 변하지 않았다(공동체 성격).

† 로마에서는 2세기 중반에 들어서 군주적 감독이 등장하였다. 감독은 여기서 로마 공동체의 특별한 전통과 당연히 연결되며, 이로써 미래를 가늠케 하는 의미를 부여받았다: 감독은

사도적인 진리의 보증이다(charisma veritatis certum). 감독은 사도의 후계자이다.

로마 공동체의 개성

† 사도성의 원리는 사도에 기반을 둔 교회를(Apostelkirchen) 특별한 모습으로 이끌었다. 로마는 가장 중요한 두 사도, 베드로와 바울의 전통을 일치시켰다.

† 로마 공동체는 세계 중심지로써의 정치적 위치나 문화적인 의미로부터 이득을 얻었다.

† 로마 교회의 자선활동은 특별한 관심을 끌었다.

† <로마 신조>(Symbolum Romanum)는 <사도 신조>의 근간이 되었으며, 로마의 경전 목록(무라토리 경전)은 정경 형성의 과정에 기여하였다.

† 로마의 감독 명단(Hegesipp, Irenäus)은 2세기 말에 로마 교리의 사도성을 확립하여야 한다는 필요에 의하여 등장하였다.

콘스탄틴 황제까지 교황 제도의 전 역사

† 로마의 감독이 다른 감독보다 더 우월하다는 전 교회적인 인정은 처음 3세기 동안에는 존재하지 않았다. 그러나 베드로의 후계자로서 로마의 감독이 전 교회적인 우월성이 있다는 점은 인정된다.

† 빅토르 1세(Victor I, 189-198)는 소아시아의 공동체에게 로마 교회 부활일을 지치도록 강요한 아주 의식이 강한 감독이었다. 빅토르 때문에 벌어진 소아시아와의 결별에 대해 전 교회는 반대하였다(이레니우스의 반론).

† 3세기 초 몇몇 감독들은 마태복음 16장 19절에 근거하여 비교적 허술한 참회의식을 시행하였다. 로마 감독 칼리스트

(Kallist, 217-222)는 이 참회의식을 개선하여 교회 결혼 규정과 이단자의 유입을 위하여 사용하였다.

† 스테판 1세(Stephan I, 254-257)는 이단 세례 논쟁 과정에서 마태 16장 18절 이하를 근거로 베드로의 후계인 로마 감독이 다른 감독보다 우월하다고 주장하였다. 그는 로마 감독으로는 처음으로 참된 전통을 지키자는 강력한 자아의식이 있는 감독이었다. 그러나 스테판은 모든 감독의 독자성을 주장하는 카르타고의 키프리안의 교회론과는 정면으로 반대되는 감독이었다. 스테판의 주장 역시 전 교회적으로는 받아들여지지 않았다.

† 콘스탄틴의 시대가 오기까지는 교회적인 통일을 향한 로마 감독들의 노력이 특별한 역할을 수행하지는 않았다. 황제는 니케아에 공의회를 소집하였다. 황제의 통치 기간 중에 두 가지의 사건이 장래 로마 감독의 우월성 확보에 중요한 역할을 하게 된다: 새 수도 비잔티움(330)과 로마의 베드로 대성당(Petersbasilika) 건축이다.

† 4세기가 지나가는 동안 다음과 같은 감독들이 로마의 우월성을 주장하였다: 율리우스 1세(Julius I, 337-352) 그는 아리우스 논쟁 때에 아타나시우스 편에 섰고, 342년 세르디카(Serdika) 회의 때 로마 감독을 위하여 논쟁 심판권을 획득하였다. 다마수스 1세(Damasus I, 366-384)는 처음으로 <제사장>(pontifex)의 칭호를 얻은 감독이다. 시리키우스(Siricius, 384-399) 때에는 최초로 교황 교령(Dekretal)이 등장하였다.

교황 레오 1세에서 그레고리 1세까지

† 5세기 초반 이노센트 1세(Innocenz I, 402-417)는 로마 감독의 우월성을 확립하여 나갔다. 이 발전 과정은 레오 1세(leo I, 440-461)에게서 그 절정을 이루었다. 레오 1세는 첫 교황

이었고 로마 감독의 우위성을 제도로 정착시켰으며, 그 성서적 근거를 제시하였다: 로마 감독직 안에는 수제자로서의 베드로가 현존한다는 것인데, 그에게 그리스도께서 심판직(Richteramt, 마 16:18 이하)과 목양직(Verwaltungsamt, 요 21:15-19)과 교사직(Lehramt, 눅 22:3 이하)을 주셨다.

레오 1세의 의의는 훈족 아틸라(Attila, 452) 그리고 반달족 가이저리히(Geiserlch, 455)와의 만남, 레오의 교서(Tomus Leonis) 그리고 로마가 언제나 최고 우위를 누려 왔다는 주장(니케아 공의회 카논 6항의 변조)에 있다.

† 펠릭스 3세(Felix III, 483-492)는 콘스탄티노플의 총대주교 아카시우스(Acacius)를 출교하였고, 이것으로 동방과 서방 교회 사이의 최초 분열이 가시화되었다(484-519).

† 교황 겔라시우스(Gelasius, 492-496)는 소위 <두 권력 이론>(Zwei-Gewalten-Theorie)을 제시하였다: 영적이고 교리적인 문제에 관한 감독의 권한이 황제 위에 있다는 것이다.

† 6세기 초반 교황은 동고트족과 비잔틴 황제에게 예속되었다.

† 그레고리 1세(Gregor I, 590-604) 아래에서 교황청은 중세에로의 이행기를 겪으며 다시금 권위와 존경을 획득하였다. 이 <수도사 교황>의 중요성은 신학적(중세시대에 어거스틴 신학을 중재), 문화적, 예배 의식적 영역에서 드러난다. 그는 훗날의 교회 국가(Kirchenstaat)의 기초를 놓았고 프랑크족과 서고트족 그리고 무엇보다도 앵글로 색슨족과의 연계를 시도하였다.

유스티니안 황제(527-567) 시대의 비잔틴 제국 교회와 동방의 민족 교회들

† 서로마의 몰락(476) 이후 민족 대이동의 기간 동안 비잔틴 제국은 비교적 잘 유지해 나갈 수 있었다. 유스티니안 1세 황

제의 통치는 이때에 매우 특별한 의미가 있으며 동방 그리스도교를 위하여 그 토대 역할을 하였다.

† 그의 통치 양상은 다음과 같은 것들이다:
소피아 성당(Hagia Sophia) 신축, 아테네 서원 폐쇄(529), <유스티니안 법전>(Codex Justiniani)을 통한 지금까지의 제국 공의회 결정 사항들을 집성함, 황제권의 세속화 그리고 제국과 사제 계급 간의 조화를 위한 비잔틴식의 체계 구축이다.

† 교황의 반대에도 불구하고 유스티니안은 553년 콘스탄티노플에서 제5차 에큐메니칼 공의회를 소집하였다. 여기서 칼케돈 공의회의 결정들이 키릴 식으로 해석되었다(신칼케돈주의).

† 강력한 중앙집권적 비잔틴 제국 교회임에도 불구하고 이 기간 동안에 네스토리우스 교회와 단성론적 민족 교회가 비잔틴에서 분리되었다: 시리아의 네스토리우스 교회(중앙과 동아시아에 집중적인 선교), 시리아 단성론 교회(Jakobiten), 에집트의 콥틱 교회, 아르메니아 교회이다.

† 비잔틴 제국 교회로부터 분열하게 된 원인은 다음과 같다:
문화사적인 이유는 알렉산더 대왕에 의하여 정복된 민족들 사이에 강력한 자아의식이 생기기 시작하였다는 것이다. 교회 내적인 문화적 작업은 문서 언어의 발달과 교회 저술이다. 교회 정치적으로는 이집트와 시리아 대주교좌 사이의 경쟁이다.
신학적으로는 칼케돈의 결정으로부터의 이탈(단성론 논쟁: Theopaschit 논쟁, 삼장논쟁)

유스티니안 1세 황제 이후 동방 교회

† 그리스 그리스도교의 역사는 고대 후기 이래로 공간적으로

나 언어적으로나 지속되어 왔다. 1453년 투르크족의 비잔틴 침공 이래로 무게중심은 처음으로 슬라브족에게 넘어갔다.

† 7세기 비잔틴 제국 교회는 심각한 위기를 경험하게 되었다: 페르시아 전쟁, 아랍의 침략 그리고 이슬람의 발흥이다. 비잔틴 제국은 이 시대에 광대한 영토를 상실하고 중세적인 외양만 갖추고 있었다. 이탈리아에 대한 비잔틴의 통치는 8세기에 막을 내렸다. 9-10세기가 진행되는 동안 침략과 정치적인 문제들이 다시금 등장하였다. 11세기 초에 비잔틴은 중세 가운데 그 정치력이 최고에 도달하였다.

† 중요한 황제 헤라클리우스(Heraklius, 610-641)의 시대에 페르시아에는 승리를 거두었고, 단역론(monenergisch) 논쟁과 단의론(monotheletisch) 논쟁이 시작되었다. 그리스도의 단일 본성에 대한 논쟁이 그치자마자, 그리스도의 단일 능력 또는 단일 의지에 관한 논쟁이 시작되었다. 이 논쟁에서 가장 중요한 신학자는 막시무스 콘페소(Maximus Confessor, 580-662)이다. 그의 중요한 신학적인 업적은 그리스도에게 있는 인간적 · 신적 의지에 관하여 다음과 같이 말할 수 있도록 하였다는 것인데, 바로 이 둘은 조화롭게 또는 각각의 특성을 보유한 채로 존속한다는 것이다. 신적인 의지 아래에 인간적인 의지가 종속되지만 인간적인 의지는 나름대로의 특징을 갖는다. 이 <두 의지론>(Zwei-Willen-Lehre)은 칼케돈에서 진행된 네 가지 부정법적 확증과 함께 680/81년의 제6차 콘스탄티노플 공의회에서 교리로 확증되었다.

† 다메섹의 요한(Johannes von Damaskus, 749사망)은 성상 논쟁 시대 그리스 교회의 저명한 신학자요 수도사였다. 성상 파괴론자에 대항하여 성상숭배를 지지하였다. 주요 저작은 『지식의 원천』(*Pege gnoseos*)이라는 정통 신앙의 조직적 요약집이다. 동시에 그는 그리스 교회의 저명한 설교가였다.

† 하나님의 비밀에 대한 예배나 예전적인 경배가 그리스 교회 신학과 예배의 중심에 자리하고 있었다.

비잔틴 교회 내의 성상논쟁

† 성상의 사용은 4세기 신플라톤주의로 인하여 등장하였다 (형상 안에는 원래의 상이 존재한다). 동시에 종교 일반적이고(성자숭배) 교육적인(문맹자) 이유가 성상 수용의 원인이었다.

† 성상숭배는 수도원에서 확산되었다. 특히 8, 9세기의 성상 논쟁은 칼케돈의 그리스도론의 도움으로 진행되었다. 성상 옹호론자들은 그리스도의 인성을 강조하였고, 이로써 그리스도의 형상을 만들 수 있다고 하였다. 성상 옹호론과의 투쟁에서 황제들은 정치적인 영향력을 수도사들에게 행사하려고 하였다. 성상을 옹호하려는 투쟁은 수도사와 성직자 편에서 보면 황제의 참견에 대항하는 투쟁이 되는 것이다.

† 787년의 니케아 공의회는 다음과 같은 결정으로 성상 논쟁을 종식시켰다: 기도(latreia)는 하나님에게만 돌아감이 마땅하며, 성상에는 존경(proskynesis)만 온다. 성상 속에 현존하는 것은 단지 하나님의 초상(Abbild)일 뿐이지, 그것은 결코 하나님의 원 모습(Urbild)과 같지 않다. 이로써 성상숭배가 성상파괴에 대하여 승리하였다. 9세기에 또 한 번의 논쟁을 통하여 843년의 콘스탄티노플 회의는 최종적으로 성상을 승인하였다. 그 이후로는 매년 동방 정통 교회의 축제가 되었다.

† 9, 10세기의 비잔틴 교회는 발칸에 대한 선교에 대단한 성공을 거두었다.

863년 콘스탄틴 형제(Kyrill)와 메도디우스(Methodius)의 선교가 시작되었다. 슬라브 교회언어와 문서 언어의 발달은 러

시아 선교의 중요한 전제조건이었다.

† 10세기 중반부터 제국의 중심인 키예프(Kiew)에서 그리스도교로의 다각적인 개종이 있었다. 988/99년에는 대 군주 블라디미르(Wladimir)가 자기 백성을 드네프르(Dnjepr)에서 세례 받도록 하였다. 러시아에 국가적이고 그리스도교적인 역사가 시작되었다.

† 1453년 투르크족에 의하여 콘스탄티노플이 멸망한 이후 모스코바는 러시아 제국의 국가적 · 교회적 중심지가 되었다.

참고문헌

Andresen, C./Ritter, A. M. Geschichtes des Christentums, 106-126.

Brox, N. Das Papsttum in den ersten drei Jahrhunderten, in: Gestalten der Kirchengeschichte, Bd.11, Das Papsttum I, 25-42.

Chadwick, H. Die Kirche in der antiken Welt, 278-289.

Dassmann, E. Kirchengeschchte II/1, 156-210.

Frank, K. S. Grundzüge der Geschichte der Alten Kirche, 117-140.

Frank. K. S. Lehrbuch der Geschichte der Alten Kirche, 298-308 u. 320-328.

Hage, W. Das Christentum im frühen Mittelalter, 11-50.

Hauschild, W.-D. Lehrbuch der Kirchen-und Dogmengeschichte, Bd. 1, §8, 1-4, 403-416 u. §3, 14, 150f.

9 게르만의 그리스도교화-그리스도교의 게르만화

개 요

로마제국의 서방은 5세기에서 8세기까지 철저한 역사적인 변이를 경험하였다. 민족의 대이동 기간에 게르만족이 로마제국의 지경 안으로 퍼져 나가고, 전체 정치적 질서를 갱신하였으며, 지중해 중심의 역사적 무대를 알프스 산맥 북방 지역으로 옮겨 놓았다. 새로운 인간, 새로운 지역, 새로운 종교적, 정신적 문화적 기반을 통하여 드러나는 이 전이 과정의 특징들이 중세를 시작하게 하였다. 제국내 정치적인 질서의 해체, 새로운 민족의 침입과 정착이 그리스도교와 교회의 모습에 대하여도 신기원을 여는 의미를 지니고 있다는 점은 이미 고대의 제국 교회 시대에서 시작된 정치권과 교회의 밀접한 결탁을 통하여 보면 이해할 만하다. 지리적으로만 본다면 그리스도교는 북 유럽의 많은 지역을 획득한 셈이 되지만, 남쪽, 북아프리카, 스페인 등등 과거 그리스도교 주요 지역을 이슬람에게 넘겨주었다.

게르만 민족들이 로마제국 내에 밀려들어와 로마 민족들과는 다른 개성을 만들어 가고 있을 때에, 가톨릭 제국 교회는 레오 1세 이후로 점점 더 강하게 로마화 되어 가고 있었다. 일반 정치와 사회는 해체 과정 가운데 있었지만, 교회에는 점차로

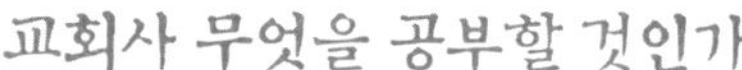

증가하는 의미가 부여되었다. 감독들이 국가 행정을 담당하게 되었고, 국가 기관의 자리에 교회 기관이 들어섰다. 결정적인 민족의 통일체요 사실상의 권위는 5세기의 로마-가톨릭 교회였다. 교회에게는 현세적인 부도 증가하였다. 그러나 무엇보다도 교회는 그 안에 고대 문화의 보화가 보존되어 있으며 거의 초월적인 빛을 주는 거룩한 기관이었다.

그러므로 이 교회가 게르만족에게 거대한 흡입력을 행사하였다는 점은 이해할 만하다. 게르만족이 그리스도교에로 방향을 전환한 것은 교환 관계에서 보아야 할 것이다. 즉 게르만의 그리스도교화(Christianisierung der Germanen)는 <그리스도교의 게르만화>(Germanisierung des Christentums)라는 과정과 언제나 평행으로 진행되는 것이다. 그리스적이고 로마적인 요소가 제1세기의 교회에 오랜 인상을 남겼던 것처럼, 차후 교회사적 발전 과정에 게르만과의 관계는 영향을 끼쳤다. 어떤 것이 게르만적인 영향인지 개별적으로 분명히 확인하는 것은 매우 어렵다.

주요 항목

새로운 시대를 여는 민족 대이동

† 5세기 초 기후변화와 인구증가 때문에 동 게르만의 군대가 지중해 연안 국가들에 침입하였다. 갈리아와 영국에서는 서 게르만이 로마의 영역을 차지하였다. 천천히 파괴되어 가는 로마제국의 제국 질서 대신에 새로운 게르만 제국이 발흥되었다.

† 476년 마지막 서로마 황제가 퇴위하였다. 서로마 제국은 이제 더 이상 존속하지 못하였다. 지중해 연안에 동고트 왕국이 등장하였고, 북 갈리아에는 프랑크 왕국이 등장하였다.

† 역사의 무대는 지중해 연안에서 알프스 북방 지역으로 옮기어졌다.

† 로마제국의 붕괴 과정 가운데 교회는 여러 영역에서 국가의 상속자로 등장하였다. 그 결과 흡인력이 증가하였고 자아의식이 고조되었다.

† 교회는 고대 문화를 새로운 민족에게 전달하는 매체가 되었다.

불필라(Wulfila)와 고트식 그리스도교

† 고트족은 정착한 후 그리스도교에 자신을 처음으로 완전히 개방한 동 게르만의 민족이다. 이 고트적인 그리스도교는 특별히 불필라(311-383)라는 인물 속에서 분명해진다.

† 그는 그리스어와 고트어에 능통하였고, 일찍부터 그리스도교 공동체에서 강사로 활동하였다.

† 341년 그는 니코메디아의 유세비우스(Euseb von Nikomedien)에 의하여 감독 안수를 받았다. 그는 선교사 감독으로써 고트족에게 영향을 끼쳤다.

† 선교 사역의 기본은 성서를 고트어로 번역하는 것이었다. 그 전제조건은 고트 문서언어를 만드는 것이었다. 불필라는 그리스도를 의사요, 거룩케 하시는 분으로 여겼지, 후기 게르만 지도자들처럼 전쟁터의 위대한 영웅이나 조력자로 생각하지는 않았다.

† 유세비우스의 영향 아래 불필라는 <유사본질 신학>(homöische Theologie)을 대표하였다. 즉, 성서에 따르면 아들은 아버지와 비슷하다는 것이다. 아들과 아버지의 동일본질을 분명하게 주장하지 않는 것은 아리우스주의에게 공간을 내어주는 것이었으며, 따라서 게르만적 아리우스주의라는 개념으로 정의되었다. 4-6세기 동안 이러한 그리스도교

의 형태로 동부 게르만족에게 알려졌다[소(Klein) 고트는 불필라 주변에, 서 고트는 알라릭(Alarich) 치하에, 반달(Vandale)족, 수에브(Sueven) 족, 그리고 부르군드(Burgunder)족과 동 고트족은 데오데릭(Theoderich) 왕 아래에 있었다].

† 어떤 이유로 이 게르만족들은 381년 제2차 에큐메니칼 공의회 이래 정죄된 형태의 그리스도교를 받아들였는가? 새로운 연구의 대답은 다음과 같다: 그들은 로마 세계와 가톨릭 교회에 대항하여 저들의 독자성과 자아의식을 표현하려고 하였다.

데오데릭(Theoderich) 왕과 동고트 왕국

† 데오데릭 왕 아래에 있는 동고트 왕국은 프랑크족이 발흥하기 전 가장 유력한 게르만족 왕국이었다. 주후 500년 되기 직전 동고트족은 발칸에서 와서 데오데릭의 인도로 이탈리아를 침략하였다. 이 원정은 콘스탄티노플에서 황제의 제안으로 이루어진 것인데, 데오데릭은 콘스탄티노플에 아주 강력한 인상을 받았다. 그의 정치적인 목표는 서 로마제국의 갱신이었다.

† 데오데릭의 이탈리아 지배(493-526)는 다양한 건축물들, 특히 수도 라벤나(Ravenna)에 있는, 건축물(성 아폴리나리스 교회)이 보여주는 것처럼, 문화적인 성장에로 이끌어 나갔다. 데오데릭은 동고트 교회에는 유사본질 신학적인 신조를 요구하였지만, 이탈리아에서 다수인 가톨릭 교회를 존중하였다.

† 그의 통치지역이 넓어지고 확고해지도록 데오데릭은 집중적인 연합 정책을 가동시켰다. 남부 갈리아와 스페인에서는 서 고트족과 더불어, 그리고 반달족뿐만 아니라 부르군드족과 함께 동맹을 맺었다. 프랑크족에 대한 동맹 제의는 그 통치

자 클로드비히(Chlodwig)에 의하여 거절당하였다(466-511).

† 데오데릭이 사망하자 그 왕국은 급속도로 붕괴되었다. 유사 본질 신조를 채택한 500년경 서방 지중해 주변의 게르만 왕국들 내의 통치권은 대개 소수의 게르만 고위층에서 비롯되었다. 로마 민족에 대항한 개성의 물결은 정치적인 그리고 교회적인 의미에서 그 지배력을 지속적으로 유지하는 것을 허락하지 않았다. 그 결과는 게르만 왕국의 빠른 붕괴였다.

프랑크 왕 클로드비히의 가톨릭 교회를 향한 방향전환

† 게르만과 그리스도교권의 첫 번째 연합의 형태였던 게르만 아리우스주의는 아무런 영향력도 없이 머물지는 않았다. 그러나 교회사적으로 단지 하나의 전이 과정에 불과하였다. 서게르만족, 특히 프랑크족과 앵글로 색슨족이 로마 가톨릭 교회로 방향을 전환한 것은 완전히 새로운 양상으로 전개되어, 역사적으로 복잡한 미래를 열게 되었다.

† 로마 가톨릭 교회의 흡인력은 여러 가지 근거가 있다: 변혁의 시대에 교회의 의미는 더욱 상승하였다. 왜냐하면 교회조직은 일반 정치적 사회적 해체 과정 속에서도 유지되었기 때문이다. 교회는 거류민의 결정적인 통일체였고, 감독들은 권위를 누리고 있었다. 고대 문화유산을 담지하고 있는 의식 있는 거룩한 기관으로써의 교회는 예배의식과 교회조직을 통하여 게르만족을 만났다.

† 가톨릭 교회의 위치는 게르만족에게 점차 중요하게 여겨졌는데, 498년 성탄절에 랭스(Reims)에서 클로드비히 왕이 세례 받음으로 말미암아 최고조에 올랐다. 클로드비히는 가톨릭 공주인 크로데힐데(Chrodechilde)와 혼인하였고, 첫 아들을 가톨릭 식으로 세례 받도록 하였다. 그는 갈리아에서의 통치권을 확고히 하려면 가톨릭 교회를 유념에 두어야만 한

다는 사실을 재빠르게 알아차렸다. 비교적 늦게 알레만(Alemannen)과의 전쟁 가운데서 클로드비히는 그리스도교로 완전히 전환하였다. 이 결과를 두고 투르의 그레고리(Gregor von Tours)는 『프랑크 역사』(590년경)에서 312년 밀비아 다리의 전쟁에서 있었던 콘스탄틴의 회심과 비교하였다.

† 이 개종의 세계사적 의의는 클로드비히가 여러 프랑크족을 지배하여 만든 대 프랑크 왕국의 기초를 마련하였다는 데 있다. 클로드비히의 세례 이후 게르만과 로마의 결합은 민족적인 의미에서도 또한 종교적인 의미에서도 진행되었다. 가톨릭 교회와의 연계는 프랑크족에게 고대 세계의 문화유산을 가져다주었다: 이제 발흥하는 프랑크 왕국은 문화적인 기초와 통일적인 자기 이해를 소유하게 되었다.

† 클로드비히가 가톨릭 교회로 회심한 이후 6세기 말부터 다른 게르만 왕국들도 아리우스주의를 포기하기 시작하였고 그리스도교의 가톨릭적인 양식을 선택하였다(스페인의 서고트, 이탈리아의 랑고바르드, 영국의 앵글로 색슨).

앵글로 색슨족에 대한 선교

† 두 가지의 영향이 여기에서 중요하다: 아일랜드-스코틀랜드의 선교와 로마의 선교이다.

† 영국의 섬들에서 독자적인 가톨릭 그리스도교가 발전하였다: 아일랜드 수도사 교회는 4세기 이래로 매우 엄격한 경건을 유지하고 또 교직제도 없이 로마로부터 독립적이었다. 다른 방식의 부활절 계산법, 다른 종류의 달력, 특별히 엄격한 훈련, 참회 양식 그리고 그리스 교회로부터 넘겨받은 사적 고해(Privatbeichte)는 이 교회의 경건성을 잘 보여준다. <그리스도에 의한 여행>(peregrinatio propter Christum)이라는

말에서부터 저들의 생동감 있는 선교 사역이 잘 드러난다.

† 교황 그레고리 1세는 7세기 앵글로 색슨의 선교에서 추가적인 큰 역할을 하였다. 그가 제공한 동기들은 영국의 섬들에 교회의 조직화가 강하게 이루어지도록 하였다. 664년 휘트비(Whitby) 교회회의 이래로 로마 교회는 아일랜드 교회에 영향력을 행사하기 시작하였다(로마 교회식의 부활절). 아일랜드 수도사 교회의 내적인 경건과 로마 교회의 강한 조직력을 결합한 것은 8세기 앵글로 색슨의 그리스도교를 주도한 보니파티우스(Bonifatius) 선교사였다.

† 수도승 존자 베다(Beda Venerabilis, 735사망)는 초기 영국 그리스도교의 중요한 자료가 되는 그의 저서 『앵글로족의 교회사』(*Historia ecclesiastica gentis Anglorum*)를 통하여 앵글로 색슨 그리스도교의 문화와 정신적인 삶을 증거하였다.

게르만 선교 시대 가운데 교회 상황의 변천

† 승리한 게르만족은 자기들의 삶의 양식을 근본적으로 바꾸거나 적어도 깊이 영향 받고서야 정복민의 종교를 수용하려고 하였다. 게르만의 통치 영역 안으로 그리고 새로운 사회적 상황 속으로 교회는 들어왔다. 게르만족은 농부이거나 지주였지 도시민은 아니었다. 그 결과 도시에서 농촌으로 교회적인 중심이 이동하였다. 중세 초기 교회는 이미 대 영주가 되었으며, 사회의 장원 구조에 적응하였다. 교회는 귀족 교회가 되었다. 교회의 높은 지위, 특히 감독직들은 귀족들이 차지하였고, 낮은 직분들은 비귀족에게 돌아갔다. 이로써 성직자 계급의 사회적 이분화가 등장하였다.

† 이러한 사회적 변화는 소위 <게르만 독자적 교회상>(germanischen Eigenkirchenwesen)의 설립과 연계되어 있다. 귀족 영주들은 교회를 세우고 성직자를 임명하였다. 영주는

교회와 교회에서 사역하는 자들을 마치 자기 소유처럼 다루었다. 이로써 감독이 지역 목회자에게 영향을 행사하던 것이 퇴보하였다. 감독좌 역시 곧 프랑크 왕들의 소속 교회가 되었다. 그들은 제국 회의를 소집하고 주교좌의 배정에 대한 결정을 하였다. 수도원 역시 귀족 영주들에게 예속되었다.

† 영적 계급과 세속적 계급과의 이와 같은 밀접한 연계는 게르만의 통치권 이해와 맞아떨어진다. 그러나 게르만 지역 교회에서의 이와 같은 발전은 로마 가톨릭 교회 교황청의 반발이라는 긴장 관계와 대면하게 되었다. 중세 융성기의 황제와 교황 사이에 벌어질 거대한 투쟁이 준비되었던 것이다(서임권 논쟁).

경건과 신학 영역에서의 변천

† 게르만의 종교적 관념은 게르만족이 그리스도교 신앙과 만날 때에 영향을 미쳤다: 게르만적인 인간은 신성 앞에 친밀한 관계로 선다. 이러한 관계를 게르만 종교의 두 본질적 특징이 잘 표현해 준다:

1. 게르만족은 신성과의 관계 속에서 자신의 자아의식을 보존한다. 신성과의 연계를 통하여 자기의 인간됨을 완성한다.
2. 무엇보다도 인간의 예배와 신의 도움 사이의 일치에 관한 문제이다. 이 관계는 상호성에 기인한다. 만일 신의 도움이 없다면, 그 실망도 거대해 질 수밖에 없다. 그러면 인간은 어둡고 복잡한 운명의 힘들의 건너편에 선 자신을 본다.

† 부활하시고 죽음을 이기신 그리스도는 게르만 사람들에게 마귀와 악령의 대적자로 소개되었다. 그는 운명의 힘에 언제나 승리하시는 주이시다. 그리스도의 이름을 건 투쟁에서의 승리를 경험하는 것은 게르만인이 그리스도교로 개종하게 되는 주요 동기이다.

† 삶의 적대 세력을 지배하고, 그리고 위기 때 도와주시는 그리스도는 어거스틴의 죄론과 은총론 이후 중세 신학의 근본 주제였던 구원론적 신학을 전개하였다.

† 사적 고해의 확립도 이러한 신학적-경건의 배경에서 이해할 수 있다. 그리스 수도원의 바질의 영향으로 사적 고해는 6, 7세기가 지나는 동안 아일랜드 수도원 선교를 거쳐 영국과 프랑크 왕국에까지 이르렀다. 이것은 전체 민족을 위한 중요한 목회적 도구가 되었다. 왜냐하면 이로 말미암아 개개인에게 죄에서의 해방과 보속이 보장되었기 때문이었다.

† 그리스도교 경건은 게르만적 자연숭배의 다양한 형태와 연결되었다. 이것에 대한 인상적인 실례는 남부 튜토부르크(Teutoburger) 숲에 있는 유명한 외래석(Externsteine)이다.

† 신에 대한 인간의 친밀한 관계성은 무엇보다도 상호 교환적인 법관계이다: 추종자의 신뢰와 인도자의 온화함. 추종하는 신뢰는 명령을 순종하는데서 드러난다. 율법의 선포와 봉사 정신은 그 근저에 자리하고 있다. 신뢰가 깨질 때는, 계약 관계 속에서의 다양한 이행도에 합당하게 정해진 회개 의식이 서로 교환될 수 있다. 죄에 대한 이해는 개인적인 관계에서 대상적-물적 문제로 전환되었다.

문화 · 교육기관으로써의 교회

† 모든 민족이 그리스도교로 개종하고, 또 후에는 강제로 세례를 시행하였기에 그리스도교화는 종종 단지 외적인 행태가 되어 버렸다. 선교 사역은 대개 세례 시행 후에 시작되었다.

† 게르만 선교 시기의 교회는 역시 라틴적인 기구로 머물러 있었다. 교회 공식 언어로써의 라틴어는 문화적-정신적 통일체를 형성하였다. 이로써 교회는 중세의 그리스도의 몸(Corpus christianum) 안에 근본적인 의미를 확보하였다. 라

틴식의 미사는 일반 공동체적인 낮은 수준에서부터 예배의식과 성직계급을 분리해 내었다. 성직자와 평신도라는 이중주의는 전체 중세 교회 역사에 각인되었다.

† 수도원은 교육의 중심지였고, 『시가집』(*Florilegien*)들을 통해 고대의 지식이 수집되었다. 그 예로 세빌리아의 이시도르(Isidor von Sevilla, 560-636) 대주교의 작품을 들 수 있다. 고대 저술가에서 발췌한 것을 모아 중세 융성기에까지 영향을 끼쳤다.

프랑크 왕국의 선교사로서 그리고 조직자로서 보니파티우스(Bonifatius)

† 8세기 초 앵글로 색슨과 로마 사이에는 밀접한 연계가 이루어지는데, 앵글로 색슨의 그리스도교에서 강력한 베드로 숭배가 특별한 역할을 하였던 것이다. 이것은 보니파티우스에게서 분명해졌다.

† 앵글로 색슨의 수도사 빈프리드(Winfried)는 보니파티우스(672-754)라고 불렸는데, 716년부터 대륙에서는 선교사로 특히 선교지에서는 교회의 조직자로 영향을 끼쳤다. 7세기 이후 카롤링(Karolinger) 왕조가 프랑크 왕국에서 정치적인 세력을 잡았다. 칼 마르텔(Karl Martell, 714-741)은 732년 아랍을 완전히 점령하였다. 그리스도교는 이제 프랑크 왕국 안에 확고히 발붙일 수 있었다.

† 보니파티우스의 활동 이전에 중요한 것은 아일랜드 수도원 운동이다. 뷔르쯔부르크(Würzburg)에서는 킬리안(Kilian), 레겐스부르크(Regensburg)에서는 엠머람(Emmeram, 700년경), 프라이징(Freising) 수도원(725년경)의 창설자인 코르비니안(Corbinian)이 있다. 알레만 족에게는 콜룸반(Columban)과 성 갈렌(St. Gallen)의 창설자인 갈루스(Gallus)가 영

향을 끼쳤다. 아일랜드-스코틀랜드 수도사의 영향은 그 조직보다는 경건성에 더 큰 의의가 있다.

† 이와는 반대로 보니파티우스는 단순한 선교사만은 아니었다. 그는 무엇보다도 교회 조직가였다. 다음 두 가지가 그의 영향이다:

1. 로마 그리고 교황권과의 밀접한 연계
2. 고대 문화와 그리스도교 경건과의 연결, 이로써 <카롤링 르네상스>와 칼 대제의 영향력을 위한 전제 조건들을 창조하였다.

† 프리젠(Friesen, 716) 선교 실패 후에 교황 그레고리 2세는 보니파티우스에게 게르만족에 대한 선교의 사명을 주었다. 두 번째의 로마 여행 때에 보니파티우스는 교황에게 복종의 맹세를 하고 나서 교회 조직가로서 723-732년간 특히 헷센(Hessen)과 튀링겐(Thüringen)에서 교회 조직가로 활동하였다. 그레고리 3세는 그가 세 번째로 로마를 방문하였을 때에(732) 대주교직을 수여하였다. 이로써 그는 주교좌를 설립하거나 재구성할 수 있는 자격을 지니게 되었다. 이렇게 하여 잘쯔부르그(Salzburg), 레겐스부르그(Regensburg), 프라이징(Freising) 그리고 파사우(Passau)는 새로 개편이 되었고, 이때 아이히슈태트(Eichstätt) 주교좌가 설립되었다.

칼 마르텔이 사망한 후 그 아들들인 칼만(Karlmann)과 피핀(Pippin 751-768)은 보니파티우스의 교회 조직적 의의를 인정하였다. 피핀은 751년 프랑크의 왕위에 올랐다. 보니파티우스는 죽을 때까지 마인쯔(Mainz) 주교좌에서 살았는데, 마인츠는 그가 세운 풀다(Fulda) 수도원과 매우 밀접한 곳이다. 그는 풀다 대성당에 안장되었는데, 754년 재차 진행된 프리젠 선교 때에 타살 당하였다.

교황청과 프랑크 왕국의 동맹

† 교황권이 콘스탄티노플로부터 점진적으로 분리하게 된 요인들은 다음과 같다.

동방과 서방의 교리적인 대립

로마에 대한 동방황제들의 정책

제국 전체의 교회 주도권을 둘러싼 동로마 총대주교좌들과의 경쟁

이탈리아에서 비잔틴 통치권의 상실

† 754년 교황 스테판 2세와 피핀 사이에는 중요한 동맹에 체결되었다: 소위 퀴에르지(Quierzy)의 협정이다.

1. 교황은 피핀을 로마의 수호자로 인정한다(랑고바르드에 대항한 "patricus Romanorum").
2. 교황은 제한된 이탈리아의 지역을 소유하고 이탈리아의 주인이 된다. 소위 피핀의 증여와 더불어 교회 국가(Kirchenstaat)의 근거가 마련되었다.
3. 왕은 왕의 권위로써 교황의 기름 부음을 받는다. 이로써 프랑크 왕가는 새로운 성례전적인 정통성을 받았다.

로마와 프랑크 왕 피핀 사이의 이러한 계약은 다가올 중세 전체 역사의 신기원을 열었다. 교황은 교회 국가(Kirchenstaat)의 수장으로써 세속 권력으로부터의 독립성을 부여받았다. 중세 교황청의 부흥은 여기에서부터 진행되었던 것이다. 그리고 왕권 역시 중세의 전 기간 동안 교회의 특별한 축복을 받았던 것이다.

† 이 기간에 또 다른 <증여>가 이루어졌는데, 소위 <콘스탄틴의 증여>(Donatio Constantini)라는 것이다. 이 문서에 따르면 콘스탄틴 황제는 당시의 <교황>에게 여러 가지의 교회적 권위와 특권을 수여하였으며, 심지어 전 서로마 제국을 양도하였다. 이로써 교황의 세속 통치권이 성립되었다는 것이다.

인문주의 시대에 이 교황청 문서는 위조임이 드러났다(로렌초 발라(Laurentius Valla).

참고문헌

Andresen,C/ Ritter, A. M. Geschichte des Christemtums I/2, 11-51.

Angenendt, A. Das Frühmittelalter, 112-244 u. 265-291.

Frank, K. S. Lehrbuch der Geschichte der Altenkirche, 222-235.

Haendler, G. Die abendländische Kirche, 28-40.

Haendler, G. Die lateinische Kirche im Zeitalter der Karolinger, 48-67.

Hauschild, W.-D. Lehrbych der Kirchen-und Dogmengeschichte, Bd. 1, §7, 1-6, 337-371.

Moeller, B. Geschichte des Christentums, 128-143.

10 초 · 중기 중세의 교황권과 황제권

개 요

중세의 역사에는 칼 대제의 통치 시기가 중요한 의미를 지닌다. 제국과 교회는 중세 후기에는 더 이상 반복할 수 없을 만큼 긴밀한 통일체로 함께 성장해 왔다.

칼 대제는 스스로를 하나님에 대하여 책임적인 존재로 여겼다. 그는 자신을 그리스도교권의 실제적인 주인으로 이해하였다. 어떤 비잔틴 황제나 교황도 그와 같은 위치에 있을 수 없었다. 칼 대제는 교황을 그리스도교 사도적인 전통의 수호자로서 그리고 통일의 상징으로써 존중해 주었다. 그러나 그는 자기 제국 내의 교회를 하나님께서 직접 맡겨 주신 것으로 인식하고 다스렸다.

칼 대제가 죽은 후 카롤링 왕국은 급속도로 해체되었다. 칼 대제의 아들 경건왕 루드비히(Ludwig der Fromme, 814-840), 그리고 그 아들들은 중앙 권력을 더 이상 유지할 수 없었다. 귀족과 감독들은 점점 더 강력해졌고, 정치에 뒤이어서 경제적인 쇠락이 몰려왔다.

칼 대제의 시절에는 제국과 함께 그처럼 성장하였던 교회는 이제 어떻게 되어야 할까? 만일 교회가 정치적, 경제적으로 이제는 더 이상 통일적인 보호를 받지 못하게 된다면? 외적으로는 제국이 와해되는 이 기간에 교회의 자부심은 성장하였고, 서 프랑크 교회의 지도적인 감독들 사이에서는 이 자부심이 엄청난 계층적인 흐름으로 발전하였다.

900년경 프랑크 왕국의 동부에서 중세의 일반 역사와 교회사의 정점을 이끌어 내는 변화가 중세 융성기(Hochmittelalter, 약 900-1300년) 시대를 열었다. 칼 대제 이후 왕권의 약화는 공작령들의 강세로 가시화되었다. 작센에서는 왕권을 세우려는 시도가 있었는데, 그 원리는 왕을 선출하는 것이었다. 이로써 왕국 분할을 막을 수 있었다.

특별한 의의를 지닌 것은 오토 대제(Otto d.Gr.)의 통치 기간인데, 특히 그의 국내 통치이다. 지역적인 세력들과의 투쟁 가운데 오토는 교회에 의지하였다. 오토의 시대부터 황제권은 11세기 중반에 이르기까지 교황권 위에 군림하였다. 그러나 교황권을 도덕적으로 추켜올리고 촉진시키려는 그의 노력은 거대한 적대자가 등장하는데 크게 도움을 준 셈이 되었다.

교황권의 성장은 10세기 부르군디의 클루니(Cluny) 수도원에서 시작된 수도원의 개혁 운동과 밀접히 연관되어 있다. 레오 9세와 그레고리 7세 때에 교황청은 황제권에 대하여 점차로 그 비중을 높여 가고 있었는데, 이것은 서임권 논쟁(Investiturstreit)에서 더욱 더 분명해졌다.

11세기 후반인 그레고리 7세의 시대는 교회 권력 확장에서나 삶의 실천적인 전 영역에 대해서나 교회의 영향이 최고조에 달한 시기였다. 중세사를 본질적으로 규정짓는 그런 특징적인 현상이 11세기 말 십자군 운동으로 나타났는데, 이것은 급성장하는 교회적 자아의식의 중요한 근거가 되는 것이다.

바바로싸(Barbarossa)라고 불리는 슈타우퍼(Staufer) 가문의 프리드리히 1세(Friedrich I)와 함께 제국은 새롭게 성장하기 시작하였다. 정치적인 세력들은 전처럼 쉽게 교황교회 중심

으로 통치되도록 허락하지 않았다. 프리드리히는 의식적으로 로마 황제 시대로의 복귀를 시도하였다.

바바로싸의 통치 시대는 총체적으로 황제권이 빛난 시대였다. 특히 곧 뒤이은 그 아들 하인리히 4세(1190-1197)의 통치도 그러하였다. 그의 이른 죽음으로 인하여 황제권과 교황권의 관계는 근본부터 뒤바뀌게 되었다. 이노센트 3세(Innocenz)와 함께 교황권은 그 세력의 최고봉에 도달하고 있었던 것이다. 교황은 이 시대에 정말로 유럽 정치의 중심에 자리 잡고 있었다. 교황권과 황제권 사이의 거대한 투쟁은 교황권 쪽으로 기울고 말았다. 그러나 이것은 단지 전환이 시작되려는 봉우리에 불과하였다. 다시 말하면 곧이어 하강과 추락의 뒤따랐다는 뜻이다.

주요 항목

칼 대제(768-814) 통치하의 프랑크 왕국

† 칼 대제는 프랑크 왕국을 유럽의 대 제국으로, 서양 중세 시대 있었던 가장 큰 통치권으로 만들었다. 이 제국에는 프랑스와 중부 독일 외에도 상부와 중부 이탈리아, 스페인의 큰 부분이 속하였다. 바이에른(Bayern), 캐른텐(Kärnten) 그리고 작센(Sachsen)의 넓은 지역도 프랑크 왕국에 편입되었다. 또한 프리젠(Friesen)의 이방 민족과 작센 그리고 중부 · 동부 유럽의 슬라브족 심지어 아바르(Awaren)도 칼 대제에 의하여 무력으로 그리스도교권에 편입되었다.

† 칼 대제의 침략 정책의 목표는 통치 영역의 확장과 피정복 민족에 대한 선교였다. 무력 선교는 칼 대제의 시대에는 허용되어진 것, 아니 명령되어진 것이었다. 이것은 중세 십자군 개념을 준비하는 새로운 발견이었다.

† 칼 대제의 침략 정책은 그의 우주적인 통치 사상에서부터 이해되어야 마땅하다. 그는 자신을 하나님에 대하여 책임 의식을 가진 신정 통치의 왕으로 이해하였다. 그는 자신을 교회의 수호자요 판관(defensor et rector ecclesiae)으로 여겼다. 이런 의식의 배후에는 어거스틴의 『신의 도성』으로부터 얻는 생각이 자리 잡고 있다.

† 무력을 쓰는 선교는 특별히 작센 지역에서 두드러졌다. 이 게르만족은 그 독자성을 가장 오래 유지하고 있었고, 그리스도교의 확장에 대하여도 스스로를 잘 방어하였다. 772년부터 작센 전쟁이 시작되었고 776년부터 엄청난 대중 세례가 시작되었다. 그러고 나서 비두킨트(Widukind) 아래 프랑크에 대한 강력한 저항이 시작되었다(782년 알러, Aller 강가의 베르덴, Verden 전투). 비두킨트는 785년 프랑크와 평화 협정을 체결하였다. 그러고 나서 다시 프랑크 통치에 반대하는 심각한 봉기가 일어났다. 프랑크가 사용한 마지막 무력 행위는 수천 명을 작센에서 프랑크 왕국으로 유배를 보내는 것이었다. 9세기 초에 작센은 실제적으로 무릎을 꿇었다.

† 작센 지역에는 브레멘(Bremen), 베르덴(Verden), 민덴(Minden), 뮌스터(Münster), 파더본(Paderborn) 그리고 오스나브뤽(Osnabrück) 주교좌가 설치되었다.

카롤링 르네상스(Karolinger Renaissance)

† 칼 대제 시대에는 교회적이고 문화-정신적인 생활향상이 있었다. 로마 황제라는 통치 의식 안에서 칼 대제는 자기의 제국 안에 고대 문화를 복고하려고 하였다.

† 칼 대제는 저명한 학자들을 그의 궁정으로 소집하고, 계획에 따라 아헨(Aachen)에 궁정 학교를 설립하였다. 대부분 외부에서 영입된 저명한 학자들은 다음과 같다: 알퀸(Alkuin): 앵

글로 색슨, 칼 대제의 고문, 궁정 학교 교장. 파울루스 디아코누스(Paulus Diakonus): 랑고바르드이고 몬테 카지노(Monte Cassino) 출신의 베네딕트파 수도승. 그는 『랑고바르드 역사』(*Historia Langobardorum*)를 저술하였다. 마인가우(Maingau) 출신의 아인하르트(Einhard)는 칼 대제의 영향에 관한 가장 중요한 자료를 기술하였다: 『칼 대제의 생애』(*Vita Caroli magni*).

† 칼 대제는 중세의 교회 문화의 초석을 놓았는데, 예를 들면, 수도원에 대한 경제 촉진 계획을 수행하여 수도원이 중요한 문화적 정신적 중심지가 되게 하였다. 그리고 <십일세>(Zehnten)를 합법화하였다.

† 고대 로마 식의 마을 교회(지방 사제직)들을 많이 건축한 것뿐만 아니라, 칼 대제는 저명한 교회를 건축하였는데, 바로 아헨 대성당이다.

† 칼 대제는 교회 생활뿐만 아니라 교회의 가르침까지도 자신의 책임 아래에 두었다. 칼 대제는 다음과 같은 교리 논쟁에 참여하였다.

1. 성상숭배 논쟁(793년 마인 강가의 프랑크푸르트 회의, 이 회의는 787년 니케아 제7차 에큐메니칼 공의회에서 성상을 숭배하기로 결정한 것에 대항하였다). 칼 대제는 성상숭배에 반대하여 소위 『칼 대제의 문서』(*Libri Carolini*)를 편찬하였다. 편집자는 아마도 알퀸이었을 것이다.
2. 칼은 소위 <필리오케>(filioque)를 둘러 싼 논쟁에서, 이 용어가 신앙고백에 포함되는 데에 결정적인 발언을 하였다(809 아헨 회의). 레오 3세 교황은 이것을 거부하였다. 11세기 초에 이르러 이 추가 용어는 로마 예배 의식에 포함되었다.
3. 스페인 교회가 양자론적인 경향을 보이자 이에 대항하는

양자론 논쟁에서 칼 대제는 451년 칼케돈의 두 본성론 교리를 고수하였다. 전통주의가 이 시대의 표상이다.

† 800년 성탄절 레오 3세 교황이 로마에서 진행한 칼 대제의 대관식에서 그의 영향력은 절정에 달하였다. 이 사건은 연구가들 사이에 언제나 다시 논쟁이 되었다. 오늘날에는 이에 대하여 일치된 견해를 내놓았는데, 칼 대제는 스스로 황제가 되려고 애썼다는 것이다. 칼의 대관식과 함께 황제의 권한은 오래 전 설립된 교황권 곁에 다시금 소생하게 되었다. 교황이 황제에게 기름을 부은 것은 그 이후의 시대에 매우 중요한 일이었다. 칼 대제의 통치 기간 중에는 물론 황제가 교회와 제국의 실제적인 주인이었다. 어쩔 수 없이 칼 대제는 비잔틴 황제와 더불어 황제 지위를 경쟁하는 입장이 되었다(두 황제의 문제).

카롤링 제국의 몰락

† 843년 베르덩(Verdun) 조약: 통일 제국은 프랑스, 이탈리아 그리고 독일이라는 나라들로 갈라졌다. 노르만(바이킹)족이 북쪽에서 밀려 들어왔으며, 남쪽에서는 사라센, 동쪽에서는 헝가리가 밀려 왔다.

† 랭스(Reims) 대 주교구에는 9세기 중반에 소위 <위 이시도르 문서>(pseudo-isidorischen Dekretalen)라는 것이 등장하였다. 진짜 법령과 함께 거짓 교회 법령을 모은 문서인데, 주교의 권위를 강조하고 국가 권력으로부터의 독립성을 다룬 문서들이었다. 그 문서 목록 가운데에 <콘스탄틴의 증여>도 발견되었다. 이문서로 말미암아 교황의 교회 권력 강화 프로그램이 세워졌는데, 주교들은 그 아래 무조건 복종하여야 했다.

† 니콜라우스 1세(Nikolaus I, 858-867) 교황은 이 프로그램에

근거하여 교회에서 교황청의 절대 권력을 대변하였다. 그가 사망하고 나서 교황청의 지위는 추락하였고, 이탈리아 귀족들 사이의 정치권력 투쟁이 시작되었다.

† 9세기 후반부에는 비잔틴 교회의 성장과 슬라브에 대한 선교가 이루어졌다: 약 863년부터 메도디우스(Methodius)와 콘스탄틴(키릴)이 선교하였다. 슬라브 선교를 둘러싼 로마 교회와의 논쟁은 867년 라틴 교회와 그리스 교회로 분열되는 결과를 낳았다: 포티우스 분열(photinanischens Schisma)

† 서방 교회는 북쪽에서 단지 최소의 선교적인 성공을 거두었다: 안스가(Ansgar, 801-865)는 스칸디나비아 북방의 사도가 되었다. 831년 함부르그(Hamburg)에 대주교좌가 설립되었다.

† 수도원주의에서는 아니아네(Aniane, 821사망)의 베네딕트(Benedikt)로부터 처음으로 개혁 운동이 시작되었는데, 베네딕트파의 규칙을 보편화 하자는 데 목표를 두었다.

오토 대제(936-972) 치하의 동프랑크 왕국

† 하인리히 1세(919-936)로부터 소위 오토(Otto) 시대가 시작되었다. 그의 아들 오토 1세(936-972)는 카롤링 왕국의 몰락 이후 동프랑크 왕국이라는 새로운 정치적 중앙 권력을 세웠다.

† 칼 대제의 시대와 마찬가지로 오토에게서도 정치적인 침공과 선교가 계속 진행되었다. 그의 통치 아래에서 엘베(Elbe) 국경은 무너졌고 동쪽으로의 침략과 선교가 시작되었다. 레흐펠트(Lechfeld, 995) 전투는 두 세대에 걸친 헝가리의 침입을 물리쳤다. 막데부르그(Magdeburg) 대주교좌의 설립과 구성은 동쪽에 대한 선교 중심지의 건설이었다.

† 오토 대제의 의의는 특히 제국내 통치에 있다.

† 지역 세력과의 투쟁 가운데서 그는 자신의 왕국이 교회 고위 성직자, 주교, 그리고 대수도원의 원장에게 의지하도록 하였다. 그는 저들에게 매우 특별한 우선권을 부여하였고 그들의 소유를 증대시켜 주었으며, 특히 그들의 지방 영주로 승격하여 세속 권세와 영적 권세가 통일되도록 하였다. 교회와 황제권의 이와 같은 밀착을 소위 <오토 제국 교회 체제>(das Ottonische Reichskirchensystem), 또는 <영적인 군주제>(geitliches Fürstentum)라고 부른다.

† 영주로서의 주교는 그 역할을 감당하는 데에 결국 교회적이고 신학적인 권한과 의무로 제한될 수밖에 없었으며, 대신에 부제장(Archdiakon)이 중요한 역할을 감당하게 되었다.

† 오토는 교회를 자기가 다스리는 지방 교회(Landeskirche)로 이해하였는데, 거기에서 왕 스스로 주교좌와 수도원의 소유자였다. 그는 주교들과 수도원장들로부터 충성서약을 받았고, 주교직 서임의 표시로 주교 지팡이를 하사하였다. 이로써 중세 시대에 황제와 교황 사이의 투쟁에서 생겨난 문제점이 발생하였던 것이다: 세속 군주가 영적 직분을 수여할 수 있는가?(서임권)

† 오토 대제는 영적인 권위와 성례전적인 소명의식이 투철하였다. 그는 스스로를 평신도로 생각하지 않았다. 그는 자신을 성직자와 백성 사이의 <중재자>로 여겼다.

† 962년 2월 2일 오토는 로마의 베드로 대성당에서 교황 요한 12세의 손으로 칼 대제의 왕관을 수여 받았다. 오토의 대관식은 중세 역사의 의미심장한 기록이다. 왜냐하면 이로써 제국이 새로이 탄생하였고, 동시에 교황제가 다시 자리를 잡았기 때문이다. 이제부터 황제에게 대관 하는 자는 교황이어야만 한다는 것이 당연시되었다. 황제권은 일종의 교회적인 권위가 되었으며, 동시에 독일 왕국과 연결이 되었다.

11세기 교황권 성장의 전제조건들

† 10세기에는 오토에 의하여 칼 대제의 왕국이 단지 최소한의 형태로 회복된 것만은 아니었다. 북쪽, 동쪽, 남쪽에서 폴란드, 헝가리, 보헤미아 등의 나라가 설립되었는데, 이들의 교회 조직은 로마에 정향되어 있었다. 그 이외의 동쪽에는 러시아 교회가 비잔틴의 영향권에 자리하고 있었다. 성장하는 교황권은 오토의 제국과 그 후계자에만 매여 있지 않았다. 11세기에는 덴마크, 노르웨이 그리고 아이슬랜드를 그리고 12세기에는 스웨덴을 그리스도교화 하였다.

† 교황권과 황제권의 역사 가운데 클루니 수도원의 개혁 운동은 일종의 기본적 전환점이 된다. 오토 이래로 11세기 중반까지 황제권이 교황권보다 우월하였다. 교회를 도덕적으로 존중하고 고무하는 노력을 통하여 거대한 대적이 강력하게 성장하는데 기여하였던 것이다. 이러한 추진력은 수도원의 개혁 운동에서 비롯되었다.

11-12세기 클루니 수도원의 개혁

† 클루니(Cluny) 수도원은 부르군드에서 아퀴타니엔(Aquitanien)의 공작 빌헬름(Wilhelm)에 의하여 910년에 설립되었다. 그중 중요한 수도원은 10세기 오도(Odo)였다. 베네딕트 수도규칙을 엄격하게 존중하고, 예배를 강화하는 삶 그리고 수도원이 주교의 감독권으로부터 해방되는 것이 바로 10세기 개혁 운동의 핵심이었다.

† 수도사의 개혁 의지는 사제들에게 연결되었고, 심지어 로마의 사제단에게도 전달되었다. 이 생각은 교회 정치적인 목표, 즉 교회를 개혁하자는 데로 발전하였다. 두 가지 문제점에 대하여 개혁 운동이 진행되었는데:

1. 성직 매매(Simonie)에 대항하여

본래의 의미 : 사제 서품을 파는 행위(행 8:18-24).
후에는 교회의 자리를 돈 받고 넘겨주는 행위로 이해하게 되었다. 평신도 역시 동참이 가능하였다. 평신도 서임에 대하여도 이 비판은 유효하다.

2. 니콜라이주의(Nikolaitismus)에 대항하여
이것은 성직자의 결혼 생활이나 축첩 생활(Konkubinat)을 의미하는 것이다. 이것은 성직자의 엄격한 훈련을 포기하게 하는 것이었다.

하인리히 3세와 교황권의 성장

† 오토 대제를 잇는 두 후계자들은 우주적인 지배권을 목표로 신정통치를 지속하였다. 그들은 물론 오토 대제만큼 중요한 인물은 아니었다. 하인리히 2세(1002-1024, 1007년 밤베르그 주교좌 설립) 때, 특히 하인리히 3세(1039-1056)와 함께 황제권은 그 정상에 올라 있었다. 경건왕 하인리히 3세는 의심할 나위 없이 클루니 수도원 개혁 운동과 연결되어 있었다. 수트리(Sutri, 1046) 회의 때 그는 성직 매매에 빠져 있던 동시대 교황 3인을 퇴위시키고 독일인 주교를 교황에 임명하였다(Sudiger von Bamberg, 클레멘스 2세 교황). 개혁 사상의 도움으로 독일 왕권이 세운 클레멘스 2세 교황과 더불어 교황권은 성장하기 시작하였다.

† 하인리히가 세운 교황 가운데 레오 9세(1048-1054)가 중요하다. 이 교황과 더불어 교황권 안에도 수도원 개혁 정신이 유입되었는데, 이 개혁은 전체 교회를 뒤흔들었다. 레오 9세는 정기적인 종교회의를 개최하고 거기서 성직 매매나 성직자 혼인을 심판하였다. 그는 여러 나라를 여행하고 도처에 교황의 영향을 유효하게 하였다. 그는 일종의 선발된 성직자단인 추기경 모임(Kardinalskollogium)을 위한 기초를 로마에 설

럽하였다. 여기서 두 명이 선발되었는데, 이들은 계속되는 교황권의 발전에 중요한 인물이다: 뒤에 실바 칸디다(Silva Candida)의 추기경 주교가 된 수도사 훔베르트(Humbert)와 후에 교황 그레고리 7세가 된 클루니 수도사 힐데브란트(Hildebrand)이다.

† 레오 9세 아래에서 강력해진 교황권은 비잔틴과의 심각한 분쟁을 겪게 되었다. 콘스탄티노플 총대주교인 미하엘 켈루라리우스(Micjael Cerularius)는 교황의 우월성에 승복하려고 하지 않았다. 뒤이은 논쟁점은 슬라브 선교와 <필리오케>이다. 서로를 출교한 끝에 1054년 라틴적 서양 교회와 그리스적 동방 교회는 분열하였다.

서임권 논쟁(Der Investiturstreit, 1057-1122)

† 서임권 논쟁은 1057년 훔베르트가 성직 매매에 대한 세 권의 책을 쓰면서 비롯되었다(Libri tres adversus Simoniacos). 성직 매매란 이제 교회 직분 수여에 대한 평신도의 개입과 평신도 서임을 의미하게 되었다. 주교직의 휘장, 지팡이, 반지는 오직 이 직분에 있는 자만이 그러한 영에 사로잡혀 있는 자에게 수여할 수 있다. 어떠한 세속 권세도 이 일에 관여할 수도 없으며, 해서도 안 된다. 훔베르트는 어거스틴과 <콘스탄틴의 증여>에 근거하여 영적 권세가 세속 권세보다 우위에 있다는 주장을 펼쳤는데, 이를 육과 영의 대비로 표현하였다.

† 1059년 로마 회의에서는 소위 <교황 선출 교령>(Papstwahldekret)이 제정되었는데, 이제부터 선출 제의를 할 수 있는 것은 독일 왕이 아니라 추기경 주교들이었다.

† 수도승 힐데브란트는 교황 그레고리 7세(1073-1085)로 즉위하여 훔베르트의 생각을 실천에 옮겼다. 이 저명한 중세의

교황에게 세상에 대한 혐오와 지배는 서로 깊이 연결되어 있었다. 성직자 독신주의에 대한 엄격한 강조와 성직 매매의 추방은 교회의 독립을 획득하려는 목표를 도와주었다. 그의 관점은 『교황의 교령집』(*Dictatus Papae*)에 요약되어 있다. 그는 교황 한 사람에게 집중된 교회 심판권의 근거를 마 16:18 이하와, 어거스틴의 『신의 도성』, 그레고리 1세와 니콜라우스 1세의 어록에 두었다. 그러나 교황은 세상의 주인이기도 하였다. 세속 권세에 대한 영적 권세의 관계는 마치 육체에 대한 영혼의 관계와 달에 대한 태양의 관계처럼 형상화되었다.

† 그레고리 7세는 하인리히 4세(1056-1106)에게 대응하였다. 평신도 서임 금지를 둘러싸고 독일 왕과 교황의 싸움은 진행되었으나, 결국은 교회의 세속권에 대한 우월성 문제로 번져나갔다.

† 서임권 논쟁의 원인은 밀라노 주교 임명 문제였다. 1076년 하인리히에 대한 그레고리의 출교 이후 1077년 1월 카놋사(Canossa) 사건이 등장하였다. 사죄하는 국왕은 그레고리로부터 결국은 출교 취소를 얻어낸다. 독일 왕권의 역사상 1077년의 카놋사는 심한 굴욕으로 남았다.

† 하인리히는 세력을 회복하였고, 그레고리가 사망하자 다시 서임권 논쟁이 계속되었다. 영적인 직분은 이제 점점 더 통치자가 아니라 교회의 일만 담당할 수 있는 순수한 사제 직분으로 이해되었다.

† 보름스 협약(Wormser Konkordat, 1122)에서 하인리히 5세와 칼릭스트(Calixt) 2세는 협정을 통하여 서임권 논쟁을 마무리 지었다: 국왕은 반지와 지팡이(영적 수여) 수여를 양보하고, 서품 직전 왕홀(세속적 수여)을 가지고 진행하는 의식은 국왕에게 남겨졌다. 보름스 협약에 따라 독일 국왕에게는

이미 선출된 주교를 주교권 수임 거부를 통하여 배제할 수 있는 권한이 남겨졌다.

십자군 운동(1095-1270)

1. 역사적 배경과 십자군 이념

† 11세기 후반 비잔틴 제국은 심각한 위기와 파국을 경험하였다. 셀주크(Selschuken)인들이 소아시아로 밀려왔고, 시리아와 팔레스틴은 심각한 전쟁 무대가 되었다. 이슬람은 7세기 초와 마찬가지로 팔레스틴과 시리아의 옛 그리스도교 지역을 침략하였다.

† 비잔틴의 새 황제 알렉시오스 1세(Alexios I Komnenos, 1081-1118)는 교황에게 도움을 청하였다. 서방 교회에 대한 동방의 원조 요청은 놀라운 반향을 불러 일으켰다. 십자군 운동은 그레고리 7세 시대에 지녔던 교회의 영적인 자아의식에 그 기초를 두고 있다.

† 거룩한 도성들은 불신자의 손에서 이제 풀려나야만 하였다. 고대 교회 이래로 알려진 순례 또는 참배 의식은 칼 대제의 무력 선교 사상과 연결되었고, 또 9/10세기부터 증가하는 교회의 무력 사용에 대한 긍정적인 태도와도 연결되었다. 남프랑크에 대두된 하나님의 평화 운동으로 인해 대립 양상은 줄어들었다. 반평화는 종교적 범죄 행위로 여겨졌으며, 반면에 평화는 하나님의 평화(pax Dei)였다. 그러나 이 평화를 실현시키고 유지하는데 전쟁이라는 도구가 필요하였다. 여기에서부터 <그리스도교 기사단>이라는 신분상의 개념이 발달되었다.

† 십자군 이념의 다른 동기들은 다음과 같다: 모든 죄의 용서에 대한 약속, 종교적인 향수, 경제적 정치적 팽창 욕구, 모험

심, 억압적인 분위기에서의 일탈, 그리고 동방에 대한 환상적인 소개 등등이다.

2. 십자군과 서방 교회에 대한 그 결과

† 우르반(Urban) 2세는 1095년 클레르몬(Clermont) 종교회의에서 첫 번째의 십자군을 소집하였다(1096-1099). 1098년 안디옥을 둘러 싼 전쟁과 1099년 예루살렘 탈환이 있었다. 다른 장소에서도 마찬가지이지만 여기에서도 십자군이 흘린 피의 흔적이 남았다. 십자군 참전자의 도시(Kreuzfahrerstaaten)라고 하는 영적인 왕국이 건설되었다. 물론 건설하자마자 여러 가지의 대적들에 의하여 이 왕국들은 파멸되었다.

† 50년이 지난 후 버나드(Bernhard von Clairvaux, 1090-1153)의 지도하에 두 번째 십자군 운동이 있었다(1147-1149). 그는 프랑스왕 루드비히 7세와 독일의 콘라드(Konrad) 3세의 인도를 받았다. 이 십자군의 완전한 패배로 말미암아 서양에는 엄청난 각성의 바람이 불었다.

† 세 번째 십자군(1189-1192)은 이집트의 술탄이 예루살렘을 침공하면서 야기되었다. 이 십자군에는 프리드리히 바바로싸 황제와, 프랑스의 필립 2세(Philipp II), 그리고 영국의 사자왕 리차드(Richard)가 참전하였다.

† 이노센트 3세의 시대에 4차 십자군이 출범하였다(1202-1204). 콘스탄티노플을 점령하고 라틴 황제권을 건설하였다(1204-1261). 이 짧은 기간 동안 교황은 다시 서방과 동방 모든 교회의 주인이 되었다.

† 프리드리히 2세 아래 5, 6차 십자군(1218-1221 그리고 1228-1229)이 시작되었다.

† 1244년 예루살렘은 영구히 투르크의 손에 넘어 갔다.

† 십자군 운동의 중요한 결과들은 다음과 같다: 서방 국가들이 아랍과 비잔틴의 수준 높은 문명과 만난 것이다. 프랑스와 이탈리아 도시들은 엄청난 무역 증대를 이루었다. 귀족과 사제에 대한 시민계급의 위치는 점점 더 중요해졌다. 기사단 창단으로 인하여 귀족들은 교회 업무에 관여하였다. 십자군은 성물 숭배와 면죄부 발매를 촉진하였다. 고난의 경건은 팔레스틴에서 그 형체를 볼 수 있게 되었다(Bernhard von Clairvaux). 십자군 때문에 교황청은 엄청난 자금을 필요로 하였고, 이것 때문에 교회를 향한 비난이 그치지 않았다. 12세기 중반 브레스키아의 아놀드(Arnold von Brescia)는 교회가 사도 시대적인 청빈에로 돌아가야 한다고 소리 높였다. 이것은 계속되는 교회 비판의 기본적인 사상이었다. 교회가 무제한으로 누리던 독자적인 기득권은 그리스도교 외적인 문화와의 만남을 통하여 상실하였다. 십자군 운동 가운데 등장한 민족 간의 갈등은 유럽 제 민족들의 민족의식을 더욱 날카롭게 하였다.

황제 프리드리히 1세, 바바로싸(Barbarossa, 1152-1190)의 통치

† 이 황제와 더불어 제국은 새로운 성장의 단계에 들어갔다. 프리드리히는 의식적으로 로마 황제 시대로의 복귀를 시도하였다. 왕권에 대한 고대법을 갱신하여 새로운 황제 이데올로기를 정립하였다.

† 로마의 교황청에 다시금 하드리안 4세(Hadrian IV, 1154-1159), 특히 알렉산더 3세(1159-1181) 같은 강력한 교황이 등장하였을 때, 세계 지배를 둘러싼 황제와 교황의 극적인 투쟁이 시작되었다. 처음에는 교황권이 우위를 보이다가, 하드리안이 죽자 십 수 년 간 분열이 있었다. 다수에 의하여 선출

된 알렉산더 3세에 대항하여 황제의 편에서는 빅토르(Viktor) 4세를 대립 교황으로 세웠다. 1160년 알렉산더는 바바로싸를 출교하였다. 1177년 베네딕(Venedig)의 평화조약으로 바바로싸는 대립 교황을 퇴위시키고 알렉산더 3세를 승인하였다. 바바로싸의 통치 기간은 빼어난 외교술로 황제권이 전체적으로 빛을 발휘하였던 시대였다. 3차 십자군 때에 바바로싸는 소아시아의 살레브(Salev) 강에서 익사하였다.

† 그 아들 하인리히 6세(1190-1197)와 함께 슈타우퍼(Staufer) 가문의 세계 제국은 실현된 것처럼 보였다. 시실리아를 상속을 통하여(하인리히는 시실리아의 콘스탄체 Konstanze와 혼인하였다) 남부와 북부의 교황권은 황제권에 예속되었다. 32세의 나이로 황제는 죽었다. 독일에서는 왕권에 대한 혼란이 시작되었고, 이노센트 3세(1198-1216) 교황이 등장하였다.

교황 이노센트 3세(1198-1216)

† 이노센트 3세 때에 교황의 권세는 절정에 달하였다. 그는 그레고리 7세와 니콜라우스 1세 같은 그의 선배 교황이 가졌던 모든 통치력을 규합하였다. 교황은 그리스도의 대리자(Vicarius Christi)요, 그의 권위는 맺고 푸는 사제적인 전권에 기인한다. 이것은 군주와 국왕의 죄에도 해당되는 일이었다. 교황은 황제를 옛 시대의 영광에서부터 끌어내렸다(translatio imperii). 그리고 두 자루의 검(눅 22:38)을 모두 자신의 손에 쥐었다. 모든 세속 군주들은 교황의 봉토 보유자였다.

† 이노센트 3세는 정치력이 탁월한 교황이었다. 그는 교황에 취임하자마자 신학 저술을 통하여 자신을 과시하였다: 『세상을 멸시하는 것에 대하여』(*De contemptu mundi*). 세상을 멸시하고 또 세상을 지배하는 것이 이노센트에게는 하나로

연결되었다.

† 이노센트는 독일 교회에 대한 지배를 확고히 한 후, 교황파인 오토 4세를 황제의 위에 앉혔다(1209). 그러나 오토는 황제로서 반 교황 동맹을 결성하였다. 이노센트는 프리드리히 2세를 황제로 재임명하였다. 프리드리히는 공적으로 교황에 대한 충성 서약을 해야 했으며 복종을 선언하여야 했다.

† 중세 교황권의 절정은 1215년 제4차 라테란(Lateran)공의회에서 드러났다. 새로운 수도회 설립 금지와 이단 심문(Inquisition)에 관한 새로운 규정들이 생겼다: 이 업무 때문에 주교들에게도 세속 권력이 주어졌다. 모든 평신도는 적어도 일 년에 한 번 부활절에는 성찬에 참여하여야만 하였다. 그 전에 비밀 고해(Ohrenbeichte)를 마쳐야만 하였다. 중세 교회 성례전의 특징은 특히 화체설(Transsubstantiation)의 교리에 있다(빵과 포도주에서 그리스도의 살과 피로의 실체적 변화이다: 그리고 평신도에 대한 분잔은 박탈당하였다).

이 교리는 중세에 이노센트 3세에 의하여 선포된 유일한 교리였다.

프리드리히 2세(1215-1250)와 황제권에 대한 교황권의 계속되는 승리

† 빛나는 슈타우퍼 가문의 마지막 황제 시대는 하인리히 6세의 아들 프리드리히 2세와 시작되었다. 프리드리히는 자아의식 속에서 자신에게 신적인 지위가 허락되었다고 생각하였다. 그는 이노센트 3세의 후계자이며 모든 세속 권세를 교황의 봉신으로 여기던 그레고리 9세와 이노센트 4세에 대적하였다. 그의 자아의식이나 정치력은 로마로부터의 여러 차례의 출교 명령 때문에 더 이상 유지할 수 없었다. 리용(Lyon) 공의회(1245)는 황제의 퇴위를 강요하였다. 독일에 대립 황

제를 세웠지만, 프리드리히 2세는 1250년까지 지위를 유지하고 사망하였다. 교황에 반대하는 프리드리히의 논쟁 문서들과 그의 자아의식은 새로운 시대를 예고하였다: 교황의 영적 권위를 인정하지만 그의 권력 정치는 거부하는 것이다.

† 슈타우퍼 가문의 마지막 사람인 콘라딘(Konradin, 1268)의 처형과 함께 교황권은 황제권에 대하여 승리를 거두었지만, 이로써 프랑스에 예속되게 되었다. 중세 교황 교회의 절정은 동시에 후기 중세의 정치적 정신적 몰락이다.

참고문헌

Andresen,C/ Ritter, A. M. Geschichte des Christemtums I/2, 52-69, 77-82, 101-115 u. 150-168.

Angenendt, A. Das Frühmittelalter, 292-360.

Goez, W. Kircjenreform und Investitutstreit, 910-1122.

Hauschild, W.-D. Lehrbych der Kirchen-und Dogmengeschichte, Bd. 1, §9, 3-11, 486-548.

Mayer, H. E. Geschichte der Kreuzzüge.

Moeller, B. Geschichte des Christentums, 146-168 u. 181-184.

Ökumenische Kirchengeschichte Bd. 2, 69-141.

11 스콜라주의 신학, 신비주의 그리고 중세의 경건심

개 요

중세 시대 문화의 첫 전성기인 카롤링 문예부흥의 정신적인 삶은 무엇보다도 아헨(Aachen)과 투르(Tours)에 있는 큰 학교에서 자리를 잡았다. 이것이 바로 중세 전체를 대변한다. 그리하여 학교에서 독자적으로 시행된 그 당시의 모든 학문은 스콜라주의라는 이름을 갖게 되었다. 스콜라주의는 신학이나 철학뿐만 아니라 법학이나 의학까지도 포함한다. 문법이 주도하였던 예학(Artes liberales)의 과거 제도와는 달리 스콜라주의 학문에서는 변증론과 논리학이 주류이다.

스콜라주의 발전의 역사에는 여러 단계와 과정이 있다. 이러한 한 예로 1200년경에 대학의 설립을 들 수 있다. 이와 더불어 스콜라주의 초기 시대(Frühscholastik)에서 전성기(Hochscholastik)로의 과도기가 드러난다. 그러나 이것은 단지 더 나은 학교의 형태에 불과하였다: 왜냐하면 학문은 나날이 발전하고 새로운 교육 체계를 갖추었기 때문이다. 교육과정 속에는 무엇보다도 지식의 원천이 계속적으로 제공되었다. 이 전통을 토대로 중세 시대 전체에 걸쳐 스콜라주의는 전통주의적인(traditionalistisch) 학문임을 강하게 내비쳤다.

전통과 결합된 학문으로서 스콜라주의는 시간이 흐름에 따

라 점점 이 전통의 다중적인 의미들을 발견하였다. 이 전통의 권위가 더욱 강력하게 나타날수록, 이 전통 안에 있는 반대 요소들이 드러나면서 이 문제에 대한 각각의 입장에 선 논쟁의 필요성이 대두되었다. 이것은 양방 간의 수용성과 생산성을 의미하며, 권위와 더불어 전통을 비판적으로 조명하는 이성(ratio)이 등장한 것이다. 이 과정이 있는 바로 그때에 실제로 스콜라주의 시대가 시작한다.

13세기에 신학의 출발은 아리스토텔레스의 전통의 침투에서 비롯된다. 중세에 아리스토텔레스의 수용은 최고의 정신사적 운동이다. 그리스도교적인 서구 세계에서 새로운 세계관은 아리스토텔레스의 모든 것과 만났다. 이것은 거대한 풍요일 뿐만 아니라, 깊은 충격이요 힘든 위기를 뜻한다. 왜냐하면 아리스텔레스의 영향을 받은 세계관은 지금까지 인류가 살아왔고, 또 그리스도교와 플라톤주의의 종합으로 규정되어 왔던 고대 세계관(고대 교회의 교리와 교부신학)에 대하여 강력한 반대 입장에 있었기 때문이다.

스콜라주의 신학자 중에서 가장 중요한 인물은 토마스 아퀴나스이다. 스콜라주의 신학은 그의 저작에서 전성기에 도달한다. 토마스는 교부 신학의 플라톤적-어거스틴적인 전통과 아리스토텔레스적인 이성주의를 결합시키면서 13세기의 신학적인 작업을 새로운 토대 위에 세운다.

중세 전성기의 신학은 도미니크파와 프란시스파의 탁발수도원에 의하여 전적으로 결정된다. 이 두 수도원이 대학에서 힘겨운 투쟁을 통하여 지도적인 역할을 수행하기 전인 13세기 초에, 이 두 수도원은 중세 시대의 경건 역사의 중요한 운동에 선두에 있다: 예수와 사도들을 따르는 철저한 청빈의 삶에의 소명.

그러나 청빈 운동은 교회 안으로 들어왔다. 수도원 운동의 역사에 있어서 새로운 단계는 13세기 초에 탁발수도원의 형성과 더불어 시작되었다. 이노센트 3세가 먼저 교회 안에 있는 다양한 공동체들 그리고 교회 밖에서 이와 유사한 이상을 가진 청빈 운동을 후원한 후부터, 탁발수도원은 곧바로 교황의 독점 아래 들어가게 되었고, 그의 목적에 지배를 받았다.

주요 항목

스콜라주의의 특징과 시대 구분

† 중세의 스콜라주의는 고대의 유산과 교부 신학(특히 어거스틴)을 받아들이고 변증법과 논리학의 도움을 받아 학교에서 배우는 학문이다.

† 스콜라주의의 문헌 양식:

1. 명제 모음집(Sentenzensammlungen) : 특히 페트루스 롬바르두스(Petrus Lombardus, 1100-1160)의 『작품 명제에 대한 4권의 책』(*Libri quattuor sententiarum*). 중세 시대에 교의학의 주 교과서는 4가지 주요 부분으로 구성되었다: 하나님에 관하여(de deo), 창조에 관하여(de creatura), 말씀의 성육신에 관하여(de incarnatione verbi), 성례전에 관하여(de sacramentis).
2. 고대와 그리스도교의 전통에 대한 주석집, 그 가운데 특히 롬바르두스의 명제집(소위 말하는 명제 주해).
3. 대전(Summen) : 구속사적인 도식으로 교리의 조직신학적인 요약.
4. 논쟁되어지는 문제들(Quaestiones disputatae) : 교리의 개별적인 문제들에 대한 서술.

† 스콜라주의를 초기, 전성기와 후기로 나누는 것은 단지 하나의 보조적인 구조이다. 고대 세계의 유산, 특히 아리스토텔레

스의 전승의 상이한 정도에 따라서 이러한 구분이 이루어진다. 초기 스콜라주의는 대략 1000-1200년 사이에 해당된다. 초기 스콜라주의는 1150년부터 아리스토텔레스의 논리학적인 문헌들(Organon)이 널리 알려지게 되었을 때, 그 발전의 새로운 단계에 도달한다. 스콜라주의의 전성기는 서구 세계가 아랍인들과 유대인들의 중재에 의하여 아리스토텔레스의 모든 것, 그의 윤리학과 형이상학을 알게 되었을 때였던 1200년경에 시작된다. 동시에 유럽에서 최초의 대학들이 생긴다(볼로냐, 파리, 옥스퍼드 그리고 캠브리지대학). 14세기와 15세기 신학은 후기 스콜라주의라는 개념으로 요약된다.

9세기의 신학자들

† 아일랜드 사람인 에리우게나(Johannes Scotus Eriugena, 870년경 사망). 중세기에 신플라톤적인 유산의 전승자로서 의의가 있다. 주요 저서: 『본질의 구분에 관하여』(*De divisoine naturae*). 디오뉘시우스 아레오파기타(Dionysius Areopagita)의 작품을 라틴어로 번역하였다.

† 흐라바누스 마우루스(Hrabanus Maurus, 859년 사망). 풀다(Fulda)의 수도원장과 마인츠의 대주교. 고대 문헌과 교부 저서들의 편집가요 수많은 성경주석의 저자로서 의의가 있다. 주요 저서: 『성직제도에 관하여』(*De clericorum institutione*)

† 발라프리트 슈트라보(Walafrid Strabo, 849년 사망). 라이헨아우(Reichenau)의 수도원장. 성서 주석과 예배의식서의 저자.

† 성찬론과 예정론에 대한 교리 논쟁이 일어났다: 코르비(Corbie)의 수도원장인 파샤지우스 라드베르투스(Paschasius Radbertus, 865년경 사망)는 요소(떡과 포도주)가 창조의 기적에 의하여 그리스도의 몸과 피로 변하게 된다는 실재론의

견해를 주장하였다. 이에 반대하여 수도사 라트람누스(Ratramnus, 868년 이후 사망)는 어거스틴의 노선에서 상징적인 성찬론 입장을 주장하였다.

† 수도사 고트샬크(Gottschalk, 868년경 사망)는 어거스틴의 은총론과 예정론을 논리적인 이중예정론으로 더욱 극단화시켰다(gemina praedestinatio).

초기 스콜라주의 신학자들

† 11세기에 스콜라주의의 본격적인 시대가 시작된다. 전통의 권위와 나란히 수많은 모습을 지닌 전통에 대해 비판적으로 규명하는 이성이 등장한다. 수용성과 생산성이 서로 뒤섞여 있어서 원자료에 대한 선택과 강조의 필요성이 대두되었다. 신플라톤주의와 아리스토텔레스주의의 전체적인 대립은 중세 시대에 어느 정도 인식되었으며, 점점 이 두 개의 거대한 사상은 그들 원래의 모습을 보여주었다.

† 1090년경부터 소위 말하는 보편 논쟁이 시작된다. 신앙 진술에 대한 진정한 실재성에 관한 질문이 이 논쟁의 이면에 자리잡는다. 유명론자(Roscellinus von Compiègne)들에 의하면 인간은 보편성 아래 단지 인간 오성의 개념들로 간주된 보편개념들을 이해한다. 참 존재는 이러한 보편 개념들에 예속되지 않는다. 이에 반하여 어거스틴-신플라톤적인 전승에 서 있는 실재론자들(Wilhelm von Champeaux와 Anselm von Canterbury)은 보편 개념들이 실재 존재이며, 이 보편 개념들에 개체가 예속되어 있다고 한다. 이 보편성 문제는 스콜라주의의 역사에서 15세기까지 지속된다.

† 투르의 베렌가르(Berengar von Tours, 1088년 사망)는 변증법적인 방법을 이용하여 전통을 다룬 최초의 신학자이다. 그는 논리적인 논증으로 실재론적인 성찬론에 이의를 제기한

다. 그는 성찬식에서 성체 제정(聖體 制定)의 말씀은 상징적인 표현 방법이라고 본다. 화체론에 대한 그의 이성적인 비판은 11세기의 성찬 논쟁을 야기한다. 이 논쟁에서 랑프랑크(Lanfrank, Normandie에 있는 Bec 수도원 원장)는 화체론의 전통적인 입장을 대변한다. 화체론은 변증법에 대하여 확고한 지반을 차지할 수 있었고, 1215년 제4차 라테란 공의회(Laterankonzil)에서 교의(教義)적 확정을 보게 되었다.

† 아벨라드(Peter Abaelard, 1070-1142). 그는 자신의 저서 『긍정과 부정』(*Sic et non*)에서 시종일관 변증법적 방법을 사용하였다. 이 저서의 의의: 교회의 진리는 단순히 주어진 것이 아니라 언제나 추구해야만 한다. 그 길은 탐구하는 것(inquirere)과 의심하는 것(dubitare)으로 이끌어 준다. 전통이 지닌 모순들을 극복하고 불변하는 진리를 발견하기 위하여 전통은 철학적인 비판과 논리적인 논증의 도움으로 분석된다. 이 방법은 스콜라주의 전체에 있어서 기초가 되었다.

† 베네딕트 수도원의 수도사이며 캔터베리의 대주교인 캔터베리의 안셀름(Anselm von Canterbery, 1033-1109). 변증법적인 방법이 안셀름에게 신학적으로 필요 불가결하였다. 그는 이성과 계시의 문제에 대하여 어거스틴의 입장에서 답하였다: 나는 알기 위해서 믿으며, 신앙은 앎을 추구한다(credo ut intelligam, fides quaerens intellectum). 두 개의 신학 논문에서 안셀름은 하나님을 최고의 영적인 존재로 성찰한다. 『독백』(*Monologion*)에서 하나님의 존재는 최고의 선, 모든 것보다 가장 위대하고 높은 최고의 존재로 증명된다(summa essentia). 존재하는 모든 것은 하나님의 존재로부터 나온다. 『대화』(*Proslogion*)에서 그는 나중에 소위 존재론적인 신 존재 증명이라 불리는 것을 주장한다: 이성이 하나님이 대하여 가질 수 있는 관념은 하나님과 비교하여 그

보다 더 높은 존재를 생각할 수 없다(aliquid quo nihil maius cogitari potest). 이 존재가 또한 사실 생각으로만 실재하지 않는 까닭은, 이 존재가 완전한 존재로서의 하나님의 개념에 맞아야만 하기 때문이다. 이성이나 사실에 있어서 하나님을 넘어서서 더 위대한 것은 생각되어질 수 없다. 이것으로 안셀름은 하나님의 실재 존재를 증명했다고 생각한다. 『왜 하나님이 인간이 되었는가?』(*Cur Deus homo?*)에서 안셀름은 그의 만족설로 구원론에 대한 새로운 해석을 제시하였다. 하나님이 인간이 되신 것은 사유(思惟)상 가능할 뿐만 아니라 필연적이다. 안셀름의 죄 이해는 어거스틴으로부터 온 것이다. 죄란 하나님께 속한 영광을 실재적으로 빼앗은 것이다. 결정적인 것은 하나님의 영광에 관한 개념이다. 하나님의 영광은 인간의 죄로 인하여 아주 심한 상처를 입었다. 그리하여 형벌이나 보상이 따르게 된다. 보상(satisfactio)만이 하나님의 영광을 원상으로 복원할 수 있다. 십자가에서 그리스도의 죽음은 하나님이 더 이상의 보상을 바라지 않는 자발적인 희생이며, 잉여의 공로이다. 그리스도는 이와 함께 그를 믿는 사람들에게 양도할 수 있는 특별한 공로를 세웠다. 안셀름의 만족설은 "게르만적인 성격"을 지니고 있다.

† 위대한 시크파 수도사이며 신비주의자인 끌레르보의 베른하르드(Bernhard von Clairvaux, 1090-1153)는 이성적인 비판과 변증법적인 방법을 배격한다. 이성적인 인식이 아닌 하나님의 의지 안으로 인간 의지의 겸손으로 가득 찬 접합이 여기에서는 신학적인 과업의 조건이다. 이것이 베른하르드가 성 빅톨의 휴고(Hugo von St. Victor, 1097-1141)와 연결시킨 신비적인 인식이며 신심이다. 세상에 계시고 고난 받는 그리스도의 모습에 초점을 둔 베른하르드적인 수난의 신비(Passionsmystik) 외에 파리 부근의 어거스틴 수도회-성당

참사회 재단인 성 빅토르(St. Viktor)에서 소위 말하는 아레오파기타적인 신비주의의 개혁이 등장한다: 신자는 교회 성례전들의 도움으로 순결과 조명의 단계를 넘어 황홀의 경지에서 하나님을 볼 수 있는 데까지 도달할 수 있다. 이러한 신비주의는 12세기에 특히 수녀원을 중심으로 널리 퍼졌다(Hildegard von Bingen 1179년 사망).

† 볼로냐 출신의 수도사 그라치안(Gratian)은 1140년경 『규범들의 모순에 대한 일치』(*Concordantia discordantium canonum*)라는 저서를 낸다(통용되는 교회법규의 모음집). 소위 말하는 그라치안의 교령(Decretum Gratiani)은 법령집(Corpus iuris canonici)의 주요부가 되었다.

스콜라주의 전성기의 신학자들

† 대학들과 탁발수도회들의 형성 그리고 아리스토텔레스의 모든 것과의 만남과 더불어 1200년경 스콜라주의는 신학 체계의 형성에 있어서 최고점에 도달한다. 스페인-아랍 그리고 유대 종교철학자인 코르도바의 아베로에스(Averroes von Cordoba)와 모세스 마이모니데스(Moses Maimonides)는 그리스도교 신학에 아리스토텔레스와 관련된 모든 것을 범신론적인 해석 안에서 중재한 사람이다.

프란시스파	도미니크파
알렉산더 할레시우스(Alexander Halesius) 보나벤투라(Bonaventura) 둔스 스코투스(Duns Scotus)	알베르투스 마그누스(Albertus Magnus) 아퀴나스(Thomas von Aquin)

† 알렉산더 할레시우스(1245년 사망)는 아리스토텔레스와 관련된 전반적인 지식을 소유한 최초의 스콜라주의 학자이다. 그는 아리스토텔레스의 철학을 어거스틴의 근본 사상과 연결시킨다. 그에게 있어서 신학은 인간의 의지(voluntas)에 대한 신적인 조명(illuminatio gratiae)을 통해 성취되는 하나

님에 관한 인식이다. 이러한 주장으로 알렉산더는 소위 주의주의(主意主義, Voluntarismus)라는 프란시스 학파의 창설자이다. 오성에 앞선 의지의 상위.

† 보나벤투라(1221-1247)로 불리는 요한네스 피덴차(Johannes Fidenza)는 알렉산더의 제자이며 중세 전성기의 프란시스-신비주의 신학의 대표자이다. 신비적인 신앙 체험은 하나님으로부터 비추어진 영혼 안에서 일어난다(조명신학, Illuminationstheologie). 성례전에 의해 중재되는 하나님의 능력의 영향은 내재의 은혜(gratia habitualis, 세례에 의해 내재되는 은혜, 즉 세례에 의해 이루어진 은혜의 상태)로 나타난다.

† 알베르투스 마그누스(Albertus Magnus, 1200-1280)는 독일 출신으로 중세 전성기에 가장 중요한 최초의 도미니크파 신학자이다. 자연 과학(Naturerkenntnis)과 신학, 물리학과 형이상학은 그에게 있어서 하나이다(보편성의 박사, Doctor universalis). 알베르투스는 아리스토텔레스의 보편론을 받아들였다. 최고의 총괄하는 개념들로서 보편성은 하나님의 영 안에 있는 우두머리 관념들이다(ante rem). 개체들 안에서(in re) 보편성은 물질의 살아 있고 근본이 되는 형태로서 활동한다. 인간의 깨닫는 영 안에서(post rem) 보편성은 관념적인 추상으로서 나타난다. 알베르투스 마그누스는 아리스토텔레스의 인식론를 따랐다. 그는 온건한 실재론을 지지한다: 개념이란 하나님의 영 안에 있는 관념이며 개체 안에 있는 형태이다. 그는 신학과 윤리에 있어서 어거스틴의 입장을 따랐다.

† 아퀴나스(Thomas von Aquin, 1225-1274)는 가장 중요한 스콜라주의 신학자이다. 그는 알베르투스 마그누스 밑에서 파리와 쾰른에서 수학하였고 이탈리아와 파리에 있는 여러

학교에서 가르쳤다. 토마스는 중세 전성기 어거스틴과 아리스토텔레스의 두 개의 위대한 전통들이 어떤 관계를 가지고 있는가에 대한 근본 문제에 대하여 예리한 숙고를 거치고, 이 두 가지의 통합이 가능하다고 답변하였다. 그는 진정한 아리스토텔레스의 발견으로 철학적이고 신학적인 사고의 내용적인 다양성을 견지하였다(이중 진리의 문제). 이것은 토마스에게서 조화로운 이중층을 이룬다. 철학적인 통찰에 관한 물음에서 그는 아리스토텔레스를, 이와는 달리 신학적인 물음에 있어서는 어거스틴의 전통을 따른다. 아리스토텔레스의 영향은 특히 인식론, 형이상학 그리고 외면적인 표현형식에서 나타난다. 어거스틴의 영향은 특히 신론과 칭의론에서 나타난다. 토마스의 사상에서는 각 신학적인 문제가 어거스틴을 따르면 내용적으로 교의학에 따라 해결될 수 있으며, 동시에 이 문제의 제시는 아리스토텔레스의 논리학의 개념의 결과로 나타났다.

그의 광대한 체계는 조화로운 방식으로 제시된다. 이 조화의 근본은 하나님과 세상이라는 이원론에 대한 극복이다: 하나님으로부터 창조된 모든 만물은 그의 본질을 단지 분할된 방식으로 다시 반영한다(유비에 의하여, per analogiam). 이성에 의한 자연적인 하나님 인식은 이것을 보충하고 완성하는 초자연적인 계시를 필요로 한다(은총은 자연을 제거하는 것이 아니라 완성한다, gratia non tollit, sed perficit naturam). 철학과 신학, 자연과 은총, 아는 것과 믿는 것은 2층집으로 묘사할 수 있다. 아래층인 철학은 위층인 신학을 위한 보조 역할로 봉사한다. 따라서 모든 지식과 신앙의 진술은 구별되고 전체적인 관계에 서로 서 있다. 이것은 토마스의 주요 저술인 『신학 대전』(*Summa theologicae*, 1265-1273)에 서술된 것이다.

칭의론, 성례론 그리고 회개론은 토마스에게 있어서 자연과 은총의 도식으로 배열되어 있다. 토마스는 칭의론에서 프란시스파의 신학보다는 反펠라기우스적인 어거스틴에 더 가깝다. 은총을 받음은 분명히 오직 교회의 성례들과 연결되어 있다. 성례들을 받음은 구원에 필수적이다. 토마스의 신학에는 13세기 교황 교회의 주된 입장이 반영되어 있다.

12세기의 청빈 운동

† 13세기에 교황권의 지배적인 위치와 그 신학적 기반인 토마스 신학은 중세 전성기의 교회사와 신학사(神學史)를 지배한다. 그러나 경건의 역사도 이 시대의 전체 모습에 물론 포함된다. 여기에 고대 교회 이후 처음으로 12세기에 다시 의미있는 교회적인 저항 운동이 일어났다. 이 운동은 교황 교회 안에 있는 부와 세속적인 권력을 표적으로 삼았다. 예수와 그의 사도들의 청빈한 삶이 이 운동의 중심에 있었으며 세속화된 교회에 대한 비판적인 척도가 되었다.

† 이미 베른하르드의 시대에 설교자인 브레스치아의 아르놀트(Arnold von Brescia)는 1147년부터 로마에서 사도적인 청빈을 부르짖었다.

† 시크파의 수도원장인 피오레의 요아힘(Joacim von Fiore, 대략 1135-1202)은 삼시대론을 주장하였다: 성부의 시대, 성자의 시대, 성령의 시대(베네딕트로부터 시작되고, 1260년에 성취된다).

† 12세기에 가장 탁월한 양대 청빈 운동은 카타리파(Katharer, 순결파)와 왈도파(Waldenser)이다.

† 카타리파("순결한 자들"이라 뜻하며, "이단"으로 판결 받음)의 이원론적이고 영지주의적인 사상의 총체는 고대 시대까지 거슬러 올라간다. 그리하여 이들은 <신마니교도

(Neumanichäer)라고 불린다. 이들은 순결한 교회를 요구하고 죄에 매여 있는 세상과의 단절을 통하여 결혼, 교회의 성례전들, 성화, 성인 그리고 성유물들을 거부하였다. 이들은 엄격한 금욕을 실천하였다.

† 왈도파는 카타리파와는 달리 성서에 나오는 "그리스도의 율법"을 전파하였으며 비그리스도교적인 사상의 영향을 받지 않고 청빈으로 예수와 그의 사도들의 삶을 따르고자 시도했었던 하나의 운동이었다. 이것은 리용(Lyon)의 상인인 왈도(Waldes)에 의해 1176년에 설립되었다. 마태복음 10장의 보내심의 명령에 자극을 받아 왈도를 중심으로 이리 저리 돌아다니며 회개를 설교하였던 남자들과 여자들로 이루어진 모임이 이루어졌다. 급속히 빠른 속도로 퍼진 이 운동은 가톨릭의 교권 제도에 의해 곧바로 공격을 받았다(1209-1229년의 알비파 전쟁과 1232년부터 이단 심문소의 설립).

13세기 초 탁발수도회의 출현

† 중세의 가장 강력한 교황인 이노센트 3세(Innocenz III.)는 청빈의 이상을 선전했었던 교회 안에 있는 공동체들의 지지를 통해 청빈 운동을 교회 안으로 끌어들이기 위한 시도를 하였다.

† 13세기 초반 특히 탁발수도회들은 이 목적을 달성하였다. 확장되어가는 도시들과 관련하여 하나의 새로운 상황이 탁발수도회에 의해 수도원의 역사에 발생하였다: 수도사들은 수도원에서의 은둔 생활에 더 이상 얽매이지 않고 유랑하면서 도시민들을 위해 특히 목회와 설교에 전념하였다. 그들은 완전한 무소유를 실천함으로 예수와 그의 제자들의 가난한 삶을 따랐다. 교황이 이 새로운 수도회들에 대해 장려하자 청빈 운동은 교회로 흡수되었다.

† 도미니크 수도회 또는 설교자회(Ordo fraturum praedicatorum, O.P.)는 스페인 사람 도미니쿠스(Dominikus, 1170-1221)에 의하여 설립되었다. 그는 자신의 주요 과제가 설교, 대학교에서 신학 그리고 교회의 가르침의 순수성 유지와 이단으로부터 보호를 위해 이단 심문(1232년 교황 그레고리 9세 때 이단 심문소 창설)에의 협력에 있음을 발견하였다.

† 청빈 운동은 또한 많은 부분에서 종교적인 여성 운동이다. 여성들을 교회에 수용하는 것을 촉진하기 위해 수많은 도미니크 수녀원들이 세워졌다. 이 수도회는 유럽의 여러 나라에 순식간에 퍼졌다.

† 프란시스 수도회(Ordo fratrum miniorum, O.F.M.)는 탁월한 인물인 설립자 아씨시의 프란시스(Franz von Assisi, 1181/82-1226)에 의해 형성되었다.

† 부유했던 프란시스의 유년기의 생활은 제자들을 파송하는 말씀(마 10장)에 감명을 받아 예수와 그의 사도들의 가난한 삶을 따르도록 변화 받았다. 프란시스는 가난과 <결혼하고>(1208년) 곧이어 그를 따르는 동지를 얻게 되었다. 그는 이들과 함께 유랑하였다. 이들은 1210년에 교황의 승인을 받았다.

† 프란시스의 신앙은 이미 동시대 사람들에게서 본격적인 프란시스 운동을 불러 일으켰다. 프란시스의 뜨겁고 겸손으로 가득 찬 신앙, 그리스도, 인간 그리고 모든 창조물에 대한 그의 사랑은 시초에는 아무런 확실한 조직이나 규칙이 없었던 이 운동에 결정적인 자극을 주었다(비교. 1223년 무규칙, Regula bullata). 특히 프란시스가 일찍 세상을 떠난 다음 교회 정치가 이 운동을 장악하자 과거의 청빈 이상은 뒷전으로 물러나게 되었다. 이에 대해 심령론자들과 선거권 있는 수도사들 사이에 심한 논쟁이 일어났다. 마침내 자유로운, 즉 현

실에 순응하는 경향이 확고한 지반을 차지하였다.

† 프란시스 수도회에 속한 수녀원은 클라리센 수도회(Clarissenordnen)이다. 여성들은 여러 가지 논란 후에 탁발수도회들 안에서 중요한 위치를 차지하였다. 수도원 제도 밖에서 여성의 운동은 베긴 수녀회(Beginentum)에서 활동하였다.

† 탁발수도회들 외에 12세기에 카르멜회(Karmeliter)의 은자 수도회가 그리고 13세기에는 어거스틴 은자수도회(Augustiner-Eremitenorden)가 1256년에 설립되었다. 어거스틴 은자수도회는 "어거스틴의 규칙(Regel Augustins)"에 따라 살았으며 종교 개혁사에서 마틴 루터에 의해 특별한 의미를 가지고 있다.

참고문헌

Andersen, C. / Ritter, A. M. Geschichte des Christentums I/2, 69-75; 115-150; 168-193 u. 210-224.

Dinzelbacher, P. Christliche Mystik im Abendland, 98-131 u. 159-237.

Hägglund, B. Geschichte der Theologie, 122-159.

Hauschild, W. -D. Lehrbuch der Kirche-und Dogmengeschichte, Bd. 1, § 10, 1.-13., 549-609.

Heinzmann, R. Philosophie des Mittelalters, 137-222.

Kahl, H.-D. Bernhard von Fontaines, Abt von Clairvaux, in: Gestalten der Kirchengeschichte, Bd. 3, Mittelalter I, 173-191.

Köpf, U. Franz von Assisi, in: Gestalten der Kirchengeschichte, Bd. 3, Mittelalter I, 282-302.

Kühn, U. Thomas von Aquin, in: Gestalten der

Kirchengeschichte, Bd. 4, Mittelalter II, 38-62.

Moeller, B. Geschichte des Christentums, 168-180 u. 184-199.

Ökumenische Kirchengeschichte, Bd. 2, 142-191.

Schmidt, M. A. Anselm von Canterbury, in: Gestalten der Kirchengeschichte, Bd. 3, Mittelalter I, 123-147.

12 중세 후기

개 요

13세기에 있어서 여러 가지 변화들은 본래의 중세 전성기가 다양하고도 모순투성이의 시대인 소위 말하는 중세 후기로부터 분리되었음을 보여준다.

슈타우퍼(Staufer) 가문에 대한 교황권의 승리는 피러스의 승리(Pyrrhussieg : 피러스 왕이 로마군을 격파한 때처럼 많은 희생을 치르고 얻은 승리 - 역자 주)였다. 오직 프랑스 왕권의 도움으로 교황권은 황제권을 압박할 수 있었던 것이다. 프랑스에서는 최초로 13세기에 점점 민족국가의 새로운 통치 체제가 형성되었다. 여러 개별 권력들은 중앙 집중적이고 민족적인 통치권으로 집결되었다. 이제까지 어떤 중앙 정치세력도 중세 교회에 대항하지 못했다. 그러나 이제 교회가 정치 권좌에 앉는다는, 이러한 기본적인 전제는 사라져 버렸다. 새로운 민족주의적인 통치 체제와 도시의 경제적인 상승과 더불어 기사단은 역사적인 종말을 맞이하였다. 이와 함께 십자군의 시대도 이제는 영구히 지나가 버렸다. 1291년에 아콘(Akkon) 요새는 이슬람에 의하여 정복당하였다.

교황에 대한 비판은 처음으로 중세 후기에 있었던 것은 아니다. 그러나 이제 중세 교황 교회 안에서 그들의 주장과 현실

에는 서로 얼마나 골이 깊게 벌어져 있는지 명확해졌다. 교황 교회의 외형화와 교황청의 무분별한 세속화는 이제 누구나 아는 사실이 되었다.

교황청주의(Kurialismus)또는 교황주의(Papalismus)와 공의회주의(Konziliiarismus) 사이의 반목은 대개혁 공의회(Reformkonzilien)가 15세기 초반에 공의회주의의 이상을 뒷받침하기 전인 14세기에 이미 나타났었다. 개혁 공의회는 교황청의 가장 심각한 위기인 1378년 이래의 교황청 분열에 그 배경을 가지고 있다.

종교개혁 전야의 르네상스 교황청은(율리우스 2세, 알렉산더 4세, 레오10세) 모든 점에서 안정되었고 일반적으로 외관상으로는 논쟁할 여지가 없었다. 프랑스 국가 교회가 로마 교황청에 대하여 <갈리아인의 자유>(gallikanische Freiheiten)를 방어했었던 프랑스와는 달리 독일 제국에서는 모든 개혁방안이 멈춰 있었다. 1448년의 비인 협정(Wiener Konkordat)은 개혁을 수포로 돌아가게 했다. 그리고 로마 교황청의 독일 교회에 대한 세금 수탈과 압박은 종교개혁 운동 직전 특히 수십 년 동안 증대하였다. 1456년의 프랑크푸르트 군주회의(Fürstentag) 이래로 독일 귀족들은 제국 의회에 계속 반복하여 <독일 민족의 부담>(Gravamina der deutschen Nation)을 상정하였다. 독일 제국의 개별 지역들에서는 몇몇 군주들이 자신들만의 독자성을 확보할 수 있었다. 바로 이것으로 지역 교회제도(Landeskirchentum)의 시작은 종교개혁보다 더 빨랐던 것이다.

중세 후기에 전체적인 발전은 그리스도교의 몸(corpus christianum)의 전반적인 건설에서 언제나 분명하게 등장하는 도약과 균열로 두드러졌다. 이것은 또한 증대하는 차별화와 개인화에 의해 각인된 중세 후기의 신학적 사고를 나타낸다.

"중세 후기는 교회화(Kirchlichkeit)의 최고 상승 시대이다"(Bernd Moeller). 이것은 무엇보다도 국민 전체가 교회와 연결되었음을 뜻한다. 즉 교회가 널리 가지를 뻗친 그 기관들과 더불어 중세 후기 사람들의 전체 삶을 지배했다는 것이다. 경건의 핵심에는 영혼의 영원한 구원에 관한 질문이 자리 잡았다.

중세 후기의 교회 안에 있던 폐해에 대한 비판, 예를 들면 사면부(Ablaßwesen)와 교황청의 권력 및 금권 정치에 대한 비판은 특별히 위클리프(Wiclif)와 후스(Hus)와 연관된 두 개의 개혁 운동을 낳았다.

정신사적으로 본다면 종교개혁 이전에 두 가지 중요한 운동이 있다: 르네상스와 인문주의 그리고 중세 후기의 경제사와 사회사에 있어서 초기 자본주의적인 경향은 이 시대의 경건에 영향을 주었다.

주요 항목

중세 후기의 교황권

† 13세기 후반에 독일 황제권에 대한 교황권의 승리는 곧바로 심각한 패배를 가져왔다. 그것은 교황청이 프랑스 왕에게 예속된 것이다.

† 프랑스에서는 형성 중인 민족 국가라는 새로운 통치 체제가 맨 처음 등장하였다. 이 통치 체제는 교황의 정치권력에 대한 반대 세력을 형성하였다.

† 1302년 교황 보니파키우스 8세(Bonifaz, 1294-1303)의 교서 『우남 상탐』(*Unam Sanctam*)은 지금까지 교황권의 정치적인 요구를 요약하고, 로마 주교들에 대한 복종이 구원에 필수임을 선포하였다.

† 프랑스왕 필립 4세(美王, der Schöne)는 교황의 출교 위협에

대해 공의회에 항소하였다. 필립은 교황을 포로로 잡아 이에 응답하였다(1303).

분쟁의 배경은 프랑스와 영국에 있는 성직자와 수도원에 대한 세금 부과였다.

† 1309년에서 1376까지를 교황의 "바빌론 포로"라 한다. 교황청의 프랑스에 대한 예속, 정치적인 무능과 도덕적인 타락.

† 교황 요한 22세와 루드비히 바이에른(Ludwig Bayern)의 세력 다툼. 이것은 황제와 교황 사이의 마지막 싸움이었다.

† 1356년 <금인 헌장>(Goldene Bulle)은 교황의 재가 없이 왕의 선출을 규정하고 있다.

† 1378년부터 1415년까지의 교황청의 분열: 로마와 아비뇽에 각각의 교황이 있었다. 교황청의 가장 심각한 위기.

† 교황청에 대한 비판은 주로 재판과 재정의 남용에 있었다.

† 중세 후기에 교회와 국가에 관한 새로운 사상은 두 사람과 연관되어 있다: 파두아의 마르실리우스(Marsilius von Padua, 대략 1290-1343)와 그의 저서 『평화의 수호자』(*Defensor pacis*). 국민주권사상: 세상의 모든 권력은 국민으로부터 전권을 위임받은 것이다. 교회와 교황은 단지 영적인 임무들만을 가진다. 교회의 최고 대표는 전체 공의회이며 여기에는 평신도들도 속해 있다.

옥캄(Wilhelm von Ockham, 대략 1285-1347/49): 영적이고 세속적인 권력은 관할 영역에 있어서 확실히 구별되며, 그러나 동시에 공동선의 관점에서는 서로 연합한다. 참 교회는 신자의 공동체(Communio sanctorum)이지 보이는 교황의 교회가 아니다.

공의회주의

† 교황청의 쇠퇴로 15세기 전반에 공의회주의의 개혁운동이

성장하였다. 두 명의 파리대학교 신학자가 운동을 이끌었다: 피에르 다이에(Pierre d'Ailly, 1420 사망)와 제르송(Johannes Gerson)이라고 불리는 쟝 샬리에르(Jean Charlier, 1429 사망). 목적은 교회의 머리와 지체의 개혁, "평화의 수호자"와 옥캄의 공의회와 교황에 대한 대조에 근거하여 교황에 대한 공의회의 우위에 있었다.

† 콘스탄츠에서 열린 개혁 공의회(1414-1418)는 지기스문트(Sigismund) 황제에 의해 제안되었고 주재되었다. 3개의 교섭 문제가 다루어졌다: 통합의 문제(causa unionis, 분열), 신앙의 문제(causa fidei, Hus), 개혁의 문제(causa reformationis, 교회 개혁). 이 공의회는 공의회주의에 첫 승리를 안겨 주었다: 지금까지의 교황들의 퇴진과 마틴 5세(Martin V, 1417-1431)라는 새로운 교황 선출을 통한 교황청 분열의 극복. 1415년 4월 6일의 교령에서 공의회주의의 원칙이 채택되었다. 1417년 10월 9일의 교령인 Frequens 에서야 공의회의 규칙적인 개최에 동의하였다(교황 권력의 제한).

† 바젤에서 열린 제2차 개혁공의회(1431-1447/49)는 교황의 공의회 해산교서를 반대하는 공의회주의의 성과를 이루었다. 교황은 마침내 공의회를 인정하지 않을 수 없었다.

† 교황 오이겐(Eugen) 4세는 페라라(Ferrara)와 플로렌스(Florenz)에서 반대 공의회를 열었다. 이 공의회는 동방교회와 교회통합을 통해서 (교령 Laetentur coeli 1439년 7월 6일) 세인의 이목을 끌었다. 그리스인들은 터키인들의 위협으로 교황에게 도움을 호소하였다.

† 교황 피우스 2세는 1460년에 공의회주의를 이단과 불경죄로 정죄하였다. 그러나 공의회주의사상은 16세기까지 실제로 지속되었다.

† 15세기 중반부터 교황청은 소위 르네상스 교황청이라고 하

여 세속화와 외적인 과시가 그 절정에 이르렀다. 정신적인 관점에서 보면 심각한 타락이었는데, 예술적으로는 큰 의미가 있었다: 식스투스 4세(Sixtus IV., 1471-1484), 알렉산더 6세(Alexander VI., 1492- 1503), 율리우스 2세(Julius II, 1503-1513) 그리고 레오 10세(Leo X., 1513-1521) 등이다.

† 프랑스 민족 교회는 로마에 대항하여 "갈리아인의 자유"를 방어하였다. 독일 제국에서는 비인협약(1448) 이래로 개혁은 정체를 보이고 있었다. 1456년의 프랑크푸르트 군주 대회 이래로 독일 귀족들은 제국회의에 항상 반복하여 <독일 민족의 부담>을 부르짖었다.

중세 후기의 신학

† 중세 후기의 신학적 사고는 증가하는 차별화와 개인화로 각인되어 있다. 그 중 4명의 신학자가 뛰어났다.

1. 요한네스 둔스 스코투스(Johannes Duns Scotus, 대략 1270-1308)

† 스코투스는 영국의 프란시스파 신학자로 스콜라주의 전성기에 속한 인물이지만 명제집 주해(Opus Oxoniense)에서 토마스를 날카롭게 비판하여 중세 후기의 신학 사고의 특징을 이루었다: 토마스 신학의 이성과 계시의 조화는 이제 서로 분리되었다.

† 하나님과 인간의 관계가 새롭게 정의되었다: 존재론적인 범주들 대신 하나님과 인간 사이의 실제적이고 인격적(personhaft) 관계. 하나님은 절대적인 자유의지이다. 인간은 자신의 제한된 자유의지 안에서 하나님에게 대답하는 것을 시도한다(주의주의).

† 칭의가 진행되는 과정에는 두 가지 의지가 함께 작용하지만,

칭의의 실제적인 토대는 인간이 신의 은혜를 자유로 수용하는 데 있다(신적인 수용, acceptio divina).

† 스코투스의 의지론은 스콜라주의 전성기의 신학과 철학의 일치를 폐지하였다.

2. 옥캄의 윌리암(Wilhelm von Ockham, 대략 1285-1347/49)

† 스코투스와 마찬가지로 영국의 프란시스파 신학자(주요 저서: 『명제 주해』, *Sentenzenkommentar*).
그는 신학과 철학을 엄격히 분리하였다: 하나님은 이성으로 알 수 없다. 이성은 단지 이 세상에 속한 것만 해당된다.

† 하나님은 절대적인 의지이다(무조건적 능력, potentia absoluta). 그러나 그는 그가 제정하신 질서에 연합되어 있다(정해진 능력, potentia ordinata). 옛 언약과 새 언약의 역사에서 하나님 자신의 연결고리는 성서에 나타나 있다. 근본적으로 교회와 교회의 은총의 수단은 하나님께서 제정한 질서에 속한다. 성서는 계시의 역사성에 대한 타당한 지식을 제공한다.

† 하나님의 은총은 주입된 선물(donum)로써가 아닌 하나님의 호의(favor Dei)로써 관계적으로 이해되었다.

† 옥캄의 은총론은 인간 편에서 하나님 은혜를 받아들일 수 있음이 가능함을 강조하는데 기울어져 있다: 펠라기우스적인 경향(인간은 자신의 힘으로 구원에 협력할 수 있다, facere quod in se est). 옥캄의 신학을 계승한 중요한 신학자: 튀빙엔의 가브리엘 비일(Gabriel Biel, 1495 사망). 그의 신학은 루터의 에어푸르트대학 시절의 공부에 영향을 끼쳤다.

† 중세 후기를 지배했던 스콜라주의 학파 :
<고대의 방법>(via antiqua) - 토마스 아퀴나스와 도미니크파 신학자들.

<근대의 방법>(via moderna) - 옥캄, 비일, 프란시스파 신학자들.

3. 마이스터 에크하르트(Meister Eckhart, 대략 1260-1327)

† 도미니크파, 중세 후기의 가장 주요한 신비주의 신학자.

† 그는 자신의 신학적인 사고에 아퀴나스, 신플라톤적인 전통, 어거스틴과 클레르보의 신학을 접합하였다.

† 영혼의 깊은 곳에 하나님이 거처를 갖기를 원하는 <영혼의 작은 불꽃>(Seelenfünklein, increatum)이 있다. 인간의 세상과 자기 사랑에 의해 봉쇄된 <영혼의 작은 불꽃>은 <탈속>(Gelassenheit, 세상의 모든 것들로부터 돌아섬)에 의해 신적인 것으로 다시 열려질 수 있다. 그러고 나서 영혼은 하나님과 연합하게 된다(신비한 연합, unio mystica).

† 에크하르트에게 있어서 하나님상은 범신론적인 경향이다(존재가 하나님이다, esse est Deus).

† 에크하르트에게 있어서 역사적인 성육신은 물러가고 결정적인 것은 신자의 영혼 안에서 아들이 탄생하는 것이다. 성례전을 통한 은혜의 중재는 이 신비주의적인 신학에서 더 이상 중심점이 아니다.

† 에크하르트는 스콜라주의 신학의 광대한 저서를 남겼다: 세 부분으로 구성된 작품(Opus tripartitum). 그의 중요한 활동의 역사는 그가 도미니크 수녀원들에서 행했던 독일어 설교들에 나타나 있다.

† 1329년 에크하르트의 몇 개의 주장들이 이단으로 그리고 나머지는 이단성이 있다는 의혹을 받았다.

† 그의 주요한 제자들 : 타울러(Johannes Tauler, 1361 사망)와 조이제(Heinrich Seuse, 1366 사망).

4. 니콜라우스 쿠자누스(Nikolaus Cusanus, 1401-1464)

† 쿠자누스는 대학에서 신학교수가 아닌 감독이요 추기경이다. 그는 스콜라주의의 개념형성에 지속적으로 영향을 끼친 위대하고 자극을 준 사상가이다(대표 저서 : 『무지의 학자에 관하여』, *De docta ignorantia*).

† 쿠자누스는 특히 하나님의 세상과 인간에 대한 관계에 걸맞는 표현을 한다. 하나님은 절대적으로 가능한 <모든 대립의 합류>(coincidentia oppositorum)이며, 이것은 존재뿐만 아니라 가능한 것까지 포함하는 절대적인 가능성(possest)이며, 존재하는 모든 것과 다른 것이 아니다(non aliud).

† 인간은 단지 <배웠던 무지>(docta ignorantia) 안에서 하나님을 가까이 하려는 시도를 할 수 있다.

† 쿠자누스에게서 이미 <감추어진 하나님>(deus absconditus)의 개념이 나타난다.

중세 후기의 교회 생활과 민중의 신앙심

† 이 시대의 특색은 심화된 경건이다. 영혼의 영원한 구원에 관한 질문이 경건한 삶의 중심을 이루었다. 그 해답은 오직 교회와 교회의 성례전들을 통해 주어지는 하나님의 은총 안에서만 찾을 수 있었으며 발견할 수 있었다. 교회 생활의 중심은 미사 예배와 고해 성사였다.

† 설교나 목회를 맡지 않았던 수많은 미사 사제들 외에 도시 안에는 명백하게 민중의 언어로 설교를 했던 설교자들과 탁발 수도사들이 있었다.

† 여러 가지 수도원 개혁들은 방치된 수도원의 개혁을 시도하였다; 수도사들과 미사 신부들은 여러 방면에서 조롱을 받았다(반교권주의).

† 중세 후기의 심화된 경건 생활은 특히 소위 말하는 <근대의

경건>(Devotio moderna) 신앙운동에서 찾을 수 있다. 이 운동은 특히 도시 안에서 시민 계층에게 퍼졌다. 이 운동은 이웃 사랑의 실천으로 신앙을 유지하는데 중점을 두었다.

† 14세기 말에 데벤터(Deventer)에서 <공동생활 형제들>의 개혁 운동이 시작되었다. 네덜란드에서 시작하여 독일 북서부 지역에 퍼졌던 이 半수도원적인 공동체들은 신비적인 경건과 인문주의적인 세계에 대한 개방성을 결합하였다. 이 공동체들은 교육 사업으로 유명해지게 되었다. 이들의 동아리들로부터 빈데스하임(Windesheim) 수도원 개혁 운동이 일어났다.

† 이 운동의 유명한 설교자는 그로테(Geert Groote, 1340-1384)이다. 중세 후기 신비주의의 가장 중요한 경건 서적 : 『그리스도를 본받는 것에 관한 4권의 책』(*die vier Bücher De imitatione Christi*). 저자는 추측컨대 토마스 아켐피스(Thomas von Kempen, 1471년 사망)이다.

† 심도 있는 성자숭배, 특히 마리아와 안나에 대한 숭배, 사면부, 성유물 그리고 성지 순례는 중세 후기의 민중 신앙심의 특색이다. 행위의 신앙은 숱하게 많은 기부와 신앙적인 단체가 말해주고 있다.

† 그리스도는 무엇보다도 세상의 심판자로서 보였다: 갑작스러운 죽음과 심판은 중세 후기의 신심(信心)을 결정하였다(죽음의 무도, ars moriendi).

† 끔찍한 유대인 박해와 마녀 미신 또한 이러한 신심의 관점에 속한다. 도미니크파 신학자인 인스티토리스(Heinrich Institoris)는 자신의 저서인 『마녀망치』(*Malleus maleficarum*, 1487/88)에서 야콥 슈프렝어(Jakob Sprenger)와 함께 마녀미신에 대한 법전을 편찬하였다.

소위 말하는 〈종교개혁 이전〉(Vorreformation)

† <종교개혁 이전>(Vorreformation)이라는 개념은 그리스도의 교회 전통과 이들의 증인들로서 종교개혁의 연속성을 나타낼 수 있는 14세기와 15세기의 신학자들에 대한 것으로 19세기에 형성되었다.

† 위클리프(John Wiclif, 1328-1384)는 옥스퍼드대학의 신학 교수이다. 주요 저서 : 『세 개의 이야기』(*Trialogus*).

† 무엇보다도 영국의 애국자인 위클리프는 교황권에 대한 투쟁에서 성서에 근거하여 계속 비판하였다: 이 비판은 성서가 하나님의 율법이라는 축자적인 입장에서 시작한다. 교황의 교회가 이 율법에 위배된다면, 이 교회는 적그리스도가 다스리는 교회이다. 그는 친구들의 도움을 받아 불가타(Vulgata) 성서를 영어로 번역하였다.

† 그는 사면부, 성유물 숭배 그리고 수도원에 대하여 신랄하게 비판하였다.

† 어거스틴에 의거하여 위클리프는 교회를 "선택받은 사람들의 공동체(communio praedestinatorum)"로 보았다.

† 화체론에 대한 위클리프의 거부는 의미가 있다. 그는 성찬을 상징적으로 이해했고 신자들에게만 효력이 있다고 이해한다.

† 위클리프는 살아 있을 동안 박해를 받지 않았다. 그의 개혁 운동은 영국에서 지속적인 성과를 얻지 못했다.

† 후스(Jans Hus, 대략 1370-1415). 위클리프의 사상은 보헤미아 그중에서도 프라하대학에 전파되었다. 이곳에서 사제로서 그리고 프라하대학의 교수로서 후스는 중심인물이었다. 후스의 교회 비판은 성서적, 사회적 그리고 민족적인 동기를 가지고 있다; 그는 화체론을 고수하였다. 주요 저서 : 『교회에 관하여』(*De ecclesia*, 1412년).

† 후스를 둘러싼 논쟁들은 프라하대학에서 시작되었다; 1410

년부터 그는 이단으로 박해를 받았다: 크고 작은 파문, 후스의 저서 소각과 설교 금지.

† 왕의 호위 아래 후스는 콘스탄츠(Konstanz) 공의회에 참석한다. 이곳에서 그는 재판을 받고 1415년 7월 6일 화형을 당하였다.

† 이것은 그의 추종자들의 무력적인 항거인 후스파 전쟁(1419-1436)에 대한 신호였다. 후스파의 주된 요구 : 성만찬에서 평신도에 대한 배잔, 구원을 받는 것에 있어서 성직자와 평신도가 동일하게 때문이다.

† 후스파의 운동은 두 파로 갈라지게 된다: 프라하파와 소위 말하는 타보르파(Taboriten, 광신적인 경향을 가진 운동).

† <보헤미안 형제단> 안에서 후스파는 경건의 역사로 볼 때 계속 살아 있었으며 종교개혁의 역사와 경건주의에 영향을 끼쳤다.

† 페트루스 발데스(Petrus Waldes, 12세기 후반)와 회개 설교자 지롤라모 사보나롤라(Girolamo Savonarola, 1452-1498))는 종교개혁 이전의 개혁자들에 속한다.

르네상스와 인문주의(Renaissance und Humanismus)

† 이방 세계의 고대 문명에 대한 재인식; 고대 시대와 <중세 시대>로서 그 당시의 현재를 평가 절하하였다.

† 인간 개성의 발견; 학문에 있어서 비판적인 정신 : 라우렌치우스 발라(Laurentius Valla)는 1440년에 <콘스탄틴의 증여>가 위조된 문서임을 밝혀냈다. 정신적이고 예술적인 창작물들은 더 이상 직접 교회를 섬기는 것으로 존재하지 않았다.

† 14, 15세기에 르네상스의 주요 국가는 이탈리아이다.

† 르네상스에서 새로운 정신과 기독교와의 일치가 시도되었다. 플로렌스(Florenz)에 있는 철학 아카데미 : 피치노

(Marsilio Ficino, 1433-1499)는 플라톤의 글들을 번역하고 그를 바울과 비교하였다. 미란돌라(Giovanni Pico della Mirandola, 1463-1494)는 그리스도교적인 플라톤주의를 제시한다.

† 특히 네덜란드, 독일, 프랑스 그리고 영국에서 15세기 후반의 인문주의 운동은 르네상스와 구별된다.

† 인문주의의 목적은 성서와 원시 그리스도교에 있는 삶과 신앙에 근거한 단순한 기독교의 경건으로 돌아가는데 있다.

† 교육과 이웃 사랑의 실천(근대의 경건, Devotio moderna에 가까움!)을 통하여 교회 비판과 개혁이 예기되었다.

† 인문주의의 주요 관점은 고대 시대와 성서에 대한 학문적이고 언어학적인 관심이다.

† 인문주의의 주요 대표자: 피르크하임어(Willibald Pirkheimer)는 뉘른베르크에 있는 뒤러 (Dürer)의 친구이다; 아욱스부르크(Augsburg)의 포이팅어(Konrad Peutinger); 포르츠하임(Pforzheim)의 로이힐린(Johannes Reuchlin, 1455-1522)은 쾰른의 신학자에 대한 1515년과 1517년의 『어느 무명인사의 서한』(*Dunkelmännerbriefe*)으로 유명해졌다.

† 1500년대 모든 인문주의자들 가운데 가장 중요한 인물은 에라스무스(Desiderius Erasmus von Rotterdam, 1469-1536)이다. 에라스무스는 자기 시대의 교회를 원래, 원시 그리스도교의 단순한 신앙으로 되돌려 놓으려고 하였다. 그는 교회의 상태와 스콜라주의 신학에 대하여 날카롭게 비판하였다. 그의 삶의 이상은 기독교적인 인간(humanitas christiana, 『그리스도인 군병을 위한 소책자』, *Handbüchlein eines christlichen Streiters*, 1500-1503), 그리스도교적인 윤리였다. 1516년 그리스어 신약 성서의 발행으로 그는 초기 루터

의 신학과 종교개혁의 신학에 중요한 여건을 만들었다.

경제사와 사회사적인 국면

† 두 가지 사건이 15세기에 깊은 분기점을 긋는다: 1450년경 구텐베르크(Johannes Gutenberg)에 의한 인쇄기의 발명과 15세기의 말에 새로운 대륙과 대양의 발견.

† 도시의 시민 계급이 점점 권력과 영향력을 획득한 이후 자연 경제의 자리에 화폐 경제가 등장하게 되었다. 이 변화는 시민 계급의 경제와 신앙생활에 영향을 끼쳤다. 표준적인 가치 요인으로서의 교환 가치에 그리고 이용 가능성과 목적성에 새로운 초기 자본주의적인 정신이 나타났다. 교황청 스스로 화폐 사용에 앞장서게 되자, 중세 시대 교회의 이자 금지는 세월이 경과함에 따라 점점 사라지게 되었다.

† 종교개혁 이전에 교황청 반대파들의 주장은 교황청의 금권 정치와 밀접히 연관되어 있다. 로마 교회에 대한 비판은 물론 바로 교회의 경건으로부터 거리를 둔다는 것은 아니었다. 이와는 반대로 부유하게 된 시민 계급은 교회의 경건의 모습 안에서 개인 구원에 대한 안전을 추구하였다. 이 노력이 중세 후기 경건의 여러 가지 모습에 대한 주 원동력이 되었다.

참고문헌

Dinzelbacher, P. Christliche Mystik im Abendland, 281-364.

Hägglund, B. Geschichte der Theologie, 151-159.

Hauschild, W. -D. Lehrbuch der Kirche-und Dogmengeschichte, Bd. 1, § 6, 11.-16., 311-335; § 8, 11.-14., 450-473 u. § 10, 14.-18., 610-636.

Mieth, D. Meister Eckhart, in: Gestalten der Kirchenges-

chichte, Bd. 4, Mittelalter II, 124-154.

Miethke, J. Wilhelm von Ockham, in: Gestalten der Kirchengeschichte, Bd. 4, Mittelalter II, 155-175.

Moeller. B. Geschichte des Christentums, 200-223.

Moeller. B. Spätmittelalter.

Ökumenische Kirchengeschichte, Bd2, Abschnitt VII., 195-274.

13 마르틴 루터의 발전과정과 종교개혁의 시작

개 요

합스부르크 왕가의 통치는 15-16세기에 유럽의 정치적인 정황을 결정하였다. 칼 5세(Karl V, 1519-1556)는 그 이전 어떤 독일 황제도 누리지 못했던 권력을 소유하였다. 그의 전반적인 통치권은 바로 정치적인 영향의 관점에서 볼 때 유럽의 다른 권력들과 교황권에게 위협이었을 뿐만 아니라, 지역 군주들의 권력의 이해관계와도 대립하고 있었다. 오래 전인 이미 15세기에 시작된 군주의 권력의 팽창은 수많은 지역 국가들을 낳게 하였다. 지역과 중앙 통치권 사이의 반목은 이미 1519년 황제 선거 때에 중요한 역할을 하였고, 종교개혁 전 시대에 영향을 미쳤다.

더 많은 독립성을 추구하는 지역 군주들은 그러나 여전히 자기 영토 내의 귀족에게 의존하고 있었으며, 그들 없이는 경제적 면에서나 인적인 면에서 나라를 효과적으로 통치할 수가 없었다. 대 도시들, 특히 더욱 강력하게 된 시민 계급을 지닌 자유 도시들이 이러한 권력 구조에 들어왔다.

정치적인 상황은 특별히 변화된 경제적 환경에 의해 영향을 받았다. 새로운 유용성과 목적의식이 도시의 시민 계급의 경제적인 삶을 결정하였다. 초기 자본주의적인 경제 형태는 자연경제를 더욱 배제하였다. 은행가 푸거(Fugger)가문의 상승된 지위는 16세기 초에 여러 차례에 걸쳐 엄청난 양의 자본으로 정치 판도에 영향을 끼쳤다.

이 모든 정치적, 경제적, 사회사적인 변화는 1500년경 독일 중부지역에 있는 루터의 고향에도 그 흔적을 남겼다. 에른스트 가문의 작센선제후국은 지역 군주들과 독일 제국 사이의 분쟁에 관여하였다. 작센선제후인 프리드리히 현공(Friedrich der Weise, 1468-1525)은 이 분쟁에서 자신의 지역통치권을 가지고 있어야 한다는 것을 알고 있었다. 작센선제후국에서도 확대되고 있는 광산은 사회적인 구조에 경제적으로 대단한 영향을 끼쳤다. 그리고 작센선제후국에서 더 늘어만 가는 사면부 판매도 마침내 부딪치는 돌이 될 수밖에 없었다.

이 시대의 특색은 루터의 출생에 맞춰 모든 사회적 영역에서 변화를 겪고 있었다는 것이다. 정신사적으로 14, 15세기의 개혁운동은 독일에서 종교적인 동기를 부여했던 인문주의처럼 도래하는 종교개혁을 위한 기반이 되었다.

그럼에도 불구하고 16세기에 교회 개혁과 밀접한 관련을 맺고 있는 종교개혁가의 영향은 단순히 시대적으로 주어진 상황으로 축소시키도록 내버려두지는 않는다. 한편으로는 이처럼 다양한 역사적 상황이 있고, 다른 한편으로는 개성적이고 바꿀 수 없는 점이 마르틴 루터의 삶과 영향이다. 비텐베르크에서 루터의 집중적인 성서 연구에서 종교개혁은 시작을 알리고 있었다.

주요 항목

1555년까지 종교개혁사의 각 단계 개요

첫째 단계 : 1517-1521

† 문서 중심의 운동으로서 종교개혁(문서 전쟁, Schriftenkrieg).

† 사면부 논쟁과 루터에 대한 로마의 소송

† 하이델베르크 논쟁(1518년 4월)에 나타난 종교개혁적인 새로운 신학, 아우스부르크에서 카예탄(Cajetan)의 심문(1518년 10월), 라이프치히 토론(1519년 6월부터 7월)과 종교개혁적인 주요 논문들(1520년).

둘째 단계 : 1521-1524

† 역사 운동으로서 종교개혁. 자연적인 출발의 시대.

† 츠빙글리(Huldreich Zwingli) 지도의 취리히 종교개혁.

† 소위 말하는 종교개혁의 좌파 : 칼슈타트(Karlstadt), 뮨쳐(Müntzer), 영성주의자들과 재세례파.

† 루터는 사회적이고 경제적인 생활의 문제에 대한 입장을 밝힌다.

셋째 단계 : 1525

† 종교개혁의 위기의 해: 농민전쟁.

† 자유 의지에 관한 루터와 에라스무스(Erasmus von Rotterdam) 사이의 서면 논쟁.

넷째 단계 : 1525-1530

† 종교개혁의 지역적인 확립.

† 더욱 더 자연적인 출발이지만 중심에 선 것은 이제 <통치권의>(von oben 위로부터의) 종교개혁이다. 루터교의 지역 교회제도의 시작.

다섯째 단계 : 1530-1546/47

† 슈말칼덴 동맹의 도움으로 제국에서 종교개혁의 확장.
† 제국 국경을 넘은 북 유럽과 동 유럽의 종교개혁의 도입.

여섯째 단계: 1546/47-1555
† 종교개혁의 위기와 안정
† 슈말칼덴 전쟁에서 프로테스탄트는 패배한다. 1548년 아욱스부르크의 잠정협정(Augsburger Interim).
† 1552년의 파사우 조약(Passauer Vertrag)은 제국에서 정치적이고 종교적인 무승부 상태를 나타낸 것이다. 이것은 1555년 아욱스부르크 종교평화를 낳게 한다.

수도원 입문까지 루터의 발전 과정(1483-1505)

† 루터 아버지의 조상들은 농부였으며 튀링엔 삼림지역의 가장 서부지역 출신이었다. 루터의 어머니는 아이제나하(Eisenach)의 시민 계급 출신이었다.
† 루터의 아버지는 구리광산에서 일했으며 단순한 광부에서 제련 공장의 현장주임이 되었다.
† 루터는 1483년 11월 10일 아이스레벤(Eisleben)에서 태어났다(공작령 만스펠트, Mansfeld).
† 루터는 만스펠트(Mansfeld), 막데부르크(Magdeburg), 아이제나하(Eisenach)에서 학교를 다녔다.
† 사회적, 교육적 그리고 신앙적 관점에서 볼 때 루터의 가정환경은 중세 후기의 평범한 환경을 넘어서는 눈에 띄는 특별한 것은 없다.
† 루터의 유년 시절은 중세 후기의 신앙심의 영향을 받았다: 의롭고 심판하시는 하나님과 세상의 심판자인 그리스도가 중심에 있었다. 그가 수도원에 들어간 것은 어렸을 때 받은 교육과 신앙심에서 나온 것은 아니다.

† 루터는 1501년부터 1505년까지 에어푸르트(Erfurt)대학 학예부(Artisten-Fakultät)에서 공부하였다. 7학예 공부는 소위 말하는 3학예(Trivium, 문법, 변증법, 수사학)와 4학예(Quadrivium, 기하학, 산술, 음악, 천문학)로 이루어졌다.

† 에어푸르트대학 학예부에서는 옥캄주의(근대의 방법, via moderna)가 지배하였다. 루터를 가르쳤던 선생은 아이제나하 출신의 트루트페터(Jodocus Trutfetter)와 우징엔(Usingen) 출신의 아르놀디(Bartholomäus Arnoldi)이다.

† 1502년 가을 루터는 문학사(Baccalaureus der freien Künste) 학위를, 1505년 1월 7일에는 문학 석사(Magister Artium) 학위를 받았다.

루터의 수도원 입회부터 박사학위까지(1505-1512)

† 1505년 7월 17일 에어푸르트에 있는 어거스틴 은자수도회에 들어갔다.

† 수도원 입회의 이유: 1505년 7월 2일 슈토턴하임(Stotternheim) 부근에서 벼락을 만난 것은 수도원에 들어가게 된 외적인 동기이다; 이면에는 아무런 준비 없이 그리스도의 심판대에 서야만 하는 급작스런 죽음에 대한 두려움이 있다. 루터의 주위에서 일어난 죽음에 대한 체험(에어푸르트에서 흑사병)과 자신의 위태로운 부상. 에어푸르트대학에서 배운 옥캄주의의 영향을 받은 루터는 수도사 생활에서 완전의 길을 통해 확고히 보장된 구원에 도달하기 원했다(facere quod in se est).

† 1507년 초 루터는 에어푸르트 주교좌성당에서 사제 서품을 받고, 곧이어 다음의 저작들을 기초로 하여 신학공부를 시작하였다: 롬바르두스(Petrus Lombardus, 1160년 사망)의 명제(Sentenzen), 비일(Gabriel Biel)의 명제 주해(Sentenzen-

kommentar), 교의학에 대한 문제를 서술한 옥캄과 다이에(Pierre d'Ailly)의 질문들(Quaestiones). 순서에 따른 주석(Glossa ordinaria, 16세기부터 Walahfrid Strabo의 작품으로 잘못 알려짐)과 리라(Nikolaus von Lyra, 1340년 사망)의 성서해석서는 성서연구를 위해 사용되었다.

† 1508년 가을부터 1509년까지 비텐베르크대학의 학예부에서 도덕철학 강의를 하였고, 그곳에서 신학사(biblischer Baccalaureus) 학위를 받았다.

† 1510/11년 겨울에 루터의 로마 여행. 이유 : 독일의 어거스틴 수도회 내부의 규칙 논쟁. 로마 여행은 루터의 종교개혁적인 발전에 어떤 의미도 없었다.

† 1511년 여름 루터는 결정적으로 작센 어거스틴 수도회의 최고 책임자인 슈타우피츠(Johannes von Staupitz, 1468-1524)의 주선으로 비텐베르크에 왔다. 슈타우피츠는 1512년 10월 루터로 하여금 박사학위를 받도록 고무하였고, 이어서 자신의 성서신학 교수직을 루터에게 넘겨주었다.

† 루터의 영적 시련(Anfechtungen)은 수도원의 경건 생활을 진지하게 한데서 비롯되었다: 그는 이웃과 마찬가지로 하나님께 대한 완전한 사랑 그리고 가슴 깊은 회개(contritio)를 스스로 성취할 수 없었다. 그는 인간의 마음 속 깊은 곳에는 <스스로 자신에게 굽어있는 존재>(Auf-sich-selbst-Verkrümmtsein, incurvatus in se)인 자기욕망(Ich-Sucht)이 결정적인 동력으로 자리 잡고 있음을 알게 되었다. 심판하고 징벌하는 하나님과 심판자 그리스도 앞에서 공포와 불안은 커져 갔다. 이 공포와 불안은 어거스틴에 의해 전해진 예정론에 의하여 한층 더 증폭되었다.

† 신학적으로는 고대의 방법(via antiqua)에 따라 교육을 받았고, 독일 신비주의와 근대적 경건(Devotio moderna)에 의

해 각인된 슈타우피츠는 수도원에서 루터의 가장 중요한 상담자였다. 어거스틴과 베른하르드에 관한 그의 조언은 루터의 관점을 심판자 그리스도에서 우리에게 하나님의 사랑을 보여준 십자가에 달린 그리스도로 향하게 하였다.

† 루터는 최종적인 도움을 슈타우피츠로부터, 신비주의로부터, 보다 오래된 스콜라주의 신학으로부터도 받은 것이 아니라, 성서 연구로부터 받은 것이다.

루터의 종교개혁적 발견

† 루터가 1513년부터 1518년까지 했던 소위 말하는 초기의 강의들: 첫째 시편 강의(1513-1515), 로마서 강의(1515-1516), 갈라디아서 강의(1516-1517), 히브리서 강의(1517-1518). 새롭고 종교개혁적인 신학의 완성되어 가는 과정이 이 강의들에 담겨 있다.

† 첫째 시편 강의는 4가지 성서 의미의 전통을 아직까지 고수하고 있음을 보여 준다(문자적, 우화적, 존재론적, 종말론적 의미, sensus literalis, allegoricus, tropologicus, anagogicus). 루터는 특히 문자적 그리고 존재론적 의미(sensus litteralis, tropologicus)에 특별한 가치를 두었다. 신비주의의 영향은 소위 말하는 겸비의 신학(Demutstheologie)에 나타난다: 사람이 솔직히 자신을 죄인으로서 인식한다. 이러한 판단을 하나님이 인정하심으로, 겸손한 사람은 저주받은 인간에서 의로운 인간으로 칭함을 받게 된다(하나님을 의롭다고 여기는 사람에게 하나님은 그를 의롭다고 여기신다).

† 로마서 강의는 루터 신학이 결정적으로 더 발전하고 있음을 보여준다. 훗날 루터는 롬 1:17과의 관계에서 하나님의 의(iustitia Dei)의 개념에 대한 새로운 인식이 자신에게 떠올랐다고 회고한다(1545년 그의 라틴어판 전집 제1권 서문). 그

는 바로 그때 거듭난 것 같았고 낙원의 문으로 들어가는 것 같았다. 루터는 <하나님의 의>를 이제 더 이상 능동적인 의로서가 아닌 하나님께서 인간에게 선물로 주신 수동적인 의로서 이해한다. 이러한 의롭게 여김을 받은 것은 하나님에 의해서 그의 말씀과 성령을 통하여 불러 일으켜진 믿음으로 일어난다.

† 루터는 성서 전체를 새롭게 발견하는 이러한 인식을 어거스틴의 은총론, 특히 그의 『영과 문자에 대하여』(*De spiritu et littera*)에 나와 있음을 알았다.

† 이러한 종교개혁적인 발견의 시점은 연구가들 사이에 여러 각도로 논의 되었다. 일반적으로 1513년에서 1518년에 해당되는 초기와 후기 시점으로 말한다.

사면부 논쟁

† 중세 후기의 교회는 완성된 사면부 신학을 알지 못했다.

† 사면부는 고해성사의 세 번째 단계에 해당된다: 마음의 통회(contritio cordis), 입의 고백(confessio oris), 행위의 보속(satisfactio operis). 고해성사에서 죄는 사죄 선언을 통해 용서받은 후, 현세에서 받을 기한부의 교회의 형벌들은 아직도 남아있으며 이것은 사면부에 의해 탕감 받게 된다. 요구되어진 회개행위는 교환할 수 있었다. 실제로 사면부는 교회의 형벌에서부터 면제해 주는 것뿐만 아니라, 하나님이 인간에게 내렸던 기한부의 죄에 대한 벌(질병, 전쟁, 기근, 연옥의 벌)까지도 면해 주는 것을 뜻했다. 교회의 처벌과 하나님에 의한 기한부의 벌 사이의 바로 이러한 짜맞추기는 중세 후기 교회 사면부 제도(Ablasßpraxis)의 특징이다.

† 특히 총사면부(Plenarablaß)에서는 죄의 결과에 따른 죄와 벌에 대한 입장 사이를 확실하게 구별하지 않았다(죄와 벌,

culpa et poena). 그 결과 사면부를 통해 또한 죄의 용서까지 받게 된다는 확신이 서게 되었다.

† 스콜라주의에서는 교황이 그리스도와 성자의 잉여 공로를 모아 둔 보화(선행의 보화, thesaurus bonorum operum)에서 사면부를 나누어 줄 수 있다는 교리가 형성되었다.

† 루터의 사면부 비판에 대한 동기는 교황 율리우스 2세(Julius II., 1503-1513)가 베드로 대성당의 신축을 위하여 발행한 소위 말하는 베드로 사면부였다. 교황 레오 10세(Leo X., 1513-1521)는 이 사면부를 1515년 막데부르크와 마인츠 대주교구를 위해 대주교 알브레흐트(Albrecht von Mainz, 1490-1545)에게 넘겼다. 교황청과 아욱스부르크의 은행가 푸거와의 계약에서 사면부 판매 대금은 알브레히트의 성직 매수와 교회법적인 연령규정의 미달을 무마하는 자금으로 지불되어야 했다.

도미니크파 신부인 요한네스 테첼(Johannes Tetzel, 대략 1465-1519)은 실재 판매를 넘겨 받았다.

† 1517년 10월 31일 루터의 95개 논제(『사면부의 효력의 선언에 대한 논제』, *Disputatio pro declaratione virtutis indulgentiarum*)의 직접적인 동기는 고해신부로서의 경험과 알브레흐트의 사면부 교본(Instructio summaria)에 대한 인식이었다.

† 사면부 논쟁에 관한 여러 글들: 콘라트 빔피나(Konrad Wimpina, 1518년 1월)에 의해 저술된 테첼의 반박문; 루터의 『사면부의 효력에 대한 논쟁 해설』(*Resolutiones disputationum de indulgentiarum virtute*, 1518년 2월, 사면부 문제에 대한 루터의 학문적인 글); 『사면부와 은총에 대한 설교』(*Sermon von dem Ablaß und Gnade*, 1518년 3월, 국민들을 위한 사면부 비판); 『교황의 지배에 관하여』(*De*

potestate papae, Silvester Prieras에 대한 논쟁서); 『오벨리스크』(*Obelisci*, 루터 논제에 대해 엑크가 자필로 쓴 입장); 『작은 별』(*Asterisci*, 엑크의 논박에 대한 루터의 자필 응답).

루터에 대한 로마 교회의 소송

† 1518년 6월에 추측건대 독일 도미니크회의 고발이 시작되었고, 그 결과 루터는 이단으로 의심을 받게 되었다.

† 파문과 출교의 효력에 대한 루터의 의견 피력은 1518년 8월 현저한 이단에 빠졌다는 소송 절차의 변화를 가져왔다. 그리하여 60일 이내에 루터는 로마에 출두해야만 했다. 작센의 선제후 프리드리히 현공은 루터 문제를 독일 영토 내에서 다루기 위한 협상에 성공하였다.

† 1518년 10월 루터는 아욱스부르크(Augsburg)에서 추기경 카예탄(Cajetan, 1469-1534)으로부터 심문을 받았다. 두 가지 중심 테마: 루터는 교회의 보화가 그리스도와 성인들의 공로와 동일하다는 것을 부인한다(95개 논제의 제58항). 루터는 논쟁 해설(Resolutiones)의 제7항에서 성례전이 아닌 오직 믿음이 의롭게 한다고 말한다. 이것은 가톨릭 교회의 성례전에 대한 가르침과는 확실히 반대 입장에 있다. 루터는 자신의 주장을 철회하라는 요구에 응하지 않았다.

† 1518년 10월부터 1520년 6월까지 루터에 대한 소송은 약 2년간 이루어지지 않았다. 그 이유는 무엇보다도 임박한 황제 선출에 있었다. 1519년 1월 황제 막시밀리안(Maximilian)이 사망하였다. 교황청은 스페인의 칼(Karl)이 새 황제로 선출되는 것을 방해하기 위하여 선제후 프리드리히를 황제 후보자로 세우려고 하였다.

† 1520년 6월 출교 위협 교서인 <Exsurge domine>(주여 일어나소서, 참조 시 10:12 – 역자 주)가 나왔다.

† 1520년 12월 10일 루터와 그의 친구들은 비텐베르크의 엘스터(Elstert)문에서 교회법전들과 스콜라 신학의 책들을 불살라 버린다. 그리고 출교 위협 교서의 사본도 불에 던져 버렸다.

† 1521년 1월 3일 출교서인 <Decet Romanum Pontificem>가 공포되고 루터는 파문당하였다.

† 뒤이어 1521년 5월 26일 보름스의 칙령에서는 루터를 독일 제국 국외로 추방한다고 하였다.

논쟁에 나타난 종교개혁 신학과 1520년의 저작들

† 하이델베르크 논쟁(Heidelberger Disputation, 1518년 4월)은 루터의 십자가 신학을 전개한다. 칭의론과 십자가 신학은 같이 있다: 타락 이후에는 자유의지란 아예 없다; 인간은 단지 악에 대한 자유만 있다(facere quod in se est에 대한 부정). 자신의 능력에 대한 의심에서 비로소(resignatio ad infernum) 그리스도의 은혜를 깨닫게 된다. 영광의 신학(theologia gloriae)은 하나님의 본질에 관해 사색적이다. 십자가 신학(theologia crucis)은 권세와 세상의 지혜에 대한 연약함과 어리석음 가운데서 하나님의 사랑을 인식한다.

† 라이프치히 논쟁(1519년 6월 27일에서 7월 16일까지)에서는 칼슈타트(Karlstadt), 엑크와 루터가 교황과 공의회주의의 권위에 대하여 논쟁하였다. 엑크(Eck)는 루터로 하여금 교황과 공의회들이 오류를 범할 수 있다고 주장하게 유도하였다. 이로써 루터는 <후스파 이단>으로 몰리게 되었다. 라이프치히 논쟁으로 가톨릭의 교회론과의 단절이 나타난다.

† 라이프치히 논쟁 이후 루터는 인문주의자들의 사이에서 지지자를 얻었다.

이 인문주의자들의 동아리 출신으로 이미 1518년에 멜란히

톤(Philipp Melanchthon)은 비텐베르크대학의 그리스어 교수로 왔다. 그는 루터의 가장 중요한 동역자이자 친구가 되었다.

† 『선행에 관한 설교』(*Sermon von den guten Werken*)는 종교 개혁적인 윤리에 관한 글이다. 십계명에 의거하여 루터는 신앙과 선행에 관한 새로운 관련성을 제시한다: 첫째 되며 최고의 선행은 그리스도에 대한 믿음이다. 여기에서 세속적인 행위와 거룩한 행위들 사이의 구별은 없다.

† 『그리스도교 상태 개선을 위하여 독일의 그리스도교 귀족에게 고함』(*An den christlichen Adel deutscher Nation von des christlichen Standes Besserung*, 1520년 여름)은 루터의 종교개혁적인 프로그램을 전개한다: 로마 교회의 세 개의 장막에 대한 분쇄: 세속 권력에 대한 교회 권력의 우위; 성서해석에 있어서 교황의 독점; 공의회의 교황 단독 소집권. 이에 대해 루터는 항의한다: 세례를 통해 모든 그리스도인들은 사제직에 있다(신자의 만인 사제직). 이로써 성직자와 평신도 사이의 구별이 사라졌다. 주교들이 거절하였기 때문에 루터는 세속의 권위에 요청한 것이다. 이 글의 둘째 부분은 개혁 프로그램을 담고 있다: 교회국가, 성직자의 독신제 그리고 구걸의 폐지. 조직적인 빈민구제, 교육 제도의 개혁, 이자와 고리대금에 대한 거부, 독점기업과 공공의 악습에 대한 투쟁.

† 『교회의 바빌론 포로』(*De captivitate Babylonica ecclesiae praeludium*)는 특히 성례관에 대해 쓴 학문적인 글이다. 성례전은 약속(promissio)과 신앙(fides)에 의해 결정된다. 성례전에서 가장 중요한 것은 표지를 통해 증빙이 되는 약속의 말씀이다. 이 말씀은 모든 선포와 마찬가지로 신앙을 요구한다. 이 신앙과 더불어 성례전은 보이는 말씀(verbum

visibiles)이다. 이것은 말씀과 동일한 자리를 차지하고 있다. 전해진 7개의 성례전이 다 인정되지 않는다. 왜냐하면 성례전은 오직 그리스도 자신에 의해서 제정될 수 있으며, 약속이 포함된 외적 표지를 갖고 있기 때문이다. 세례, 성찬 그리고 고해(나중에는 표지의 결핍으로 엄격하게 성례전으로 더 이상 간주하지 않음)는 성서적인 성례전들이다. 성찬에서 그리스도는 요소에 현재적으로 존재한다. 이 성례전의 은혜는 죄의 용서이다. 성찬에 있어서 로마 가톨릭의 세 가지 포로: 평신도에 대한 배잔 금지, 화체설과 미사의 제사 성격, 이 글로써 루터는 중세 교회의 성례주의(Sakramentalismus)와 단절한다.

† 『그리스도인의 자유』(*Von der Freiheit eines Christenmenschen*, 1520년 늦가을)에서 루터는 『그리스도인의 삶의 총화』(*Summe eines christlichen Lebens*)를 언급한다. 그리하여 이 책에는 교황 레오 10세에게 드리는 편지가 동봉되어 있다. 이 글은 두 개의 역설적인 주제로 구분이 되고 결정이 된다: 그리스도인은 모든 것으로부터 자유인인 동시에 섬기는 종이다(고전 9:19에 의거). 칭의 신학과 그리스도론이 내적이고 외적인 인간의 긴장 속에 나타나 있다: 믿는 영혼은 자신의 죄, 불의 그리고 고통을 그리스도에게 내려놓고 그리스도의 모든 은혜에 참여하는 <기쁜 교환>을 통하여 소위 모든 경건한 행위들로부터 자유롭게 된다. 섬기는 종으로서 외적인 인간은 선행으로 이웃을 섬긴다. 그러나 선행이 인간을 의롭게 할 수 없고 오직 믿음이 의롭게 한다.

참고문헌

Hauschild, W. -D. Lehrbuch der Kirche-und Dogmenges-

chichte, Bd. 2, § 11. 1.-8., 5-45.

Lohse, B. Luthers Theologie, 22-154.

Moeller, B. Deutschland im Zeitalter der Reformation, 11-47.

______, Geschchte des Christentums, 224-239.

Mühlen, K. H. zur. Reformation und Gegenreformation, Teil I, 7-80.

Rogge, J. Der junge Luther 1483-1521, 139-159 u. 194-211.

Schorn-Schütte, L. Die Reformation, 12-43.

Schwarz, R. Luther, 15-129.

Wallmann, J. Kirchengeschichte Deutschlands seit der Reformation, 5-32.

14 1521년 보름스 제국의회에서 1530년 아우스부르크 제국의회까지의 종교개혁사

개 요

루터 문제는 출교와 보름스 칙령(Wormser Edikt)으로 확실한 난관에 부딪쳤다. 그러나 정치적인 상황이 루터와 그의 동료들에게 도움을 주었다. 보름스 칙령을 독일 지역에서 실행할 수 있는 어떠한 권력도 없었던 것이다.

칼 5세는 보름스 의회가 끝난 후 바로 독일 제국을 떠났다. 제국의 내정이 아닌, 거대한 신성로마제국의 외교가 그 이후 몇 년 동안 그의 활동의 중심이 되었다. 1530년 아우스부르크 제국의회가 열릴 때 마침내 그는 짧은 기간 동안 독일 내의 업무를 보기 위하여 다시 제국에 왔다. 황제가 부재중인 동안 제국 통치는 제국 내에서 실질적인 통치권을 가진 그의 동생인 페르디난트(Ferdinand)에게 맡겨졌다. 터키에 대한 방어를 위해 모든 귀족들의 원조가 요청되었다. 그리하여 보름스 칙령의 시행은 또 다시 연기되었다. 귀족들은 아직도 시정되지 않은 <독일 민족의 부담>을 제시하였고 독일 영토에서 바로 공의회를 열 것을 요구하였다. 오랫동안 루터에 대한 소송의 연기는 이제 그의 사상을 전파되는 데 크게 기여한 사실이 아주 분명해졌다. 보름스 칙령 이후에 작센선제후국뿐만 아니라, 고지(高地)에 있는 도시들과 제국의 자유도시들 그리고 국경을 넘어 종교개혁

운동이 진행되었다. 네덜란드와 스위스, 오스트리아, 보헤미아, 심지어 동프로이센까지 종교개혁이 퍼졌다.

루터와 비교하여 볼 때 독자적인 모습을 보여 주었던 사람들로 스트라스부르크의 부처(Martin Bucer)와 취리히의 츠빙글리(Huldrich Zwingli)가 있다. 보름스 제국의회가 끝나자마자 종교개혁 운동은 루터에 의해 <광신자>(Schwärmer)라고 불린 급진적인 좌파를 갖게 되었다. 이들은 무력을 써서 직접 또는 부분적으로 복음의 자유를 교회와 정치적인 현실(praxis)에 이식시키기를 원했다. 이러한 개신교 내의 투쟁 양상으로 로마 교회와의 논쟁은 때때로 주춤하게 되었다.

20년대 초반 이래 종교개혁 운동은 방랑 설교자들에 의하여 널리 확산되었다. 종교개혁 제2의 중심지는 고지 독일의 도시들과 스위스에서 형성되었다. 작센선제후국과 비교하여 이 중심지의 특징은 두 가지 역사적인 조건들에 의하여 정해진다. 하나는 시민 사회에 있는 조합 제도를 통하여 교회의 모든 문제와 관련된 도덕적-정치적 책임의식이 살아 있었다. 또 다른 하나는 제국의 남서부는 사회적인 면에서만이 아니라 문화적인 관점에서 볼 때, 중부 독일보다 더 발전하였고, 이것은 특히 인문주의가 현실적으로 강세임을 보여줌에서 알 수 있다. 인문주의와 종교개혁 운동은 이곳에서 매우 밀접하게 연관을 맺고 있으며, 대부분의 신학자들은 인문주의에서 출발하였다. 이것은 취리히의 개혁자 츠빙글리에게도 해당된다.

종교개혁의 가장 중요한 좌파운동으로 20년대 중반에 재세례파 운동이 형성되었다. 비텐베르크와 취리히의 종교개혁은 고대 교회의 반(反)도나투스적인 결정의 전통에 서 있다. 참 교회는 기존 교회의 밖에서 볼 수 있게 이루어진 것은 아니다. 이와는 달리 재세례파에서는 참 교회는 진실로 경건한 사람들과 거룩한 사람들의 공동체라는 콘스탄틴 이전 시대의 과거

사상이 다시 강력한 동의를 얻었다. 통치권에 의하여 규정된 외적인 교회제도의 그 드러난 결점에 너무 실망한 나머지, 이들은 그리스도의 영을 통하여 교회의 실재적인 갱신을 소망하였다.

1525년은 독일 종교개혁사에서 위기의 해이다. 종교개혁 운동의 농민전쟁과의 뒤얽힘 그리고 루터의 저술에 나타난 입장은 종교개혁과 광신주의 그리고 인문주의 사이의 내적인 대립을 더욱 계속 날카롭게 하였다. 1525년부터 제국의 정치사는 루터의 가르침에 대하여 아마 무력적인 근절로 달렸던 것 같다. 그럼에도 불구하고 1526년 슈파이어(Speyer) 제국 의회 이후 가톨릭 세력의 불일치는 계획적으로 루터교회 설립을 가능하게 하였다. 1530년 아욱스부르크 제국의회에서 프로테스탄트 귀족들은 성취되지 못했지만 커다란 희망을 품었다.

주요 항목

1521년 보름스에서 황제와 제국 앞에 선 루터

† 1521년 4월 17 · 18일에 루터는 황제와 제국 앞에서 변명을 해야만 했다. 루터는 그의 주장을 철회할 것을 요청받았다. 그는 오직 성서의 증거와 맑은 이성의 토대에 의해서라면 철회할 수 있다고 보았다. 루터는 정치적인 모든 중재노력을 거절하였다. 그의 유명한 답변은 다음과 같다: "그러므로 나는 아무 것도 철회할 수 없으며 하려고도 않는다. 왜냐하면 양심에 거역하는 어떤 행위도 안전하거나 구원을 이룰 수 없기 때문이다. 하나님이시여 나를 도우소서, 아멘." 뒤이은 보름스 칙령에서는 루터와 그의 추종자들에 대한 독일 제국 국외추방이 판결되었다.

보름스 제국의회 이후의 상황

† 보름스 칙령은 1555년까지 루터 문제에 있어서 황제 정치의 가장 중요한 법적 도구로 남아 있었다. 그러나 지역 국가 정치적인 면에서 이 칙령은 작센선제후국에서는 아무런 효력이 없었다.

† 정치적인 이유들은 보름스 칙령의 시행을 반복해서 연기하였다: 칼 5세가 독일에 있지 않은 것과 투르크족에 대한 방어를 위하여 모든 귀족에게 도움을 받아야 하는 필요성. 귀족들은 기대했었던 공의회가 독일 영토에서 열리기를 촉구하였다.

† 작센선제후국, 독일 고지(高地) 지역 그리고 자유도시들에서는 보름스 이후 종교개혁적인 사상에서 종교개혁 운동이 되었다. 독일 제국 외에 종교개혁 운동에 가담한 나라: 네덜란드, 스위스, 오스트리아, 보헤미아 그리고 동 프로이센. 루터의 글들이 서부와 남부 유럽에 유포되었다.

† 루터 외에 독자적인 길을 걸은 종교개혁자들: 취리히의 츠빙글리(Huldreich Zwingli, 1484-1531)와 슈트라스부르크의 부쳐(Martin Bucer, 1491-1551).

† 종교개혁운동은 과격한 한 파를 낳았다: 칼슈타트(Karlstadt)라 불리는 안드레아스 보덴슈타인(Andreas Bodenstein), 뮌처(Thomas Müntzer), 재세례파와 영성주의자. 소위 말하는 광신주의자와의 논쟁이 주류를 이루게 된다.

루터의 바르트부르크 기간

† 루터는 프리드리히 현공의 보호 아래 1521년 5월 4일에서 1522년 3월 1일까지 바르트부르크 성에 머물렀다.

† 서신 교환과 특히 멜란히톤과 깊은 우정을 갖게 된다. 슈팔라틴(Georg Spalatin), 암스도르프(Nikolaus von Amsdorf) 그리고 요나스(Justus Jonas)와도 서신교환을 하였다.

† 바르트부르크에서 저술한 작품들: 『라토무스를 반박하며』(*Wider Latomus*, 성직자 독신제에 관한 주제), 『수도사의 서원에 관하여』(*De votis monasticis*), 『폭동과 반란에서 자신을 지키기 위한 진솔한 권면』(*Eine treue Vermahnung, sich zu hüten vor Aufruhr und Empörung*), 『미사의 오용에 관하여』(*Vom Mißbrauch der Messe*).

† 비논쟁적인 성격을 지닌 가장 중요한 작품들은 다음과 같다: 신약성서를 독일어로 번역한 것과 교회 설교집(Kirchenpostille).

루터는 에라스무스의 1516판 헬라어 신약성서를 라틴어 신약성서와 함께 사용하였다. 루터는 자신의 독일어를 소위 말하는 작센의 설교단 언어(Kanzelsprache)와 결합하였다. 독일어 신약성서는 1522년 9월 비텐베르크에서 출판되었다(『9월 성경』, *Septembertestament*). 『교회 설교집』(*Kirchenpostille*)은 루터가 복음에 상응한 설교를 제시하였던 설교집이다. 그는 후에 이 설교집을 더욱 보완하였으며, 이 책을 자신의 최고 작품으로 여겼다.

루터는 바르트부르크에서 마리아의 찬가에 대한 해석을 완성하였다(Magnificat).

비텐베르크의 소요

† 루터가 비텐베르크에 없는 사이 구 교회 제도에 최초로 변화가 왔다. 칼슈타트의 영향 아래 실질적인 개혁이 추구되었다: 성직자 독신제, 미사 예배와 성화숭배의 폐지.

† 1521년 성탄절에 칼슈타트는 성직자복을 입지 않고, 제사기도, 떡과 포도주를 거룩하게 하는 말 그리고 고해를 하지 않았던 두 가지 형태로 성찬식 예배를 집례하였다.

† 소위 <츠빅카우의 예언자들>이라는 스토르흐(Nikolaus

Storch), 드렉셀(Thomas Drechsel) 그리고 토매(Markus Thomae)가 비텐베르크에 개인적으로 내적인 영의 계시를 받았다고 주장하였으며 유아 세례의 폐지를 요구하였다.

† 1522년 1월 비텐베르크 시의회는 최초의 종교개혁 규정을 허락하였다. 이 규정에도 불구하고 1522년 2월 초에 성상 파괴가 있었다. 시의회는 루터에게 도움을 요청하였다.

† 선제후의 경고에도 불구하고 루터는 바르트부르크를 떠나서 1522년 3월 9일부터 소위 사순절 첫 주일(Invokavit) 설교를 비텐베르크 시교회(市敎會)에서 하였다. 이 설교를 통해 루터는 종교개혁을 정상화시켜 놓았다. 루터는 비텐베르크 종교개혁의 내용이 아닌 양상과 방법에 대해 비판하였다. 이 개혁은 사랑과 약자에 대한 배려가 없었다. 루터는 강요나 무력을 가지고 달성되는 그 어떤 것도 알려고 하지 않았다. 그는 무엇보다도 자신의 동지 안에서 특히 칼슈타트의 활동 안에서 실제의 적을 보았다.

예배 개혁을 위한 저술들

† 고지 독일이나 스위스와는 달리 비텐베르크에서 먼저 라틴어 예배 규성이 유래되었다: 미사와 성찬 예식(Formula missae et communionis, 1523). 성자나 마리아 축제 없이, 미사 규정(canon missae) 없이.

† 1523 : 독일어판 세례 소예식서(Das Taufbüchlein ver¨-deutscht).

† 1524 : 영적인 소찬송가(Geistliches Gesangbüchlein), 대부분 루터의 찬송이 실린 최초의 교회 찬송가.

† 1526년 : 독일 미사(Deutsche Messe). 미사 형식에 의존함. 설교와 성찬이 예배의 중심을 이루고 있다.

† 1523/24년에 토마스 뮌처는 이미 독일 교회 직분(Deutsches

Kirchenamt)과 독일의 복음적 미사(Deutsche evangelische Messe)를 알슈테트(Allstedt)에서 편찬하였다.

사회의 새 질서를 위한 저술

† 1522 : 『결혼 생활에 대하여』(*Vom ehelichen Leben*). 결혼은 "하나님에게서 온 복된 상태"(göttlicher, seliger Stand)이지만 "외적이고 육신 혹은 세속의 일"(ein äußerlich oder weltlich Ding)이다. 이것은 신앙고백의 제1항에 해당된 것이지 구원에 속한 것은 아니다.

† 1523 : 『교회의 헌금규정에 대하여』(*Ordnung eines Gemeinen Kastens*), 소위 말하는 라이스니히 헌금규정(Leisniger Kastenordnung). 교회 재산은 빈민구제와 지역의 교회와 학교 제도를 위해 사용되어야 한다.

† 1523 : 『모든 교리를 판단하는 권한과 힘을 가진…… 그리스도교적인 모임』(*Daß eine christliche Versammlung…… Recht und Macht habe, alle Lehre zu urteilen*). 성서를 근간으로 한 새로운 교회규정. 개 교회의 권한은 교황과 주교의 직무보다 우선이다.

† 1523 : 『세속 권위에 대하여, 세속 권위에 얼마만큼 순종하는 의무를 가졌는가』(*Von weltlicher Obrigkeit, wie weit man ihr Gehorsam schuldig sei*). 이 시대의 가장 중요한 글이며 세 부분으로 구성되었다:

1. 세속 권위의 성서적인 근거(롬 13)와 산상수훈의 말씀은 겉으로는 모순된다. 두 단계의 윤리(concepta et consilia)에 대한 중세적인 대답은 더 이상 지속되지 않는다. 루터는 하나님의 왕국과 세상의 왕국, 하나님의 세상에 대한 통치와 영적인 통치를 구별한다. 검과 말씀은 하나님이 피조물을 다스리는 두 가지 도구이다.

2. 세속 권위의 한계들 : 세속 권위는 외적인 것, 육신에 대한 것에만 관계하지 영에는 미치지 못한다. 이 견해가 이 글의 핵심이다.
3. 군주들의 거울, 그리스도교적인 통치에 대한 지침과 소위 정당한 전쟁에 대한 원칙들.

† 1524 : 『상거래 행위와 고리 대금에 관하여』(*Von Kaufshandlung und Wucher*). 초기 자본주의적인 경제양식에 대한 날카로운 비판. 비판의 신학적인 핵심 : 모든 것을 자신만을 위해 소유하고자 하는 인간의 욕망.

† 1524 : 『그리스도교 학교를 세우고 보존해야 하는…… 시의원들에게』(*An den Ratsherren……, daß sie christliche Schulen aufrichten und erhalten sollen*). 인문주의의 정신에서 온, 광신주의를 대항하는 종교개혁적인 교육프로그램.

칼슈타트라 불리우는 안드레아스 보덴슈타인(대략 1480-1541)

† 시민계급의 가문에서 태어났고 에어푸르트대학과 쾰른대학에서 공부를 한 후 1504년부터 비테베르크에서 가르쳤다. 1512년 루터의 박사학위 지도교수였다.

† 아퀴니스 신학의 영향을 받은 칼슈타트는 루터를 통해 1517년부터 어거스틴의 신학적인 입장에 서게 되고 루터의 협조자가 되었다.

† 비텐베르크의 소요 이후 칼슈타트는 1523년 오를라뮌데에서 목사로 일했다. 유아세례에 반대하는 글을 썼다. 농민전쟁 때는 폭력에 대하여 거리를 두었다. 1529년 작센에서 키일(Kiel)로 추방되고, 그곳에서 재세례파의 설교가인 호프만(Melchior Hoffmann)을 만났다. 1530년부터 취리히의 츠빙글리에게서 지냈다. 바젤에서 신학교수로 세상을 떠났다.

† 그의 급진적인 개혁은 축자적인 성서해석에 근거한 것이다: 그리고 십계명은 의식적이고 율법적인 규정들이 엄수되어야 함을 담고 있다(우상숭배금지와 안식일 성수). 칼슈타트는 요소에 있는 그리스도의 현존에 대하여 강한 이의를 제기한다. 그는 네덜란드의 인문주의자인 훈(Cornelisz Hendricxz Hoen)의 그리스도가 제정하신 말씀의 상징적인 의미를 받아들였다. 성찬은 성령으로부터 인도함을 받게 되는 내적인 회상의 만찬이다(신비주의의 영향). 또한 믿는 사람들에게도 율법은 의미가 있다: 율법의 제3사용(tertius usus legis).

토마스 뮨쳐(대략 1490-1525)

† 뮨쳐는 1490년경 하르츠(Harz)의 스톨베르크(Stolberg)에서 태어났다; 라이프치히대학과 오더 강변의 프랑크푸르트대학에서 신학 공부; 루터와 만나게 된 것은 늦어도 라이프치히 논쟁 이후임; 루터의 소개로 1520년 츠빅카우에서 설교자로 활동. 그의 활동 지역 : 보헤미아, 알슈테트(1523/24), 뮐하우젠(Mühlhausen), 남부독일(농민 전쟁), 프랑켄하우젠 부근의 전투 이후 고문과 참수형(1525년 5월 27일).

† 주요 저서들 : 『프라하 선언』(*Prager Manifest*, 1521); 『독일 교회직무』(1523), 『독일의 복음적 미사』(1524); 『제후들에 대한 설교』(1524); 『비텐베르크에 편히 살고 있는 영이 죽고 부드럽게 살아있는 육신에 대한 최고로 야기된 변명』(1524).

† 뮨쳐의 종교개혁적인 설교는 루터의 영향과 중세 후기의 신비주의(타울러)에서 온 관점을 결합한 것이다. 신비주의적인 사상들은 이미 『프라하 선언』에서 묵시론적이고 천년왕국적인 관점과 혼합되어 있다. 신앙이란 인간 안에 존재하는(내적인 말씀) 영의 체험으로 이루어졌다. 외적인 말씀에 대한 공박으로 비텐베르크 신학자들에 대한 비판. 묵시 사상과의

연관은 특히 뮌쳐가 자신을 <하나님의 선택된 종>이라고 여긴 것에서 나타난다. 분리의 시대가 도래하였다. 그는 군주들에게 이제 복음을 과감히 받아들여 줄 것을 요청하였다(군주들에 대한 설교).

† 후에 뮌쳐는 농민전쟁에 가담하였는데, 이것을 그는 하나님의 심판의 시작으로 본 것이다.

훌드라이히 츠빙글리(1484-1531)와 취리히의 종교개혁

† 농민의 아들로 태어났으며, 비인(Wien)과 바젤(Basel)대학교에서 공부했으며 고대의 방법(via antiqua)과 인문주의의 영향을 받았다.

† 1506년부터 1516까지 글라루스(Glarus)에서 신부로 사역하였다. 1516년 바젤에서 에라스무스와 만남. 1516년부터 아인지델른(Einsideln)에서 신부.

† 1519년부터 취리히에 있는 대성당의 교구소속 신부가 되었다. 1522년 취리히에서 종교개혁의 시발로서 금식논쟁.

† 1531년 제2차 카펠 전쟁에서 종군목사로서 츠빙글리는 최후를 맞이했다.

† 고지 독일과 마찬가지로 취리히의 종교개혁은 작센선제후국과는 달리 특별한 사회적, 정신사적 특징을 가지고 있다: 조합적인 헌법질서가 시민사회의 도덕-정치적 책임을 강화하였다. 종교개혁 운동에 강력한 인문주의적 영향.

† 츠빙글리는 1516년 성서의 명료성을 인식하였다: 문자적인 의미가 성서해석의 바른 관문이다. 츠빙글리는 신약성서 원문을 개척한 에라스무스에게 감사했다. 성서연구 외에 교부연구 특히 어거스틴 연구가 있다.

† 소위 『페스트의 노래』(*Pestlied*, 1519년 여름)에 처음으로 종교개혁적인 사상이 나타났다(논쟁중).

† 취리히에서 목회할 때부터 <페리코펜규정>(Perikopen-ordnung, 가톨릭 교회의 전통에 따라 설교 본문을 오직 정해진 복음서 안에서만 해야 함－역자 주)을 깨뜨림 : 신·구약 전반을 본문으로 선택하여 설교.

† 1522년 츠빙글리는 취리히 시와 현에서 소위 <용병으로 출전하는 것>(Reislaufen)을 금지하는데 성공하였다. 자신의 추종자들이 로마 가톨릭 교회의 <금식규정>을 어기자(프로샤우어, Froschauer 집에서 소시지를 먹음), 츠빙글리는 『음식의 선택과 자유에 관하여』(*Vom Erkiesen und Freiheit der Speisen*)라는 글을 통해 이들을 변호하였다.

† 1523년부터 성서의 원칙과 성상 그리고 미사에 관해서 가톨릭의 대표들과 2개의 논쟁을 함.

† 1525년부터 개신교적인 성찬식을 집례하였다. 교회 갱신은 이제 실제적으로 완결되었다: 미사의 폐지, 성서에 의거한 설교, 성상의 금지, 규정에 따른 빈민 구제, 공창 폐지를 통한 매춘 금지, 신학교 설립(성서 번역과 성서 해석을 위한 소위 말하는 Prophezei).

† 1528년 베른 논쟁. 종교개혁은 취리히를 거쳐 제네바까지 이어졌다.

† 1529년 가톨릭 제후들의 <그리스도교 연맹>(Christliche Vereinigung)과 개신교 스위스를 위한 무력 투쟁은 제1·2차의 카펠 전쟁과 스위스의 종파분열을 야기하였다.

† 츠빙글리의 주요 저작 :

『음식의 선택과 자유에 관하여』(1522).

『[67개의] 결론에 대한 해석과 근거』(*Auslegen und Gründe der [67] Schlußreden* : 독일어로 된 최초 개신교 교의학).

『참 종교와 거짓 종교에 대한 해석』(*De vera et falsa religione Commentarius*, 1525).

† 츠빙글리는 자신의 독창적인 방법을 통하여 종교개혁적인 인식에 도달하였다. 라이프치히 논쟁 이래로 그는 교황 교회에 대한 루터의 비판에 감동을 받았다. 츠빙글리의 신학은 다음과 같은 요소에 근거를 두고 있다: 고대의 방법의 의미에 있어서 스콜라주의, 인문주의(스토아적 영향을 받은 덕목 이상, 성서 원문 연구), 교부 연구, 특히 어거스틴.

† 루터와 다른 점 : 사제인 츠빙글리는 개인 영혼의 구원에 대한 문제보다는 자기 민족의 어려움에 더욱 고통을 받았다. 가톨릭 교회에 대한 그의 날카로운 비판은 피조물의 신격화, 즉 우상숭배에서 극을 이룬다. 이로써 그는 행위로 의롭다함을 얻는 것과 중세 후기의 성례전주의(Sakramentalismus)를 반박한다. 복음은 인간의 삶 모든 영역에 관련된다. 츠빙글리의 종교개혁은 종교적이고 사회적인 갱신을 추구하였다.

재세례파와 영성주의자

† 재세례파는 취리히의 종교개혁파에서 처음 분열되어 나왔다. 유아세례에 대한 이들의 비판은 바른 신앙과 교회의 거룩성을 일치시키기 원하는 저들의 교회 개념에 뿌리를 두고 있었다. 1525년 1월 21일에 취리히에서 최조로 신앙세례가 거행되었다.

† 재세례파 운동의 초기에 활동했던 두 사람으로 취리히의 시민인 그레벨(Konrad Grebel, 대략 1498-1526)과 만츠(Felix Mantz, 대략 1500-1527)가 있다. 이들은 인문주의의 교육을 받은 사람들이다. 첫 재세례자인 만츠는 취리히의 시의회로부터 1527년 1월 사형 선고를 받았다. 이 순교로 이 운동은 스위스 국경을 넘어 오스트리아, 남부 독일과 중부 독일로 확산되었다. 여러 계층으로 구성된 재세례파 교회는 특히 도시에서 환영을 받았다; 이 운동의 확산의 과정에서 영성적이

고 신비적이며 묵시적이고 종말론적인 사상이 재세례파에 들어 왔다.

† 자틀러(Michael Sattler)는 1527년에 소위 『슐라이트하임 조항』(*Schleitheimer Artikel*)을 작성하였다. 초기 재세례파에서 보여 지는 특징들은 다음과 같다: 원시 그리스도교적인 모범에 따른 공동체 교회, 로마 가톨릭 교회와 종교개혁적인 교회와의 구별. <세상>으로부터 분리, 맹세, 참전 의무와 이자에 대한 거절. 공무원의 직위를 갖지 않음. 공동체 식사로서 성만찬.

† 그 외의 재세례파들 : 후브마이어(Balthasar Hubmaier, 1485-1528년 처형), 후트(Hans Hut, 대략 1490-1527), 시몬스(Menno Simons, 1496-1561), 후터(Jakob Hutter, 대략 1500-1536 인스부르크에서 처형).

† 영성주의자들(Spiritualisten)은 모든 외적인 은혜의 수단들을 거부하는 가운데 영혼의 내면에 있는 영의 활동을 주장하였다: 뉘른베르크에 있는 제발두스 학교의 교장인 뎅크(Hans Denck, 대략 1500-1527); 프랑크(Sebastian Frank, 1499-1542). 프랑크는 터키 연대기(Türkenchronic, 1531)로 영성주의적인 관점을 가진 최초의 개신교 역사가가 된다. 슐레지엔의 귀족 슈벵크펠트(Kaspar von Schwenckfeld, 1489-1561) 또한 영성주의자에 속한다. 그는 영성주의적인 성찬론을 주장한다. 그의 추종자들은 슐레지엔, 남부 독일 그리고 후에는 새 세상(Neue Welt)에 모여 들었다.

루터와 에라스무스

† 1524/25년 이전에 이미 두 사람 사이에 공통점 보다 차이점이 더 많았음이 분명해졌다.

† 1524년 9월 루터를 반박하는 에라스무스의 글이 나왔다: 『자

유의지에 관한 논문』(*Diatribe de libero arbitrio*).

1525년 9월 이에 반박하는 루터의 글 : 『노예 의지에 관하여』(*De servo arbitrio*).

1526년 2월 이에 대한 에라스무스의 답변(Hyperaspistes). 이에 대해 루터는 더 이상 답변하지 않고, 대신 에라스무스에게 자신의 격렬함에 대해 사과했다.

† 에라스무스의 글은 인간의 자유의지에 대해 말하고 있는 구약과 신약에 나온 구절들을 모은 것이다. 그리하여 그는 성경이 자유의지를 반대한다는 사실을 무력하게 만들려고 시도한다. 마지막으로 그는 자신의 반대자의 견해를 반박하며 자신의 견해를 요약한다. 에라스무스에 의하면 자유의지란 "인간이 구원으로 혹은 멸망으로 향할 수 있는 것을 스스로 결정할 수 있는 하나의 힘(eine Kraft)이다." 에라스무스는 "이것뿐만 아니라 저것도"(das Sowohl-als-auch)의 구조를 생각한 것이다. 극단적인 과격주의는 그에게 거리가 멀다. 그는 은총과 자연의 관계를 아퀴나스와 비슷하게 본다: 은총이 자연을 폐지하는 것이 아니라 완성한다(gratia perficit naturam).

† 루터의 반박문인 노예 의지에 관하여(De servo arbitrio)에는 다음과 같은 신학적 주제가 담겨져 있다: 성서에 대한 인식, 교회론, 칭의론(인간론과 기독론), 하나님의 상(숨겨진 하나님과 계시된 하나님, deus absconditus et revelatus).

† 루터는 성서에서 하나님과는 달리 인간은 의지에 있어서 자유롭지 못하다는 사실을 확실하게 입증한다고 본다. 그는 자유 의지가 없는 인간을, 그 위에 하나님이나 악마가 타는 말로 비유하였다. 에라스무스와는 대조적으로 루터는 특히 구원의 확신에 대한 문제를 다룬다. 그는 성서의 명백함과 하나님 한 분만의 영향력을 주장한다.

농민 전쟁과 루터

† 15세기에 무거운 짐에 대항하는 농민 동맹이 이루어짐: <가난한 콘라트>(Arme Konrad), <분트슈>(Bundschuh, 가죽끈으로 매는 농민화인데, 농민 봉기의 깃발로 사용됨 – 역자주). 봉기의 요인 : 대지주들에 의한 전통적인 농민 권리에 대한 폐지, 변화된 경제적이고 사회적인 상황들에 대한 농민들의 강력해진 자기 인식.

† 1524/25년 바이에른(Bayern)과 북부 독일을 제외하고 캐른텐(Kärnten)에서 튀링엔(Thüringen)까지 농민봉기들이 일어났다.

† 고지 슈바벤지역 농민들의 프로그램 글 : 『슈바벤 농민들의 12개 조항』(*Zwölf Artikel der Bauernschaft in Schwaben*, 1525년 3월). 작성자: 로처(Sebastian Lotzer)와 멤밍엔(Memmingen) 출신의 샤펠러(Christoph Schappeler). 요구사항: 성직자 선택의 자유, 농노제의 폐지, 세금의 부담 억제.

† 루터의 답변: 『평화를 위한 권면』(*Ermahnung zum Frieden*, 1525년 4월). 루터는 제후들과 농민들에게 평화적인 해결을 촉구하였으며, 이 일은 세속법에 관한 것이라 보았다. 제후들이 중한 잘못을 범했으나, 농민들도 하나님의 말씀을 빌미로 하여 자신들의 요구를 내세울 권리가 없다.

† 튀링엔에서의 봉기에 직면하여 루터는 부록이 포함되어 있는 자신의 두 번째 글을 1525년 5월에 발표한다: 『또한 강도와 살인자 같은 다른 농민 떼에 반대하며』(*Auch wider die räuberischen und mörderischen Rotten der anderen Bauern*). 이 부록은 별도로 다음과 같은 제목으로 인쇄되었다: 『강도와 살인자 같은 농민 떼에 반대하며』(*Wider die räuberischen und und mörderischen Rotten der Bauern*). 이로써 루터가 단지 제후들의 편에 서 있다는 인상을 받게

되었다. 봉기를 일으킨 농민들에 대한 루터의 깊은 증오는 그의 묵시론적 관점에서 온 것이다. 루터는 농민전쟁에서 복음의 승리를 반대하는 악마의 마지막 발악을 보았다.

† 1525년 5월 15일: 프랑켄하우젠(Frankenhausen) 부근의 전투; 가톨릭과 종교개혁파의 군주들에 의해 농민들은 완전히 멸절되었다. 약 6000명이 죽었다.

† 루터는 『농민들을 반박하는 책자에 대한 편지』(*Sendbrief von dem harten Büchlein wider die Bauern*, 1525년 7월)에서 자신이 농민들을 비판한 글들을 정당화 하였다.

† 농민 전쟁 이후 종교개혁은 <국민운동>으로서 계속되었지만, 군주의 권력과의 동맹 관계가 예시되었다.

종교개혁의 지역적인 성립

† 보름스 제국의회 이후 몇 년이 지난 후 종교개혁 운동은 주로 도시에서 일어난 현상이다. 군주가 다스리는 지역은 작센 선제후국, 헷센(Hessen), 브란덴부르크-안스바하(Brandenburg-Ansbach) 그리고 안할트(Anhalt)에 한정되었다.

† 1524-26년 사이에 여러 군주 동맹들이 결성되었다: 1524년 레겐스부르크 연맹(Regensburger Bund, 바이에른의 주도 아래에 있었던 가톨릭 세력), 1525년 데사우 연맹(Dessauer Bund, 북부 독일의 가톨릭 군주들의 정치 동맹. 브란덴부르크, 마인츠 선제후국, 브라운슈바이크-볼펜뷰텔). 이에 대항한 1526년 토르가우 동맹(Torgauer Bund, 헷센 제후국과 작센 선제후국)이 결성되었다.

† 제1차 슈파이어(Speyer) 제국의회는 보름스 칙령의 실행을 무효화하는데 도움을 주었다. 가톨릭의 제후들에게 이로운 상황은 그리 오래 가지 못했다: 프랑스 왕 프란츠(Franz) 1세에 대한 칼 5세의 승리는 교황과 프랑스의 동맹을 야기하였

다. 이것이 1526년의 소위 꼬냑 연맹(Liga von Cognac)이다.

† 가톨릭 세력들의 분열로 1526년 슈파이어에서 타협안이 성립되었다. 이 타협안은 헷센과 작센(Sachsen)에서 독자적인 교회 개혁안을 가능케 했다. 이 타협안은 다음과 같다: "공의회 개최가 통고될 때까지 하나님에 대하여, 황제 폐하에 대하여 그리고 제국에 대하여 책임져야 하는 것과 같이 각인은 행동해야 한다."

† 1526년 홈부르크(Homberg) 노회는 헷센의 개혁안을 제시한다: 밑으로부터의 교회 구성, 개교회들이 총회의 대표들을 선출한다. 신앙 공동체(Glaubeusgemeinde)와 시민 공동체(Bürgergemeinde)의 확실한 차이. 신앙 공동체의 구성원들은 순결하고 규범적이며 성결하게 살아야 한다(엄격한 교회 규범). 루터가 항의하였다: 이 규정은 그에게 바로 <율법의 무리>(Haufen Gesetze)였다.

† 작센선제후국에서 군주의 위원회에 의한 교회 조직: <작센선제후국의 교회와 학교 탐방>(1526-30) 법률가들과 신학자들로 구성된 위원들은 군주의 칙령을 통해 예배, 교리, 가르침의 일치를 위해 노력하였다.

† 루터 자신이 작센선제후국 교회들에 대한 탐방을 야기시켰다. 주교들이 거절하였기 때문에 군주가 비상 감독(Notbischof)이 되어야 한다.

† 작센의 모델이 채택되었다; 과도기적으로 <군주의 교회 지배>(landesherrliches Kirchenregiment)에 대한 규정이 되었다. 멜란히톤(Melanchthon)이 이에 대한 신학적 정당성을 부여했다: 세속 권력은 하나님의 계명들의 두 판의 보호자이다(custodia utriusque tabulae).

† 처음에는 루터가 칼슈타트와 논쟁하였다. 1526-1529년 사이의 성찬논쟁은 루터와 츠빙글리 사이에 문서상의 논쟁이었다.

† 츠빙글리는 1524년 말에 처음으로 성찬의 제정어를 상징적으로 주장하였다(네덜란드의 인문주의자인 Hoen을 따라 "이다, est"를 "상징한다, significat"로 이해하였다). 바젤과 슈트라스부르크의 종교개혁자인 외콜람파트(Ökolampad)와 부쳐(Bucer)도 상징적으로 이해하였다.

† 중요한 논문들 :

츠빙글리 : 『사랑받았던 해석』(*Amica exegesis*, 1527).

루터 : 『이것은 내 몸이다 라는 말씀은 지금도 변함없으며, 광신자를 반박함』(1527).

츠빙글리 : 『이 말씀들은…… 영원히 과거의 의미를 가지게 될 것이다』(1527).

루터 : 『그리스도의 성만찬에 관하여 · 신앙고백』(1528년 3월).

† 츠빙글리는 하나님의 영광과 존엄을 강조한다. 그리하여 그에게 있어서 하나님이 직접 피조물 안으로 들어가는 것은 생각할 수 없는 사상이다. 그리스도가 지상에 육신으로 임재한다는 것은 제외되었다. 츠빙글리는 그리스도의 신성과 인성, 하늘과 땅을 엄격히 구별하였다. 이에 반하여 루터는 자신의 성육신 신학을 세운다. 그는 인간이 되신 하나님 이외에는 그 어떤 하나님도 알지 못한다고 했다.

† 1529년 성찬 논쟁은 종교와 정치가 뗄 수 없는 관계를 보여주었다. 1529년 제2차 슈파이어 제국의회는 1526년의 결정을 무효로 결의하였다. 이에 대하여 5개의 제후국과 14개의 자유도시들이 1529년 4월 19일에 저항을 했다(헷센, 작센 선제후국, 브란덴부르크-안스바하, 브라운슈바이크-뤼네부르크, 안할트).

† 이 저항에서 <프로테스탄티즘>(Protestantismus)이라는 말이 왔다(protestari = 복음과 관계하여 양심의 자유를 위해 어떤 것을 거부하는 것에 대한 증언).

† 1529년 10월 1일에서 4일까지 열린 마부르크(Marburg) 종교 회담에서 헷센의 군주 필립(Philipp)은 북에서 남까지 이르는 반 합스부르크 동맹을 구축하려고 했다. 이와는 반대로 성찬론에서 일치를 이루지 못하였다. 14개항에서는 일치를 확립하였다. 성찬에 관한 15번째 항에서도 평신도의 배잔 요구와 화체론의 거부에서는 일치하였다. 단지 요소에 있는 그리스도의 현존에 대한 양식과 방법에 있어서 일치를 이루지 못하였다. 마부르크에서 토론에 참여했던 사람들: 루터와 멜란히톤, 츠빙글리와 외콜람파트. 이 외에도 요나스, 브렌츠, 오지안더, 부쳐도 참석하였다.

필립 멜란히톤(Philipp Melanchthon, 1497-1560)

† 1497년에 브레텐(Bretten)에서 출생. 하이델베르크와 튀빙엔대학에서 공부, 인문주의의 영향.

† 1518년 비텐베르크대학에 헬라어 교수로 초빙(교수 취임 연설: 개선되어야 하는 성인 교육에 관하여, De corrigendis adolescentiae studiis).

† 1521년 『신학 명제』(*Loci communes*, 라틴어로 된 종교개혁 신학의 최초 조직적인 서술)

† 주요 작품들 :

『아욱스부르크 신앙고백』(*Cofessio Augustana*, 1530),

『아욱스부르크 신앙고백의 변증』(*Apologie der CA*, 1530),

『규정집』(*Examen ordinandorum*, 1552).

† 후에 출판된 『신학 명제』(1535년과 1543/44년판)에서는 루터와 멜란히톤 사이의 신학에 있어서 차이점이 뚜렷해진다

(인간의 의지의 자유에 대한 강조, 상징적인 성찬론의 경향, 칭의와 성결의 엄격한 구별).

아우스부르크 제국의회(1530)

† 칼 5세의 제국의회 소집은 화해적인 어조를 띠었다.

† 멜란히톤은 선제후 작센의 요한(Johann von Sachsen)의 부탁으로 1529년의 슈바바하와 토르가우의 조항을 도입하여 신앙고백서를 작성하였다.

† <아우스부르크 신앙고백>은 1530년 6월 25일 제국의회에서 낭독되었다.

† 고지 독일의 네 도시(슈트라스부르그, 멤밍엔, 콘스탄츠, 린다우)는 <4대 도시 신앙고백>(Tetrapolitana)을 제출하였다.

† 츠빙글리에게는 칼 대제에게 보내는 이성적 신앙(Fidei ratio ad Carolum imperatorem)을 제출토록 하였다.

† 엑크(Johann Eck)는 황제의 부탁으로 아우스부르크 신앙고백을 반박하는 글을 발표하였다: 반박(Confutatio). 제국의회에서 공적인 낭독을 하게 함으로써 칼 5세는 아우스부르크 신앙고백을 거부하였다. 그는 복종을 요구하였다.

† 이에 대하여 멜란히톤은 아우스부르크 신앙고백의 변증(Apologie der Ausburgischen Confession)을 작성하였다.

† 대부분의 루터파 귀족들이 떠나고 난 뒤 보름스 칙령이 복원되었다.

† 멜란히톤의 평화적인 방법에 의해 만들어진 아우스부르크 신앙고백은 두 부분으로 구성되었다.

첫째 부분 : 신앙과 교리에 관한 제1-21항. 성서와 고대 교회들의 신앙고백들과의 종교개혁적인 입장의 일치에 대한 강조. 그러므로 가톨릭과의 논쟁은 단지 몇 가지 오류에 대한 것뿐이다(기초 : 슈바바하 조항).

둘째 부분 : 제22-28항은 미사, 배잔 금지, 성직자 독신제도, 금식, 수도사 서원과 같은 논쟁적인 문제들을 다룬다(기초 : 토르가우 조항).

† 루터는 아욱스부르크 제국의회 기간 동안 페스테 코부르크(Veste Coburg)에 있었다. 그는 근본적으로 아욱스부르크 신앙고백을 칭찬했지만 교황 수위권과 연옥의 불에 대한 비판이 없었음을 지적하였다.

참고문헌

Goertz, H.-J. Pfaffenhaß und Großgeschrei, 119-162 u. 184-220.

Hauschild, W. -D. Lehrbuch der Kirche-und Dogmengeschichte, Bd. 2, § 11, 8.-16., 38-98 u. § 12, 1.-4., 99-120.

Locher, G. W. Huldrych Zwingli, in: Gestalten der Kirchengeschichte, Bd. 5, Reformationszeit I, 187-216.

Lohse, B. Luthers Theologie, 161-195.

Mau, R. Evangelische Bewegung und ihre Reformation 1521-1532.

Moeller, B. Deutschland im Zeitalter der Reformation, 48-101.

Moeller, B. Geschichte der Christentums, 240-253.

Mühlen, K.H.zur. Reformation und Gegenreformation, Teil I, 80-151.

Schorn-Schütte, L. Die Reformation, 43-84.

Schwarz, R. Luther, 130-209.

Stupperich, R. Die Reformation in Deutschland, 42-99.

Wallmann, J. Kirchengeschte Deutschland seit der Reformation, 32-71.

15 1530년 아욱스부르크로부터 1555년 아욱스부르크 종교평화에 이르는 종교개혁사

개 요

1530년 아욱스부르크 제국의회 이후 루터파 군주들은 황제와 가톨릭파 군주들이 즉각 무력으로 그들을 대항하리라고 믿었다. 제국의회 결정의 이러한 무력적인 행사를 방어하기 위해 아욱스부르크 신앙고백의 서명자들은 보호동맹인 슈말칼덴 동맹을 1531년 2월 결성하였다. 루터파 군주들은 공격을 당할 경우 그들의 단합을 지키기로 했다. 이 동맹은 부득이한 경우에는 또한 무력으로 황제를 대항할 것을 결정하였다. 헷센의 방백(Landgraf)인 필립(Philipp)은 이 동맹에서 주도적인 역할을 하였는데, 그는 명백히 反합스부르크적인 성향을 이 동맹에 부여하였다. 슈트라스부르크를 정점으로 하는 남독일의 자유도시들도 슈말칼덴 동맹에 가담하였다. 제국에서 군사적인 것과 마찬가지로 정치적으로 심상치 않게 증대하는 세력은 이 자유도시들과 더불어 종교개혁 운동에서 왔다. 이 동맹 세력은 독일 종교개혁사를 이후 15년 동안 규정하였다.

처음부터 다양한 모습을 지녔던 종교개혁 운동은 30년대 초에 소위 좌파로 인해 심각한 재난을 겪었다. 조용하고 비폭력적인 재세례파는 개개인의 묵시록적인 설교에 의해 폭력적이

고 종교적인 히스테리로 인도되었다. 슈바벤 출신의 모피 제조업자인 호프만(Melchior Hoffmann, 대략 1500-1543)은 먼저 슈트라스부르크에, 다음에는 베스트팔렌 지역의 뮌스터에 하나님의 나라의 도래를 기대했다.

30년대에 종교개혁 운동은 언제나 지역을 새롭게 넓혔으며 제국 안팎에 있는 더 넓은 지역에서 확고한 지반을 차지하였다. 종교개혁은 지역에 따라서 발전하였다. 대부분 군주들이 결정적인 역할을 했기 때문에, 소위 군주 종교개혁(Führstenreformation), 즉 위로부터의 종교개혁이라고 말한다. 그러나 종교개혁의 수용은 오늘날에도 마찬가지이지만 대부분 교회 자체였다.

30년대에 신학적으로 두 가지 중요한 사건이 일어났다: 고지 독일과 비텐베르크 종교개혁 사이의 성만찬 논쟁에서 비텐베르크 콘코디에(Konkordie : 일치)로 접근한 것과 1537년 루터교 교리의 요약인 루터의 슈말칼덴 조항이다.

칼 5세가 국외 전쟁의 종식을 통하여 자유롭게 되고, 교황과 트리엔트 공의회 소집에 관해 협의한 이후에(1545), 슈말칼덴 전쟁이 일어났다. 이 전쟁은 루터가 서거한 1546년에 시작하여 1547년에 프로테스탄트의 패배로 끝났다. 그러나 여러 가지 정치적인 복잡한 일이 프로테스탄트에 대항하는 일치된 행동을 막았다. 1552년 파사우 조약 후 제국에서 두 종교 그룹 사이의 무승부적인 상황은 1555년 아욱스부르크 종교평화에 사실상 명시되었다.

종교의 통일성이 무너진 후에 1555년 아욱스부르크 종교평화는 제국에서 두 개의 거대한 교파의 관계를 위한 조건을 만들었다. 다음 시대에는 지역 국가에서 신조의 정비와 교회 제도의 형태가 특성을 나타내는데, 특히 독일 프로테스탄티즘에서 세속 권력의 지배 아래 있는 교회헌법이 그렇다. 아욱스부르크 종교평화의 결정은 독일 가톨릭주의뿐만 아니라 프로테스탄티즘의 특별한 구조를 갖는데 영향을 주었고 교파로 구분되는 독일 지도를 오늘날까지 형성하였다. 독일 역사에서 1555년은 전환의 해(Epochenjahr)의 의미를 가지고 있지만, 아욱스부르크 종교평화는 유럽 전 역사에서 그런 위치를 갖고 있지는 않다.

주요 항목

슈말칼덴 동맹

† 1531년 2월 작센선제후국과 헷센의 경계에 있는 슈말칼덴에서 체결되었다. 동기 : 아욱스부르크에서 다시 유효하게 된 보름스 칙령과 프로테스탄트에 대한 무력적인 도발에 대한 보호.

† 동맹의 과업 : 방어할 경우 상대방에 대한 군사 원조, 동맹군의 창립과 종교개혁을 정지시키려는 제국 대법원의 소송에 대항하는 공동 행위.

† 동맹 가담국: 작센선제후국, 헷센, 브라운슈바이크-뤼네부르크, 브라운슈바이크-그루벤하겐, 안할트, 만스펠트, 막데부르크, 브레멘. 수많은 자유도시들, 그 가운데서도 남독일에 있는 자유도시들이 이 동맹에 가담했다. 황제에 충성하는 뉘른베르크는 동맹에 가담하지 않았다.

† 신학자들, 특히 루터는 황제를 반대하는 무력적인 저항에 동의하는 것에 대해 신중하게 생각했다. 마침내 이들은 실질적인 권위는 군주들이며 황제는 단지 군주들에 의해 선거조약에 따라 선출되어지고 임명되어진다는 법률가들의 견해를 듣게 되었다. 근대 초기에 형성되어가는 지역 국가의 구조들이 나타났다. 슈말칼덴 동맹은 15년 동안 종교개혁사를 결정

하였다.

프로테스탄티즘의 지역적인 확장

† 슈말칼덴 동맹의 창립과 계속적인 터키의 위협은 <뉘른베르크 유예>(1532년)에서 프로테스탄트에게 시한부적으로 첫 종교적인 평화를 보장하였다. 프로테스탄트 독일제국 의회 의원들은 공의회 결정 때까지 종교문제에 대한 제국 대법원 소송의 정지라는 관용을 받았다.
황제는 프로테스탄트 군주들을 의지하고 있었다.

† 1534년 뷔르템베르크 공국(Herzogtum)이 종교개혁 진영에 가담하였다. 제국왕 울리히(Ulich)는 세 명의 종교개혁자들과 연합하여 종교개혁을 수행하였다: 블라러(Ambrosius Blarer, 스위스와 고지 독일지역의 종교개혁에 영향을 끼침), 슈넵(Erhard Schnepf)과 브렌츠(Johannes Brenz, 1499-1570), 이 두 사람은 철저한 루터파이다.

† 1534년 종교개혁은 폼메른(Pommern) 공국에 진입하였다. 부겐하겐(Johannes Bugenhagen, 1485-1558)은 교회법을 만들었다. 그 이전에 그는 브라운슈바이크의 교회법(1528년), 함부르크(1529년) 그리고 뤼벡의 교회법(1531년)을 만들었다. 후에 그는 덴마크의 교회법(1537년), 홀슈타인(1542년) 그리고 브라운슈바이크-볼펜뷔텔의 교회법(1543년)도 만들었다.

† 1539년 하인리히(Heinrich) 공국왕은 제후 게오르그(Georg) 공국왕이 죽은 다음, 작센 공국(Herzogtum Sachsen)에 종교개혁을 받아들였다.

† 또한 1539년 선제후 요아힘 2세(Kurführst Joachim II.) 치하 때 브란덴부르크 선제후국도 종교개혁을 받아들였다. 이곳에서 종교개혁은 가톨릭의 예배의식과 구습을 지키는 보수

적인 성향을 유지하였다.

† 독일의 대부분 지역이 1540년대 초반에 루터파가 되었다. 또한 대부분의 자유도시들, 예를 들면 아욱스부르크도 루터파가 되었다.

† 이미 1520년대에 종교개혁 운동은 독일 제국의 국경을 넘어섰다: 폴란드-리타우엔, 헝가리, 특히 지벤뷔르겐(Siebenbürgen)과 스칸디나비아.

† 1525년 프로이센의 알브레히트(Albrecht von Preußen)는 수도국(修道國)을 세속적인 공국으로 바꾸고 종교개혁을 단행하였다. 1544년 쾨니히스베르크(Königsberg) 대학교가 강력하게 종교개혁의 정신으로 세워졌다.

† 1527년 스웨덴의 제국의회는 종교개혁을 선포하였다. 최초로 한 국가 전체가 로마로부터 분리하였다.

† 1530년대에는 중요한 두 나라가 종교개혁에 가세하였다: 1534년 헨리 8세 하의 잉글랜드와 1536년 크리스티안 3세 치하의 덴마크 왕국, 동시에 노르웨이.

뮌스터의 재세례파 왕국의 파국

† 비폭력적인 재세례파는 1529년 슈파이어 제국의회 이후 가톨릭은 물론 루터파의 통치자들에 의해 잔인하게 박해를 받았다.

† 모피 제조인인 슈베비쉬-할(Schwäbisch-Hall) 출신의 호프만(Melchior Hoffmann, 대략 1500-1543)에 의해 묵시론적이고 열광적인 사상이 재세례파에 유입되었다. 이 사상은 하나님을 믿지 않는 모든 사람들에 대해 폭력적인 멸절을 요구한 데서 극점에 달했다. 호프만이 스웨덴, 오스트프리슬란드, 네덜란드와 슈트라스부르크에서 많은 추종자들을 얻은 다음(소위 말하는 멜히오르파), 이들은 베스트팔렌 지역의 뮌스

터(Münster)에서 하나님 나라의 도래를 기다렸다. 여기에서 설교자 로트만(Bernhard Rothmann)은 1533년부터 재세례파적인 사상을 널리 전했다. 홀란드로부터 멜히오르파의 무리들이 옴으로써 시의회 의석의 대다수를 차지할 수 있었으며 주민들을 통치할 수 있었다(라이덴 출신의 얀 보켈손, Jan Bocklson과 할렘 출신의 얀 마티스, Jan Matthys). 이들은 소유공동체, 일부다처제 그리고 모든 시민들에 대한 폭력적인 통치를 표방한 묵시론적인 왕국을 세웠다.

† 1535년 뮌스터의 주교는 1년 이상의 포위를 통해 이 도시를 점령하였다. 잔인한 복수가 행해졌고 가톨릭이 다시 정권을 잡게 되었다.

1536년의 비텐베르크 협화신조

† 부처(Martin Bucer, 1491-1551)는 성찬 논쟁 이후 비텐베르크와 고지 독일 사이를 중재하려고 여러 차례 시도를 했다.

† 1536년 독일에서 성찬논쟁은 비텐베르크 협화신조로 막을 내렸다. 아욱스부르크 신조, 아욱스부르크 신조의 변증 그리고 협화서를 인정하는데 일치하였다: 성례전의 일치와 흠 있는 사람의 성찬 참여(unio sacramentalis; Manducatio indignorum). 성찬의 은혜는 받는 사람의 흠 여부에 좌우되지 않는다.

† 1540년 멜란히톤은 아욱스부르크 신조의 개정판을 제출하였다(CA Variata). 여기에서 성만찬에 관한 아욱스부르크 신조 제10항은 고지 독일의 신학과의 연관성의 관점에서 개정되었다.

† 취리히는 이 협의에 참석치 않았다. 츠빙글리의 후계자인 불링어(Heinrich Bullinger, 1504-1575)는 1536년 다른 사람들과 함께 제1스위스 신조(Confessio Helvetica prior)를 작성

하였다.

† 1549년 제네바와 취리히는 성만찬에 대해 스위스 일치신조(Consensus Tigurinus)에서 일치하였다.

공의회 계획들과 루터의 슈말칼덴 조항

† 1536년 교황 파울 3세(Paul III.)는 만투아(Mantua)에 공의회를 소집했다. 1537년 2월 프로테스탄트 군주들은 슈말칼덴 동맹회의에서 공의회 참석에 대해 논의하였다. 그들은 공의회를 일방적인 것으로(als unfrei) 여기고 거절하였다. 멜란히톤의 『교황의 권력과 수위권에 관한 논문』(*Tractatus de potestate et primatu papae*)이 채택되었다.

† 공의회를 위해 루터는 작센선제후의 요청에 따라 신앙에 관한 견해서(Gutachten)를 작성하였다: 『슈말칼덴 조항』(*Schmalkaldischen Artikel*). 1537년의 회의에 루터는 불참하였다(심한 병 때문에); 멜란히톤은 이 조항이 공적으로 채택되는 것을 방해하였고, 이 조항은 단지 신학자들로부터 서명을 받았다. 1580년 『일치신조서』(*Konkordienbuch*)에서야 슈말칼덴 조항이 신앙고백서로서 채택되었다.

† 루터는 이 조항을 세 부분으로 나눈다:

1. 모든 사람들로부터 인정받은 고대 교회 신앙고백서들에 있는 교리적 내용들(삼위일체론, 그리스도론).
2. 사람이 다루고 토의할 수 있는 교리적 내용들.
3. 어떤 환경에서도 포기할 수 없는 조항들 : 믿음으로만 의롭다함을 받음. 미사희생제사, 주교관구, 수도원, 교황권의 신적인 권리 등등에 대한 거부.

종교회담

† 공의회는 열리지 못했다; 다시 발발한 터키 전쟁과 프랑스와

의 갈등으로 황제는 루터파 군주들을 의지하였다. 1539년 프랑크푸르트 유예는 프로테스탄트에게 시한부적인 종교 평화를 새롭게 시작하게 했다.

† 칼 5세는 종교 회담을 수단으로 프로테스탄트를 가톨릭 교회로 회귀시키려 시도하였다. 이 회담은 하게나우(Hagenau, 1540년), 보름스(Worms, 1540/41년) 그리고 레겐스부르크(Regensburg, 1541년)에서 열렸다.

† 보름스에서 멜란히톤과 에크(Eck)는 아욱스부르크 신조의 개정판에 의거하여 원죄에 대하여 토의하였으며 몇 가지 항에서 양해하였다(보름스의 기록장, Wormser Buch).

† 레겐스부르크에서 칭의에 관한 항에서는 서로 양해를 했지만 화체론, 고해, 사면(Absolution), 교회에서 교황의 권위는 이견이 확립되었다. 종교회담은 무산되었다.

슈말칼덴 동맹의 약화와 슈말칼덴 전쟁

† 성과 없는 종교회담 후에 제국에서 두 그룹의 무력적인 대결의 위험이 점점 가깝게 다가왔다.

† 유리한 상황들이 칼 5세를 도왔는데, 슈말칼덴 동맹의 두 명의 중요한 군주들을 고립시기게 된다. 헷센의 빙백(Landgraf) 필립이 1540년 이중으로 결혼하여 제국법을 위반하게 되어서, 그는 황제의 호의를 사야만 했기 때문에 루터파를 위한 정치에 거리를 두어야만 했다. 또한 황제는 작센의 알베르트가와 에른스트가 사이의 과거부터 내려 온 경쟁심을 이용하여 작센의 모리츠(Moritz von Sachsen)에게 선제후 직위를 주기로 약속하였다. 모리츠는 슈말칼덴 동맹에서 탈퇴하였다.

† 칼 5세가 외국과의 전쟁에서 승리를 거두고 교황과 함께 트리엔트 공의회의 소집을 합의한 이후(1545년), 슈말칼덴 전

쟁의 발발이 감돈다.

† 40년대 초기에 종교개혁이 다양한 지역에 들어왔었음에도 불구하고(남쪽에서는 레겐스부르크와 북쪽에서는 브라운슈바이크-볼펜뷔텔), 칼 5세는 클레베 공국왕을 1543년에 이길 수 있었는데, 슈말칼덴 동맹이 개입하지 못했기 때문이었다(필립과 황제의 협정). 이 때문에 대주교 헤르만 폰 비트(Hermann von Wied) 하에 있는 대주교구 쾰른에서 루터파의 활동이 위협을 받게 되었다.

† 1546년 황제는 작센과 헷센이 제국의 평화를 깨뜨렸다는 구실로 슈말칼덴 전쟁을 일으켰다. 슈말칼덴 전쟁은 황제와 교황이 프로테스탄트와 싸운 종교전쟁이었다. 이 전쟁은 남 독일과 북 독일에 걸쳐 일어났다. 작센의 모리츠가 황제 편에서서 싸웠기 때문에, 선제후 요한 프리드리히(Johann Friedrich)가 로하우어 하이데(Lochauer Heide) 위의 뮬베르크(Mühlberg) 전투에서 참패했다(1547년 4월 24일). 1547년 5월 19일 비텐베르크의 항복으로 요한 프리드리히의 선제후 직위가 작센의 모리츠에게 옮겨졌다. 요한 프리드리히는 포로로 잡혔다.

트리엔트 공의회 개최

† 파울 3세는 1545년 3월 15일 트리엔트에 공의회를 소집했다. 황제와 교황은 계속 연기된 공의회를 이제 열어야 한다는 데 일치했다(1545년 12월 13일); 프로테스탄트는 그들에게서 멀어졌다.

† 공의회의 과제 : 종교개혁의 도전에 대한 신학적인 답변, 종교 투쟁의 종결, 불신앙인들과 교회 개혁에 대한 방어.

† 1547년 교황은 공의회를 트리엔트에서 교회국의 최남단에 위치한 볼로냐로 옮겼다. 칼의 승리 이후, 교황은 황제의 막

강한 세력을 두려워했다. 칼 5세는 공의회의 장소 변동에 대해 항의를 했고, 볼로냐에서의 협의는 보류되었다.

아욱스부르크 잠정협정(Interim)과 작센의 모리츠(Moritz von Sachsen) 하의 정치적 급변

† 1548년의 아욱스부르크 제국의회에서 아욱스부르크 잠정협정이 공포되었는데 이것은 공의회의 결정 때까지 효력을 지닌 황제의 성명이었다. 황제는 이제 다시 종교 문제를 손에 쥐게 되었다.

† 아욱스부르크 잠정협정은 슈말칼덴 전쟁에서 프로테스탄트의 참패 이후 가톨릭 교회를 다시 세우려는 시도이다. 무엇보다도 가톨릭 신학자들이 이것을 작성하였다(플룩, Pflug, 헬딩, Helding). 이것을 작성한 유일한 루터파 신학자: 브란덴부르크의 궁정 설교자인 요한 아그리콜라(Johann Agricola, 대략 1492-1566).

† 공의회의 결정이 있을 때까지 프로테스탄트에게 단지 두 가지 형태의 성만찬과 성직자의 결혼이 인정되었다.

† 남부 독일에서는 잠정협정에 대해 아무도 저항할 수 없었지만, 북부 독일에서는 특히 도시들에서(막데부르크) 두드러진 저항이 있었다.

† 작센선제후국에서는 1548년 12월 대부분 멜란히톤이 작성한 라이프치히 잠정협정이 나왔다. 여기에는 단지 <중요하지 않는 것들>(Adiaphora), 즉 예식들과 의식들에 있어서만 받아들이되, 중심이 되는 신앙조항은 받아들일 수 없다고 표명되었다.

† 라이프치히 잠정협정은 엄격한 루터파의 강한 비판을 일으켰다: 플라치우스(Matthias Flacius, 1520-1575)와 암스도르프(Nikolaus von Amsdorf, 1483-1565).

† 1552년 프로테스탄트에게 정치적 급변이 왔다: <마이센의 유다>(Judas von Meißen)인 작센의 모리츠는 황제를 대항하였다. 이유: 칼 5세가 그에게 영토에 관한 약속을 지키지 않음, 자기 장인인 헷센의 방백 필립의 감옥생활로 인한 병. 모리츠는 강력한 군주적인 황제의 통치에 대항한 영주의 자율을 옹호하는 대변자가 되었다. 근세 초기의 지역국가(Territorialstaat)가 나타난다.

† 1552년 초에 모리츠는 인스부르크에서 완전히 놀라버린 황제를 기습했다. 그래도 황제는 바로 피신할 수 있었다.

† 파사우 조약으로 슈말칼덴 전쟁 이전에 정해진 법이 다시 인정되어지고 아욱스부르크 잠정협정은 폐지되었다.

1555년 아욱스부르크 종교평화

† 1555년 아욱스부르크 제국의회(칼 5세가 참석지 않고 그의 동생인 페르디난트 왕에 의해 이끌어짐)는 두 개의 종파 사이에 신앙고백이 재일치할 때까지 이 두 파 간의 무기한의 종교평화를 결의하였다(1555년 9월 25일 제국의회 의결).

† 종교의 자유는 이 두 <종교> 간의 선택에만 관계 있다: 가톨릭과 아욱스부르크 신조와 관련된 신앙고백. 재세례파, 반삼위일체론자들, 영성주의자들 같은 종교개혁의 측면 운동들과 츠빙글리파는 이 협약에서 제외되었다.

† 보편적인 종교의 자유는 없었다. 자기 나라에 자기의 종교(cuius regio-eius religio, 군주의 종파에 따라 그가 다스리는 나라의 종파가 결정됨)라는 원칙이 성립되었다. 군주들은 두 종파 가운데 하나만 고를 수 있으며, 국민은 이곳에서 군주의 종파를 따라야만 한다(개혁의 법, ius reformandi).

† 과거의 이단정죄법이 무효화 되었다; 타종파의 국민은 이주할 수 있는 권리가 있다(이주의 법, ius emigrandi). 자신의

종파에 속한 지역으로의 이주에 있어서 자신의 재산과 가족의 재산은 재산 보호법 하에 있게 되었다.

† 성직자인 군주가 다스리는 군주국인 경우 예외가 적용되었다: 소위 말하는 종교상의 예외(Reservatum ecclesiasticum). 성직자인 군주는 종파의 개종에 의해 사적인 사람이 된다. 그는 성직을 잃고 세속의 통치권도 잃게 된다.

† 두 개의 종파가 공존하는 자유도시들에 대해서는 이 두 종파가 모두 존속된다.

† 종교적인 군주국들 안에 있는 아욱스부르크 신조에 속한 도시들과 마을은 루터교로 남아 있을 수 있다. 이 규정은 종교평화에 들어있지 않았지만 프로테스탄트파를 인정한 소위 페르디난트의 선언(Declaratio Ferdinadea)으로 불리는 페르디난트 왕의 개인적인 성명에 들어 있었다.

† 칼 5세는 1557년 자신의 직위에서 물러나고 황제대관을 포기하였다; 그는 1558년 스페인에서 세상을 떠났다.

† 아욱스부르크 종교평화로 독일 제국에서는 통일된 그리스도교의 신조는 종말을 고하고 교파의 시대가 시작된다.

참고문헌

Hauschild, W. -D. Lehrbuch der Kirche-und Dogmengeschichte, Bd. 2, § 12, 5.-11., 121-161.

Kirchner, H. Reformationgeschichte von 1532-1555/1556, 21-46.

Lau, F./ Bizer, E. Reformationgeschichte Deutschland bis 1555, 67-170.

Moeller, B. Deutschland im Zeitalter der Reformation, 102-246.

Ökumenische Kirchengeschichte, Bd. 2, 345-367.

Stupperich, R, Die Reformation, 102-141.

Wallmann, J. Kirchengeschte Deutschland seit der Reformation, 60-87.

16 신조(교파) 시대의 개관

개 요

1555년 아욱스부르크 종교평화부터 1648년 베스트팔렌 평화조약까지의 기간을 일컫는 <신조(교파)의 시대>라는 개념은 우리 세기의 종교사회학자인 트뢸치(Ernst Troeltsch, 1865-1923)와 역사학자 브룬너(Otto Brunner, 1898-1982)에 의해서 형성되었다. 이 개념은 1555년이 종교개혁사의 전통적인 시대 구분에서 1555년까지 그리고 이와 연결된 반종교개혁의 시대까지 더 이상 시대 구분적인 성격을 갖지 않음으로, 일반 역사와 교회사의 서술에서 확고한 위치를 차지하였다. 독일 제국의 상황에서 아욱스부르크 종교평화가 체결된 1555년은 의심의 여지없이 그 시대의 교파적인 특징을 아주 확실하게 만든 한 중요한 분기점이다.

중세 후기와 종교개혁 시대와는 달리 1555년부터 실제적으로 변화된 것은 삶 전체가 교파의 표시 아래 즉 교파적인 대립 아래 있게 된 것이다. 중세 후기의 종교 운동들과 종교개혁의 초창기는 이 교파적인 극화(極化)를 알지 못했다. 중세 그리스도교적인 단일 문화는 서로 경계를 정하고 구별하면서 교파와 교회, 국가와 정치적인 정강의 다양성으로 분열되었다. 바로 이것이 이 시대를 실질적으로 결정하는 요소이다. 이 시대의

교파적인 특징은 정치에서 16세기와 17세기에 일어났던 큰 전쟁에 나타나지만 그리스도교 선교와 타 대륙에 유럽 세력의 식민지 팽창에서도 보여 진다.

이 시대의 교회사에서 루터파, 칼빈파 그리고 가톨릭이 교파로 형성된다. 그러나 이 시대의 교파의 특징은 표면적으로 상반되는 과정, 즉 이 시대에 점점 확실시 되어가고 있는 세속화, 다시 말해서 삶의 모든 영역의 세속화와 연관되어 있다. 교파화와 세속화는 서로 변증법적인 관계로 나타난다. 교파들과 이들 상호간의 경계 설정이 삶의 모든 영역을 강하게 결정하면 할수록 종교적인 동기를 가진 갈등에서 완전히 정치적인 논쟁이 되었다. 30년 전쟁은 독일 제국에서 정치와 종교의 간섭을 보여준 것이다. 이 전쟁이 오래가면 갈수록 전적으로 권력의 이해관계가 더욱 확실히 나타났었다.

교파 논쟁의 지루함에 대해 실제 삶에서 신앙의 사수는 신학과 교회의 경건에 있어서 가장 중요한 관심사가 되었다. 경건주의는 독일 제국에서 현저하게 그리스도교의 탈교파화에 공헌하였다.

교파의 시대에 근대 초기의 지역 국가가 형성되었다. 이 중요한 사건 또한 교파화와 세속화의 관련을 확고히 하였다. 교파 시대는 교파적인 경직만 있었던 것이 아니라 바로 정신적인 활성화와 영적인 깊이가 있었다.

비록 칼빈의 활동이 종교개혁사에 해당되지만, 칼빈주의의 역사는 교파 시대의 중요한 현상이다. 트리엔트 공의회와 <가톨릭 교회의 개혁>은 특히 종교개혁 이후 개혁적인 가톨릭주의에 영향을 주었다.

주요 항목

시대의 일반적인 특징

- <교파 시대>라는 개념을 지닌 이 시대는 일반적으로 좁은 의미에서 종교개혁 이후의 시대이며, 1555년 종교평화부터 1648년 베스트팔렌 평화조약까지 해당된다. 특히 독일제국에는 유효한 1555년의 중간휴지의 성격은, 그러나 최근의 연구에서는 상대화 되었다. <교파화>(Konfessionalisierung)의 과정은 이미 16세기 전반으로 옮겨진다.
- <종교개혁 후기>(Spätreformation)와 <제2종교개혁>(Zweite Reformation, 루터교 지역으로 칼빈주의의 진입)이라는 개념도 연구에서 사용되고 토론된다.
- 중세 후기와 종교개혁에 대하여 새로운 것 : 삶 전체가 그리스도교의 교파의 표시에 의해 결정되었다. 중세의 그리스도교적인 단일 문화 대신에 교파에 따른 교회와 지역이 대립적인 구도를 이루었다. 이 과정을 교파의 형성 또는 교파화라고 한다.
- 교파화는 진보하는 세속화와 관련을 맺는다: 종교적인 투쟁에서 전적으로 정치적인 세력 싸움으로 변화. 특히 30년 전쟁(1618-1648)은 독일제국에서 종교에서 정치로 급변하는 것을 보여준다.
- 근대 초기의 지역 국가 또한 교파의 시대에 속한다.
- 교파적인 공고화와 경직성 외에 놀라운 정신적인 활성화와 영적인 깊이가 있었다. 이것은 영성주의의 사상의 지평선과 공식적인 교리에 반대하는 입장에 서 있었던 반 트리엔트의 교의학 비판에서 뿐만 아니라 정통주의 신학 자체와 특히 구루터주의의 경건운동에서도 나타난다. 여기에서 중세 후기 신비주의의 영향이 눈을 끌게 한다.

루터교의 신조교회로의 발전

루터교 내부의 교리논쟁들

† 독자적인 루터교파 교회로의 발전은 17세기 동안 긴 과정을 거쳐 확실한 결론에 도달하였다. 이 발전에 대한 여정에 맹렬한 신학적인 논쟁이 있었다. 이 논쟁이 어느 정도 해명이 되고 난 후에야 루터교의 공통적인 기초를 발견할 수 있었다.

† 이 논쟁들은 정치적인 대립(예를 들면 작센 선제후국과 팔츠 선제후국 사이)과 신학적인 논쟁과 확실히 연관되어 있다. 루터와 멜란히톤(인문주의적인 사상) 사이에 신학적인 출발의 차이들은 루터가 죽고 난 다음 세인의 눈을 끌었다.

† 논쟁은 멜란히톤의 제자들(예를 들면 마요르, Georg Major, 페핑어, Johann Pfeffinger)인 필립파(Philippisten)와 원래 루터의 제자들(플라치우스, Flacius, 암스도르프: von Amsdorf)인 순수 루터파 (Gnesioluthraner) 사이에 일어났다.

† 다음의 문제들을 가지고 두 파가 싸우고 논쟁을 벌였다.

<아디아포라 논쟁>(Adiaphoristischer Streit, 중요하지 않는 것들에 대한 논쟁, 1548-1552) : 멜란히톤에 의해 작성된 라이프치히 잠정협정에서 가톨릭 교회의 법과 예배 의식을 중요하지 않는 것들로 여기고 승인한데 대한 플라치우스의 항의.

마요르의 논쟁(Majoristischer Streit, 1552-1558) : 칭의와 성결, 선행(善行)과 구원에 관한 관계.

신인협동설 논쟁(Synergistischer Streit, 1556-1560) : 하나님에 대한 관계에 있어서 인간의 자유의지에 대한 과거부터 있어 온 논쟁.

오지안더의 논쟁(Osiandrischer Streit, 1550-1556) : 오지안더(Andreas Osiander, 1488-1552)는 죄인이 의롭게 되는 것

은 인간의 내면에 그리스도께서 거주하시는 것으로 가르쳤다. 이에 대하여 필립파와 순수 루터파는 멜란히톤의 법정 칭의론을 강조하였다(그리스도의 의의 공로).

제2차 성찬 논쟁(1552-1562) : 멜란히톤 제자들의 칼빈주의에 대한 은밀한 호의에 대한 비난(숨겨진 칼빈주의, Kyrptocalvinismus).

† 그리스도의 음부행과 승천한 그리스도의 인성의 편재에 관한 그리스도론 논쟁(편재설, Ubiquitätslehre).

일치신조(1577)와 일치신조서(Konkordienbuch 1580)

† 로마 가톨릭과 칼빈주의는 이미 교리의 조직적인 확정에 있어서 발전을 이루었다(트리엔트 종교회의와 칼빈의 기독교 강요).

† 루터교에서 교리적인 일치에 있어서 주축이 된 것은 군주들이었다. 작센선제후 아우구스트(Kurfürst August)는 소위 말하는 토르가우의 교리서(Torgisches Buch)를 만들도록 하였다. 가장 주동적인 신학자는 안드레애(Jakob Andreae. 1528-1590)였다.

† 이 문서는 루터파 지역교회들에게는 교리적 근간이 되었고 조직적인 내용을 담고 있었다: (Solida Declaratio, SD). 짧은 개요(Epitome)가 맨 앞에 수록되었다. 짧은 개요(Epitome)와 확고한 선언(Solida Declaratio)은 일치신조(Formula Concordiae, FC)를 이루고 있다.

† 일치신조는 아욱스부르크 신조에 대한 최종적이고 포괄적인 해설서이다. 이것은 독창적인 신조는 아니다.

† 이것의 내적인 목적: 논쟁 중인 입장 사이의 조정.

외적 목적 : 로마 가톨릭과 칼빈주의에 대한 교리적인 확실한 경계.

† 일치신조의 중요 결정 : 성서는 모든 가르침과 교사들을 판단하는 <유일한 규범이요 표준>이다. 고대 교회의 세 개의 고백서(사도신경, 니케아-콘스탄티노플 신조, 아타나시우스 신조)와 종교개혁 시대의 루터교의 신조들은 진리의 증거(testes veritatis)이다. 성서는 신앙 진리의 근본이요, 신조는 이 신앙 진리에 대한 길을 열어준다. 루터 신학의 도움으로 일치신조는 인간의 회심과 중생에서 자유의지를 엄격하게 거부한다. 일치신조는 멜란히톤의 의미에서 칭의의 법정적인 성격을 강조한다.

† 화체론, 미사 때 제사와 평신도에 대한 배잔 금지는 영적이고 상징적인 성찬론과 함께 거절된다. 그리스도의 몸과 피가 요소에 있다는 현존론(흠 없는 자의 성찬 참여, manducatio indignorum, 믿음 없는 자의 성찬 참여, manducatio impiorum).

칼빈의 예정론과는 달리 하나님의 일반 은총(gratia universalis)이 주장되었다.

† 아욱스부르크 신조의 50주년 되는 날에 일치신조서가 드레스덴에서 나왔다. 이 책은 루터교 지역을 위해 다음과 같은 신조들을 한데 묶었다:

『고대 교회의 3가지 신조』(사도신경, 니케아-콘스탄티노플 신조, 아타나시우스신조);

『아욱스부르크 신조와 변증』(1530) ;

루터의 『슈말칼덴 조항』(1537) ;

멜란히톤의 논문인 『교황의 힘과 수위권에 대하여』(De potestate et primatu papae, 1537) 루터의 『대 · 소교리 문답』(1529);

일치신조(1577).

† 모든 루터교가 일치신조를 받아들인 것은 아니다. 루터파의

지역 교회이면서 일치신조를 받아들이지 않은 교회: 폼메른(Pommern), 홀스타인(Holstein), 브라운슈바이크-볼펜뷔텔(Branschweig-Wolfenbüttel). 뉘른베르크, 헷센-카셀과 안할트에서는 칼빈주의가 진출하려고 시도했다.

루터교 정통주의

† 루터교 정통주의는 16세기 후반과 17세기에 교파 신학의 한 부분이다. 주요 특징은 순수 교리와 로마 가톨릭과 칼빈주의의 공격에 대한 방어에 집중하는데 있다. 교리와 논쟁이 이 신학의 주요 부분을 이루고 있다.

† 진리의 가르침을 위해 싸운 루터로부터 철저하게 루터교 정통주의의 길이 시작된다. 칭의론은 루터교 정통주의 신학의 중심에 서 있다.

† 그러나 루터교 정통주의의 중요한 인도자는 멜란히톤이다. 그의 『신학명제』(*Loci communes*, 1521)는 초기 정통주의의 중요한 작품의 제목과 방법론의 모형이 되었다.
헴니츠(Martin Chemmitz, 1522-1586) : 『신학개요』(*Loci theoloigici*);
후터(Leonhard Hutter, 1563-1616) : 『신학개요 편람』(*Compendium locorum theologicorum*);
게르하르트(Johann Gerhard, 1582-1637) : 『신학개요』(*Loci theologici*, 1610-1625), 루터교 정통주의의 대표 작품.

† 이 교리서들은 멜란히톤이 신학적인 교리의 체계를 위해 아리스토텔레스의 논리학을 사용한 것을 따르고 있다. 신학의 주요 개념들이 논리적-수사학적 규칙에 도입되었다(로치-방법, Loci-Methode). 루터교 신학에 아리스토텔레스의 형이상학의 도입은 루터교 정통주의의 주요 특성이다. 이것은 후기 인문주의의 정신과 반대자들의 공격을 정확한 개념으

로 방어해야 하는 필연성과 관계를 가지고 있다.

† 정통주의 중기의 대표자들:
쿠벤슈테트(Johann Andreas Quenstedt, 1610-1688);
칼로프(Abraham Calov, 1612-1688);
홀라츠(David Hollaz, 1648-1713).
이 신학자들은 소위 말하는 분석적인 방법에 집중하였다. 신학은 구원의 길의 실천적인 학문으로 이해되었다. 로치 방법(Loci-Methode)과는 달리 여기에서는 순수한 인식이 아닌, 인식 대상의 변화가 중요하다(하나님께 돌아가는 죄인 된 인간, homo peccator ad Deum reducendus).

† 신학에 아리스토텔레스 철학의 재등장과 더불어 성서에 대한 정통주의 교리는 루터교 정통주의의 광범위한 특징이다. 성서에 있는 원칙에 대하여 아리스토텔레스의 범주를 사용함으로써 성서 원칙의 교리가 나온다: 성서는 그 자체가 참이며 더 이상의 논증(Beglaubigung)을 필요로 하지 않는다. 성서는 권위(auctoritas), 완전(perfectio), 충분(sufficientia), 명료(perspicuitas) 그리고 구원의 효력(efficacia)을 가지고 있다. 성경 전체는 낱말 하나 하나가 하나님의 영에 의해 영감 받은 것으로 이해되었다(逐字靈感設, Vebalinspirationslehre).

† 논리적으로 이루어진 정통주의 성서론은 성서에 대한 역사비판에 대한 문을 열어 주었다. 왜냐하면 정통주의의 성서관의 출발 자체가 성서에 대한 이성적인 비판이 들어 있기 때문이다.

칼릭스트와 소위 말하는 혼합주의 논쟁

† 게오르그 칼릭스트(Georg Calixt, 1586-1656)는 당시 중요한 대학인 헬름슈테트(헬름슈테트 신학)에서 가르쳤다. 루터교

정통주의의 아성(牙城)인 비텐베르크대학교와는 달리 이곳에서는 후기 인문주의의 정신이 명백하게 나타났다.

† 물론 칼릭스트는 정통 루터교 신학자였지만 멜란히톤에 기인하여 그리스도교의 교파 싸움의 극복에 관심을 가졌다. 그는 30년 전쟁이 가져다 준 황폐의 흔적을 보고, 거기에서부터 현재 논쟁하는 것의 일치점에 도달하기 위해서는 모든 교파들이 공동의 근본으로 돌아가기를 원했다. 그는 사도신경과 제5세기까지의 교리적인 결정에 이 근본이 있음을 깨달았다. 이 소위 말하는 5세기 동안의 일치(Consensus quinquesaecularis)는 비텐베르크에 있는 정통주의 신학자 칼로프(Abraham Calov)로부터 종교적인 혼합이라는 반박을 받았다.

† 1645년 토른(Thorn) 종교회담 이후 혼합주의 논쟁은 격렬해졌다: 비텐베르크대학의 신학자들은 칼릭스트가 루터와 종교개혁을 상대화시켰다고 비난하였다. 이 논쟁들과의 연관 가운데 <루터교회>의 개념이 세워졌다.

† 칼릭스트는 자신의 신학에서 특히 윤리를 강조하였다. 물론 교의학과 윤리학이 분리되어져서는 안 되지만 두 개의 신학 과목으로서 나누이게 된 것은 그에게 기인하고 있다. 또한 종교개혁자의 신학이라고 간주하지 않았던 신앙에 대한 기본적인 고백의 항목과 덜 기본적인 항목들 사이를 구분함으로써 그는 이미 새 시대의 과도기에 서 있다.

루터교의 경건문학

† 루터교 정통주의 시대는 경건문학, 경건 그리고 영적인 시의 고전 시대이다. 1600년경 이 경건문학의 전성은 <경건의 위기> 또는 <경건의 전환>(Winfried Zeller)과 연관되어 있다. 아리스토텔레스 형이상학의 도움으로 점점 이성적으로 되어

가는 신학은 살아있는 신앙, 경건의 욕구에 어떠한 자극도 주지 않았다. 신학과 경건은 종교개혁 이후 3번째의 세대에 특히 논쟁을 하게 되었다. 경건운동의 발단에서는 강력한 반대자들(적그리스도로서 교황청)에 대한 두려움과 종말의 위협적인 징조에 대한 공포가 고려될 수 있다. 그 위에 죄인에게 돌려진 의로 새롭고 거룩한 생활을 체험할 수 있게 되리라는 멜란히톤적인 틀에 있는 칭의론은 얼마 안 되는 공간을 제공하였다. 그리하여 그리스도교 신앙의 내면화, 구체화 그리고 개인화의 필요를 만족시기 위해 고대 교회, 중세 전성기와 중세 후기의 신비 또한 자연철학적인 사조에 있는 모방이 받아들여지게 되었음이 납득된다.

† 1600년경 경건운동의 가장 중요한 저자와 주요 작품은 요한 아른트(Johann Arndt, 1555-1621)의 『참된 기독교에 관한 4권의 책』(1605-1610)이다. 이 작품은 19세기까지 널리 읽혀졌다. 아른트는 루터의 칭의론의 토대에 의거하여 "그리스도의 가르침을 생활화하려고 하였다." 이로써 아른트는 오늘날 경건역사의 관점에서 경건주의의 창시자로 간주된다(Johannes Wallmann).

† 아른트 외에 경건운동의 중요한 대표자들과 그들의 저술이 있다:

프래토리우스(Stephan Prätorius, 1536-1603) : 『영적인 보고』(*Geistliche Schatzkammer*, 1636).

니콜라이(Philipp Nicolai, 1556-1608) : 『영원한 생명의 기쁜 거울』(*Freudenspiegel des ewigen Lebens*, 1599).

헤르베르거(Valerius Herberger, 1562-1627) : 『심령의 설교』(*Herz-Postillen*).

요한 게르하르트(Johann Gerhard, 1582-1637) : 『거룩한 명상』(*Meditationes sacrae*, 1606).

특히 요한 게르하르트에게 있어서 경건과 학문적인 신학은 결합되어 있음이 확실하다.

† 이 경건은 수많은 개혁경향과 관련을 맺고 있다: 아른트의 문하생 안드레애(J. V. Andreae, 1586-1654)와 코메니우스(J. A. Comenius, 1592-1670). 덧붙여서 고발문학도 있다. 그로스게바우어(Th. Großgebauer, 1627-1661)와 그의 작품인 『황폐된 시온에서 온 파수꾼의 소리』(*Wächter Stimme aus dem verwüsteten Zion*).

† 루터교의 경건문학은 파울 게르하르트(Paul Gerhardt, 1607-1676)의 영적인 시에 또한 감화를 끼쳤다. 파울 게르하르트의 많은 찬송시에는 아른트의 경건, 특히 그의 낙원의 정원(Paradiesgärtlein, 1612)이 새겨져 있다. 요한 아른트의 신비적으로 채색된 경건의 언어는 바하(J. S. Bach)의 칸타타와 수난곡의 가사에도 영향을 주었다.

† 루터교의 경건문학에 바이겔(Valentin Weigel, 1533-1588)과 같은 신비적 영성주의 사상도 영향을 주었다. 사색적이고 신비적인 사상의 세계와 더불어 괴어리츠(Görlitz)의 철학자 뵈메(Jakob Böhme, 1575-1624)는 특별한 위치를 차지하고 있다.

칼빈주의

칼빈(1509-1564) – 생애에 대한 개요

† 1509년 7월 10일 노용(Noyon)에서 주교좌 법률공증인의 아들로 태어났다.

† 파리, 오를레앙(Orléans) 그리고 부르쥐(Burges)대학교에서 법학과 인문주의를 공부했다.

† 1533년부터 파리대학교의 인문주의자들 모임의 회원이 되었

다. 이 모임은 종교개혁 사상으로 가득 차 있었다(Faber Stapulensis).

† <갑작스런 회심>으로 종교개혁적인 인식으로 눈을 돌리게 되었다(1527/28년 혹은 늦게는 1533/34년).

† 1534년 말 칼빈은 프란츠 1세 때 프로테스탄트에 대한 박해 때문에 프랑스를 떠나야 했다. 스트라스부르크를 거쳐 1535년 초 바젤에 왔다. 여기에서 그의 처녀작이고 대표작이 나왔다: 『기독교 강요』(*Institutio religionis Christianae*, 1536). 종교개혁 신학의 고전적인 작품, 복음적인 가르침의 교리문답으로 루터의 교리문답을 기초로 하였다. 이 작품으로 프랑스에 있는 복음주의자들은 자기들이 받고 있는 오해를 방어해야 했다. 여러 판이 출판되었다: 1539, 1541 그리고 1559년판.

† 칼빈은 고지 이탈리아와 남 프랑스에 잠시 머문 뒤 도중에 제네바에 들러 파렐(Wilhelm Farel, 1489-1565)로부터 이 도시에서 종교개혁에 함께 동참해 달라는 부탁을 받고 제네바에 머물게 된다. 시민 계층의 분규로 파렐과 칼빈은 제네바에 거주할 수 없었다. 이들은 1538년 제네바에서 추방당했다.

† 칼빈은 마틴 부처(Martin Bucer)의 간곡한 부탁으로 스트라스부르크에 있는 프랑스 난민 교회를 맡았다. 1540년대 초반 하게나우(Hagenau), 보름스, 레겐스부르크(Regensburg) 종교회의에 참석. 멜란히톤과 개인적인 교분을 가졌다. 로마서 주석.

† 제네바에서 칼빈의 지지자들은 그의 귀환을 시도하여 성취하였다. 1541년부터 제네바에 다시 머물게 되었다. 지속적인 투쟁 하에서 그의 종교개혁적인 활동의 시작. 첫째 성과: 제네바의 교회법(Ordonnances ecclésiastiques, 1541)이 시의회에서 통과됨.

† 1553년 정치적이고 종교적인 투쟁은 반삼위일체론자인 세르베투스(Michael Servet)를 반박하는 소송을 하였다. 이 소송은 세르베투스를 화형에 처하는 것으로 막을 내렸다.
† 1555년부터 칼빈은 자신의 적들에 대하여 확고한 지위를 차지하였다. 그는 동서 유럽에서 복음주의자들을 위한 종교개혁 지도자요 조언자가 되었다.
† 1559년 제네바에 신학 아카데미가 설립되었다.
† 1564년 칼빈은 제네바에서 세상을 떠났다. 베자(Theodor Beza, 1519-1605)가 칼빈의 후계자가 되어 제네바 교회를 이끌게 되었다.

칼빈의 신학적인 근본 관점들

† 루터의 가장 위대한 제자인 칼빈은 조직신학자로서, 성서주석가로서 그리고 설교가로서 의의가 있다. 그는 종교개혁적인 신학을 마침내 완성하여 요약하였다. 루터의 영향을 받은 이후 그의 신학은 어거스틴, 에라스무스, 부처 그리고 멜란히톤의 영향을 받았다.
† 루터와는 달리 칼빈에게는 두 가지 면에서 신학적인 강조가 나타난다: 성서를 보는 입장에서 성서문자적(biblizistisch) 관점과 신론에 있어서 하나님의 주권의 절대성, 존엄과 영광의 강조.
† 칼빈이 특히 관심을 가진 것은 구약과 신약에 있어서 전체 성경의 증언에 대한 교리적인 개관이다. 성서의 권위는 성령의 내적인 증거에서 싹이 튼다(testimonium spiritus sancti internum). 칼빈은 바울로부터 해석된 루터의 성서 이해의 단면성을 피하기는 했지만, 루터가 하나님의 말씀(Wort Gottes)과 성서(Heilige Schrift) 사이를 구별했던 자유를 잃었다.

† 칼빈은 하나님의 완전한 자유로운 은혜를 강조한다. 이 은혜는 말씀을 통한 부르심과 믿음에 선행한다. 칼빈도 루터처럼 선택과 하나님의 칭의를 연관성 속에서 보지만, 1539년부터 유기(遺棄, Verwerfung)를 선택과 논리적으로 대조하였다. 그리하여 그는 이중예정론에 도달한다(praedestinatio gemina). 이것은 칼빈주의의 특이한 표식으로 내 · 외적으로 심한 논쟁을 일으키게 되었다. 17세기의 칼빈주의에서 선택은 신앙의 순종에 대한 보이는 열매로 알 수 있다는 관념을 세우게 된다(Syllogismus practicus).

† 칼빈신학의 윤리적인 강조는 신 중심적인 성격과 밀접한 연관을 맺고 있다. 하나님께 대한 영광은 당연히 신앙의 순종을 가져온다. 그리하여 칼빈은 율법의 삼중 사용에 대하여 말한다(triplex usus legis). 율법은 의롭다함을 받은 인간의 새로운 삶에 있어서 유효하다.

† 성찬에 대한 이해에서 칼빈은 성령을 통해 나타나는 그리스도의 실존성을 주장한다(영적인 실존). 칼빈은 믿음 없는 성찬 참여(maducatio impiorum)를 거절한다.

제네바에서 칼빈이 교회에 미친 영향

† 칼빈의 교회관은 이미 1541년의 제네바 <교회법> (Ordonnances ecclésiastiques)에 나와 있다. 교회법의 형태는 신약성서를 모범으로 하고 있다. 이것은 네 개의 직무로 구성되어 있다: 목사, 교사, 장로와 집사. 특히 칼빈의 교회에서는 장로직이 특색을 이루고 있는데, 이 직무는 권징을 하는 것이며, 평신도들에게 주어졌다. 칼빈의 엄한 교회권징은 그리스도의 이름의 영광을 지키고 위함이었으며, 황제 칼 5세의 세속적인 벌에 대한 방향을 제시하였다(1532년의 칼 5세의 법원 조직법). 또한 교육과 사회사업은 교회의 직접적인 실

천 영역이다.

† 칼빈주의 교회에 있어서 특색은 시민과 교회 공동체의 상호간의 관통이다. 칼빈은 대다수 교인들과 진실한 그리스도인들 사이를 구별하지 않고 국민교회적(volkskirchlich) 구조를 고수하였다.

† 수많은 정치적이고 신학적인 논쟁 이후 칼빈은 마침내 제네바 교회를 서유럽에 있는 수많은 교회들의 모범으로 만들었다.

서유럽에서 칼빈주의의 확산

† 서유럽의 신조에 대한 투쟁과 가톨릭의 재강화의 시대에 칼빈주의가 확산된다. 그러므로 칼빈주의는 루터교와 비교해 볼 때 더 강한 공동체 정치적인 활동을 보여준다.

프랑스

† 갈리아 신조(Confessio Galicana, 1559)는 프랑스 프로테스탄트 교회의 근간이 되었다.

† 정치적이고 종교적인 대립은 8차에 걸친 잔혹한 위그노 전쟁을 일으키게 했다(1526-1598년). 프로테스탄트에 대한 박해의 극점은 소위 말하는 바르톨로메우스 밤에 일어났다(1572년). 앙리 4세는 낭트(Nantes)칙령(1598년)에서 위그노파에게 양심과 종교의 자유와 함께 시민계급의 평등권을 승인한다.

† 낭트 칙령 이후 프랑스에서 칼빈주의는 정신적이고 정치적인 중요한 위치를 차지하였다. 루이 14세 치하에 새롭게 고난의 시대가 시작되었다. 그는 낭트 칙령을 1685년 폐지하였다. 수많은 위그노들이 프랑스를 떠나야 했고, 유럽의 여러 나라에서 피난처를 찾았다. 브란덴부르크의 선제후 프리드

리히 빌헬름은 1685년 포츠담 칙령을 통해 신앙 난민들을 자기 나라에 불러들였다. 이들은 이후 브란덴부르크-프로이센의 경제, 문화와 정신적인 삶에 중요한 역할을 했다.

네덜란드

† 스페인의 지배(1566-1609년)에 대한 네덜란드의 독립전쟁과의 관계에서 칼빈주의는—프랑스와는 달리—북부 지역에서 국교의 지위를 획득하다.

† 칼빈주의 교회의 기본적인 고백은 벨기에 신조(Confessio Belgica, 1561년)이다.

† 신조의 시대에 네덜란드는 종교의 자유를 가장 광범위하게 인정한 나라이다. 경제적이고 정신적 문화적인 비약이 17세기에 있었다.

† 정통 칼빈신학에 있어서 주된 논쟁은 예정론의 가능성에 대한 질문이었다. 예정론을 가장 강력히 반대했던 알미니우스(Jakob Arminius, 1560-1609)의 이름을 딴 소위 말하는 알미니안 논쟁은 도르트레히트 종교회의(1618/19년)에서 예정론의 확증으로 결론을 내렸다. 이 종교회의의 결정은 전체 칼빈주의와 연관을 가졌다.

† 새로 설립된 라이덴(Leiden), 흐로닝엔(Groningen) 그리고 우트레히트(Utrecht)대학에서 주로 칼빈신학이 전개되었다.
주요 신학자들:
푸치우스(Giesbert Voetius, 1588-1676) : 네덜란드의 엄격주의(Präzismus)의 창시자(살아있는 구체적이고 엄격한 경건에 대한 증명).
코케우스(Johannes Coccejus, 1603-1669) : 성서적인 연방결성(foedera)에 근거한 구속사적인 신학을 세운 <연방신학>(Föderaltheologie)으로 유명하다.

그로티우스(Hugo Grotius, 1583-1645)는 민족들의 공동 삶을 위하여 관습과 법의 보편적인 기초들을 세웠다. 그는 이것으로 유럽 계몽주의의 선구자가 되었다.

스코틀랜드

† 스코틀랜드 왕국에는 종교개혁자 낙스(John Knox, 1505-1572)에 의해 특히 엄격한 형태를 지닌 칼빈주의가 승리하였다. 스코틀랜드 칼빈파 교회는 스코틀랜드 신조(Confessio Scotica, 1560)에 그들의 신앙고백의 기초를 두었다.

잉글랜드

† 1534년 헨리 8세에 의한 영국 국교회(성공회, Anglican Church)의 설립은 왕조-정치적인 근거를 갖고 있다.
엘리자베스 1세(Elisabeth I., 1558-1603) 여왕 치세 때 영국 국교회는 교리에서 중도적인 칼빈주의를 취하고(1563년 39개조), 예배 의식과 헌법은 가톨릭의 형태로 남아있었다.

† 16세기 중반부터 청교도주의 운동은 칼빈주의 사상을 택하였다. 특히 시민계급에서 엄격한 성결의 생활에 대한 원칙들이 왕가의 절대주의적인 정치와 영국 국교회(성공회)에 대하여 반대 입장에 있었다.

† 청교도에 대한 국가의 압력은 마침내 많은 사람들을 네덜란드로 그리고 그곳에서 북미로 이주하게 했다. 이후로 청교도는 미국 프로테스탄티즘의 역사에 근본적으로 영향을 끼쳤다.

† 1640-60년의 영국혁명에서 청교도주의는 정치적으로도 성공하였다. 올리버 크롬웰(Oliver Cromwell, 1599-1658)은 비중 있는 정치지도자로서 <거룩한 사람들>의 의회군을 이끌었다. 크롬웰 치하에서 종교의 자유는 제한되고 국가와 교

회는 엄격히 분리되었다.

† 장로교인(Presbyterianer)은 엄격한 청교도들(회중 교회파 혹은 독립 교회파)과 대립하였다. 이 두 파가 웨스트민스터 신조(Westminster Confession, 1646)를 통해 교리에서 일치를 보았으나 교회관에 있어서 상이하였다. 회중 교회파는 개교회들의 완전한 독립을 주장했으나 장로교인은 시민공동체와 교회와의 연합을 주장했으며 노회로 된 교회설립을 요구했었다.

† 크롬웰이 죽고 나자 감독제의 국가교회가 재건되었다. 스튜어트 왕가의 재가톨릭화 시도는 무산되었다(1688년 명예혁명). 1689년 관용령에서 프로테스탄트 비국교들에게도 종교와 양심의 자유가 허락되었지만 시민권은 제한되었다. 가톨릭과 소치니안주의자(반삼위일체론자 - 역자 주)는 이 관용령 밖에 있었다.

† 영국 혁명시대에 특히 퀘이커 그룹은 중요하다(친구의 사회). 퀘이커는 구두공인 폭스(George Fox, 1624-1691)에 의해서 세워졌다. 퀘이커들은 관용에 대한 엄격한 원칙을 통하여 근대의 사회사에서 여성 평등권, 감옥의 개선, 후에는 노예해방의 길을 여는데 영향을 끼쳤다.

† 청교도적인 경건문학은 수많은 번역을 통하여 독일의 신학과 교회사에 영향을 끼쳤다. 이것은 독일 경건주의의 중요한 뿌리 가운데 하나다. 가장 유명한 청교도의 경건문학으로 베일리(Lewis Bayly)의 『경건의 실천』(*Practice of Piety*)이 있다.

독일

† 서유럽에 비해 독일에서 칼빈주의는 비교적 상당히 약하다. 칼빈주의는 아욱스부르크 신조와 군주의 교회지배 아래에

있어야 했다.

† 전에는 루터교 지역이었던 팔츠(Pfalz)가 1560년에 선제후 프리드리히 3세 치하에서 칼빈주의를 받아들였다. 1563년 팔츠 선제후국의 교회법은 하이델베르크 교리문답을 포함하고 있다(연합 교리문답으로 여겨짐: 이중예정론이 없는 약화된 칼빈주의의 교리). 작성자: 특히 우르지누스(Zacharias Ursinus)와 올레비아누스(Kaspar Olevianus).

† 1613년 브란덴부르크 선제후인 요한 지기스문트(Johann Sigismund)가 정치적인 이유에서 칼빈주의 교회로 개종하였다. 그는 개혁의 법(ius reformandi)을 포기하였고, 국민들은 루터교인으로 남아있었다.

† 그 외의 칼빈주의 지역: 브레멘, 안할트, 헷센-카셀 그리고 리펜-데트몰트.

† 라인강 하류 지역과 오스트프리스란트에만 있는 원래 칼빈주의 지역. 여기에서 형성된 노회적인 교회헌법은 19세기 독일 지역교회(Landeskirche)에 있는 최초의 노회 구조에 영향을 끼쳤다.

종교개혁 이후의 로마 가톨릭주의

가톨릭의 개혁과 반종교개혁

† 종교개혁 이후의 가톨릭 교회는 가톨릭의 개혁과 반종교개혁이라는 이 두 개의 개념들로 함축성 있게 나타난다. <반종교개혁>(Gegenreformation)이라는 개념은 종교개혁과 루터의 등장이 16세기에 로마 가톨릭에 대한 중요한 사건임을 알게 한다.

† 루터교와 개혁적-칼빈주의의 신조형성과 관련해서 <가톨릭의 신조형성>이라는 새로운 개념은 가톨릭 자체의 고유한

권리를 가지고 있지만, <반종교개혁>이라는 개념과는 일치하지 않는다.

† <가톨릭 종교개혁>이라는 개념은 로마 가톨릭주의의 갱신이 하나의 반동만을 나타내는 것이 아님을 분명히 한다. 그것은 전통적인 가톨릭 국가인 스페인과 이탈리아에서 온 자극을 수용했던 내적 개혁운동을 통해서 새로워졌다. 이 자극의 원천은 교회와 밀접한 연관을 맺은 스페인에서 일어난 신비적인 경건이다: 성 아빌라의 테레사(Theresa von Avila, 1515-1582). 그녀는 <맨발의 카르멜 수녀원>의 창설자이다. 가톨릭의 개혁은 특히 수도원의 창설(자비로운 형제들, 테아틴, 오라토리안)과 이미 있던 수도원(카푸친)의 갱신운동이다. 수도원 이외에 살라만카(Salamanca) 학교에서 신학의 갱신이 일어났다. 개혁의 자극들은 신앙심을 불어넣는 일을 수행하는 성직자에 의해 교회로 들어 왔다.

† 트리엔트 공의회와 예수회의 활동은 가톨릭의 개혁과 반종교개혁의 관심사를 특히 나타낸 것이다.

트리엔트 공의회(1545-1563)

† 트리엔트 공의회(Tridentium)에서 가톨릭 교회는 종교개혁의 도전에 대하여 교리와 개혁법령으로 답변했다. 개혁법령들은 근대 가톨릭주의의 역사를 열었다. 가톨릭 교리는 종교개혁 신학에서 제기되었던 주된 문제(칭의론과 성서론)에 대하여 비로소 개념이 세워져야 했다. 중세 신학에서 이 문제들은 완전하게 설명되지 않았었다.

† 트리엔트 공의회의 칭의론은 종교개혁의 <오직 믿음으로>(sola fide)를 반대하며 또한 후기 스콜라 신학에 있어서 펠라기우스적인 경향을 반대한다(선행을 통하여 하나님의 은혜의 공로를 입을 수 있는 가능성). 인간은 하나님의 은혜에

대해 스스로 공을 세울 수 없다. 하나님의 은혜는 신앙과 칭의에 앞선다(gratia praeveniens). 그러나 칭의는 본질적으로 의롭게 만드는 것이다. 은혜를 부어주심은 성례전에 뒤따른다(gratia iustificans). 인간은 성결과 갱신에서, 그가 의지적으로 거부하지 않는다면 그의 구원에 있어서 하나님의 은혜와 함께 일할 수 있다. 그러므로 트리엔트 공의회의 칭의론은 신앙과 행위로 의롭다함을 받는 것의 중도이다.

† 교회 교리의 원천으로서 성서와 교회 전통이 동일한 권위를 갖는다. 이것은 종교개혁의 <오직 성서로>(sola scriptura)를 반박하는 것이다. 성서와 전통에 <동일한 경외>를 표한다. 교회의 가르치는 직무는 성서에 대한 권위적인 해석에 있다. 표준적인 성서 본문은 라틴어역이다(Vulgata). 가톨릭의 세 가지 권위에 대하여 종교개혁의 <오직 성서>는 상반되는 것이다: 성서, 전통과 성직.

† 그 외의 교리법령은 원죄, 연옥 그리고 성례전에 대하여 말한다(7성사에 대한 확인: 세례, 견진, 고해, 성찬, 혼인, 서품, 도유).

† 개혁법령들은 특히 주교직의 개혁에 있었다. 교황권에 대한 개혁은 전혀 없었다. 주교들에게는 교구에 거주해야 할 의무, 신부양성을 위한 신학교 설립, 종교회의의 개최와 교회 탐방의 의무가 규정되었다. 그리고 폐해들이 제거되었는데 특히 돈으로 살 수 있는 사면부다.

† 공의회의 폐회 이후 계속된 개혁조치들: 트리엔트 신앙의 공적인 선언(Professio fidei Tridentina, 트리엔트 신조는 사제에 의해 행해져야 한다); 금서목록(Index librorum prohibitorum); 개선된 성무 경본과 통일된 미사책(Missale Romanum, 1570).

† 교회개혁으로 개방된 교황권은 공의회 결정들의 실행을 감

독하였다.

† 공의회 정신의 주요 감독들: 보로매우스(Karl Borromäus, 1538-1584), 밀라노의 대주교와 메스펠브룬(Julius Echter Mespelbrunn), 뷔르츠부르크의 군주주교(Fürstbischof).

로욜라와 예수회

† 로욜라의 이그나티우스(Ignatius von Loyola, 1491-1556)는 바스크족의 귀족출신이다. 그는 처음에는 장교였다. 부상으로 인하여 그의 생애에 일대 전환이 왔다: 그는 자신의 과거 세상적인 것을 청산하고 영적인 책들을 읽고 방랑에 올랐다.

† 이 방랑의 경험들은 영적훈련(Exercitia spiritualia, 1522-1535)에 나와 있다. 이것은 자기 극복과 하나님의 뜻 안에서 완전한 복종을 목적으로 한 영적인 훈련이다.

† 곧바로 이그나티우스는 그를 따르는 동지들을 발견하였다. 그들은 팔레스티나 선교에 대한 의무를 가졌다. 이것이 가능하지 않더라도, 그들은 교황에 대해 무조건 복종하기로 했다.

† 파울 3세는 1540년 새로운 수도회로 예수회(Societas Jesu)를 인정했다. 예수회는 엄격한 계급조직의 헌법을 가졌다. 수도회 제복의 사양과 수도원 밀실에서 공동기도, 교황에 대한 무조건적 복종의 서약. 이로써 예수회는 재가톨릭화와 가톨릭의 갱신의 실행에 있어서 교황권의 주요 도구가 되었다.

† 수도회의 주요활동으로는 중국과 일본에서의 방대한 선교활동, 자체학교, 대학, 대학교 내에서 가르치는 일과 교육사업, 목회와 군주들의 궁궐에서 조언자의 역할(고해성사 신부). 이 일을 통해 예수회는 종종 교황청의 업무를 수행하는데 있어서 정치에 막대한 영향을 끼쳤다.

† 예수회적 가톨릭주의는 빈민과 환자구제, 교회건축, 음악, 학문과 시의 영역에 괄목할 만한 업적을 이루었다.

† 트리엔트 공의회 이후 가톨릭주의는 외부에 대해서 종교재판의 도움을 받아 자연과학적인 세계상과 투쟁하였다(부르노, Giordano Bruno와 갈릴레이, Galileo Galilei). 내부에서는 예수회는 얀센파의 개혁추진과 싸웠다. 얀센(Cornelius Jansen, 1585-1638)은 어거스틴의 죄와 은총론을 근거로 자기 시대의 교회와 신학에 있어서 개혁을 시도하였다. 얀센주의의 정신에서 파스칼(Blaise Pascal, 1623-1662)은 활동했으며 자신의 작품인 시골사람 편지(Lettres Provinciales, 1656/57)에서 예수회를 공격하였다.

30년 전쟁(1618-1648)

† 제1단계(1618-1629)에서는 주로 루터파 군주들이 가톨릭 군주들의 연합과 합스부르크가와 투쟁.
제2단계와 제3단계에서 전쟁은 유럽 차원으로 확대되었다. 더 이상 종교문제가 아닌 권력과 국시(國是)가 주요 문제가 되었다.

† 뮌스터와 오스나브뤽 평화조약(1648)에서 아욱스부르크 종교평화가 인정을 받고 개혁교도들에게도 신앙의 자유가 확대되었다. 사유도시의 개혁의 법은 조건부로 유지되었다. 베스트팔렌 평화조약의 법령은 오스트리아의 세습영지에 대해 아무런 효력이 없었다(프로테스탄트에 대한 추방).

참고문헌

Hägglund, B. Geschichte der Theologie, 230-252.

Hauschild, W. -D. Lehrbuch der Kirche-und Dogmengeschichte, Bd. 2, § 12, 12.-14., 161-179; § 13,3.-8., 197-241; § 14, 12.-15., 341-365; § 15, 7.-13., 407-451; § 16,

2.-7., 485-527.

Heckel, M. Deutschland im konfessionellen Zeitalter, 9-66 u. 181-237.

Kirchner, H. Reformatioonsgeschichte, 101-124 u. 149-171.

Koch, E. Das konfessionelle Zeitalter-Katholizismus, Luthertum, Calvinismus (1563-1675)

Moeller, B. Geschichte des Christentums, 266-283.

Schmidt, K. D. Die katholische Reform und die Gegenreformation, 4-52.

Stauffer, R. Johannes Calvin, in: Gestalten der Kirchengeschichte, Bd. 6, Reformationszeit II, 211-240.

Wallmann, J. Kirchengeschite Deutschland seit der Reformation, 88-122.

17 경건주의와 계몽주의

개 요

경건주의와 계몽주의는 근대의 신학사, 경건사 그리고 정신사에서 뿐만 아니라 교회사에서도 중심이 되는 현상이다. 이러한 한에서, 교회사의 실질적인 근대는 이 두 운동과 함께 시작한다는 것이 옳다. 물론 관점은 대단히 다양하며, 이런 관점 안에서 새로운 시대가 교회사 안에 나타난다. 신조(교파)의 시대와 경건주의 그리고 계몽주의 시대를 분명하게 구분할 수는 없다. 그러나 유럽의 정치적인 사회적인 그리고 정신적인 역사에서 17세기 중엽 이래 모든 삶의 영역에 새로운 정신이 들어오는 많은 징후는 있다. 그 새로운 정신은 확정되지 않은 개념인 <근대>(Neuzeit)와 함께 분명히 불충분하게만 나타난다.

30년 전쟁은 1648년 뮌스터와 오스나브뤽의 평화조약으로 끝났다. 1648년 베스트팔렌 평화조약에서 이제 칼빈주의자들이 제국의 법으로 인정받았다. 가톨릭교도, 루터교도 그리고 칼빈주의자들이 서로 동등하게 서 있게 된 것은 정치와 법에 새로운 정신을 나타냈던 타협이었다.

경건주의와 계몽주의의 시대는 정치사에서 군주적인 절대주의 시대다. 그 절대 군주는 프랑스의 루이 14세(Ludwig XIV, 1643-1715)에서 그 절정에 이른다. 자신의 관료들과 존립

하는 군대와 함께 궁정의 중심에서 세웠던 실용적이고 합리적이며 정치적인 정신은 지속적으로 교회에 영향을 끼쳤고 전체 사회 구조를 변화시켰다. 근대의 절대주의 국가는 중세의 신분국가와 현저히 구별된다. 궁정의 중앙 집권제는 과거의 권리와 하급 귀족의 특권에 대항하여 관철되었다. 이 중앙 집권제는 특별히 세금 인상법을 이루었다.

정치에서 새로운 실용주의는 독일 제국의 지역에서도 30년 전쟁이 끝난 다음부터 점점 분명해졌다. 삶의 모든 영역에서 전쟁에 의한 심한 황폐에 직면하여 특히 교회 자체와 관련된 재건 작업이 실행되었어야만 했다.

경건주의는 특히 독일의 경건사, 신학사 그리고 교회사에서 종교개혁 이후 가장 중요한 현상이다. 믿음의 내면화와 생동감이 경건주의의 주요 관심이다.

17세기의 종교적인 조건으로부터 경건주의뿐만 아니라 계몽주의도 유럽의 운동으로서 출현하였다. 근대 신학사에 관한 표상은 언제나 정통주의, 경건주의 그리고 계몽주의라는 연속된 세 가지 틀에 의해 규정된다. 이 세 가지 현상의 다양한 공간적이고 시간적인 연결이 여기에 아주 짧게 나타난 것뿐만 아니라, 하나의 세계관이 계몽주의와 더불어 길을 트며 나아간다. 이 세계관은 그들의 목적을 더 이상 교회와 신학의 역사적 관계에서 직접 얻지 않았다. 확실히 계몽주의는 서유럽에서 분명히 독일에서도 결코 반종교적이거나 반기독교적인 운동도 아니다. 급진적인 계몽주의 훨씬 이전에도 교회에 대한 상당히 날카로운 비판이 있었다. 그럼에도 불구하고 지금까지의 교회사와 신학사에서 다른 어떤 운동보다도 계몽주의만큼 그리스도교에 도전적인 것은 없었다. 계몽주의가 발생한 17세기 이후 계몽주의의 역사는 끝나지 않았기 때문에, 도전은 계속되고 있다. 계몽주의 역시 역사적 운동으로 그것의 전통과 관련성을 갖는다; 우리는

이것의 정신적인 뿌리를 중세 전성기의 교회 비판적인 운동에서 그리고 특히 15세기와 16세기의 르네상스에서 볼 수 있다. 그러나 계몽주의에서 새로운 것은 이것의 일관된 미래 지향성이다. 역사에 관한 계몽주의적 이해는 고대나 원시 그리스도교와 같은 더 좋은 과거를 되돌아보는 것에 있지 않고, 계속 개량되는 인류의 미래에 대한 낙관적인 조망에 있다.

경건주의와 계몽주의는 특히 근대 프로테스탄티즘의 중심 현상이다. 로마 가톨릭주의는 이것들과는 본질적으로 거의 관계가 없다.

주요 항목

교회사에서 근대의 시작

† 경건주의와 계몽주의와 함께 교회사에서는 실제 근대가 시작된다. 그러나 이 시작은 어떤 명백한 시점으로서 표시할 수 없다. 그럼에도 불구하고 17세기가 지나는 사이에 유럽의 근대를 안내하는 포괄적인 변화 과정은 감지할 수 있다.

† 독일 교회사에서 이 시대의 시간적인 경계는 정치사뿐만 아니라 신학사로부터 얻을 수 있다:

1648-1806 : 베스트팔렌 평화조약에서 구 제국의 몰락까지.

1675-1799 : 슈페너의 『경건한 열망』(*Pia desideria*)에서 슐라이에르마허의 『종교에 대하여. 교육받은 자의 종교 멸시에 대한 담화』(*Reden über die Religion*)까지.

† 30년 전쟁 이후 정치적이고 교회적인 사건 사이의 지금까지의 밀접한 결합이 느슨해졌다. 독일 교회사는 점점 더 교회의 그때그때에 있는 내적 과정의 역사가 되었다.

† 군주 절대주의는 지속적으로 교회의 상황에 영향을 미쳤다: 30년 전쟁 이후 전적으로 합목적적이고 세속적인 것이 내재

된 정치관과 국가관이 관철되었다. 이러한 정치관과 국가관은 종교와 윤리적인 기준을 의식적으로 포기했었다. 전적인 힘의 정치는 교파의 대립을 몰아냈다. 영국인 홉스(Thomas Hobbes, 1588-1679)의 『리바이어던』(*Leviathan*)에는 새로운 정신의 특징이 나타나 있다. 마키아벨리(Machiavelli)에 근거하여 합목적적인 국가관이 국시(國是)의 개념 안에 요약되었다. 루터교에서는 이 국가관에 대하여 투쟁했다(반 마키아벨리주의).

† 지역 군주의 교회 지배에 대한 절대주의의 영향력은 두 개의 교회법 이론을 탄생시켰다: 감독 제도와 지역주의(Territorialismus). 감독 제도란 감독의 권리가 1555년 이후 지역 군주(Landesherr)에게 양도된 것을 말한다. 그것은 세속적이면서 교회적인 권위인데, 물론 외형적인 교회의 업무(ius circa sarca)에만 해당되며, 설교, 성례전 집행, 목회 같은 내적인 것에 해당되지 않는다(ius in sacra). 지역주의 체제 안에서 지역 군주의 교회 권한은 바로 군주의 지배권에서 파생된 것이다. 이것은 군주 절대주의와 일치하였으며, 이론적으로도 국가행정 안에 교회의 실제 구조를 안전하게 하였다.

† 30년 전쟁 이후 독일 지역에서는 실제적인 국가교회가 발전하였다. 정부는 국민의 <사회훈련>(Sozialdisziplinierung-G. Oestreich)을 위해 교회를 이용했다.

† 이 시대의 그 외의 특징들 :
새로운 자연과학의 지식과 발명으로 새로운 세계관이 출현하였다. 정통주의의 세계관, 특히 구 프로테스탄트의 성서론과 갈등이 야기되었다: 성서는 자연과학 영역에서 더 이상 선생으로 인정되지 않았다.

경건주의의 개념 결정과 뿌리

† 최근의 경건주의 연구에 의하면 경건주의는 종교개혁 이후 프로테스탄티즘에서 가장 의미 있는 종교적인 갱신 운동이며 경건 운동이다(J. Wallmann과 M. Brecht). 개인적 신앙체험(즉, Gottseligkeit, "경건")이 경건주의의 신앙, 사상 그리고 행위의 중심에 있다.

† 17세기 초 거의 동시에 영국, 네덜란드 그리고 독일에서 경건주의의 역사가 유럽의 계몽주의와 함께 진행된다. 경건주의는 스위스, 스칸디나비아, 동유럽을 넘어서 북아메리카에까지 퍼졌다.

† 슈페너와 프랑케가 활동했던 1670년경과 1720년 사이가 독일에서 루터교 경건주의의 전성기이다. 실천적인 개혁운동으로서 경건주의는 독일에서 계몽주의와 유사한 목적을 가지고 있다: 경건의 실천(praxis pietatis), 사회 윤리적 자극, 교파 논쟁의 극복(그러나 로마 가톨릭에 대한 거리는 전보다 강화됨). 죄, 은혜 그리고 칭의에 대한 이해에서 경건주의와 계몽주의는 구별이 된다.

† 두 가지 표식에서 경건주의는 정통주의와 다른 특징을 가지고 있다: 교회에 있는 알곡 교인으로서 작은 집회에 있는 경건한 사람들의 모임(ecclesiola in ecclesia)과 세상에서 교회를 위한 임박한 개선에 대한 희망, 즉 가까운 최후 심판 날에 대한 예상에서 방향 전환(Johannes Wallmann).

† 보다 넓은 의미에 있는 경건 운동으로서 경건주의는 아른트(Johann Arndt)와 그에게서 나온 자극들로부터 시작되었다: 삶의 종교개혁을 통해서 교리의 종교개혁을 보완.

좁은 의미에 있는 사회적으로 파악할 수 있는 경건주의 운동으로서 필립 야콥 슈페너(Philipp Jakob Spener)는 루터교 경건주의의 창시자이다.

† 영국의 청교도적인 경건 문학과 중세 후기의 신비주의와 16,17세기의 신비적 영성주의는 경건주의의 뿌리에 속한다. 그러나 경건주의와 신비주의 사이의 관계에 대해 리츨(Albrecht Ritschl)이 주장한 것(Gesdrichte des Pietismus, 1880-1886)은 오늘날 더 이상 받아들여지지 않는다: 세상 도피적이고 신비적인 경향이 경건주의를 지배하지 않고 사회 윤리적인 자극이 지배하고 있다.

필립 야콥 슈페너-생애와 활동 개요

† 슈페너(Philipp Jakob Spener, 1635-1705)의 생애에는 경건주의의 시작과 관련된 많은 자극들이 있다.

† 1635년 엘사스에서 법률가의 아들로 태어났다. 슈페너는 청교도주의적인 경건 문학들과 요한 아른트의 『참 기독교에 대한 네 권의 책』의 영향을 받으며 성장했다. 철학(Justus Lipsius)과 자연과학에 있는 그 당시의 지식에 대한 자신의 관심은 대학 공부 이전부터 있었다.

† 1651년부터 스트라스부르크대학과 바젤대학에서 철학과 신학을 공부하였다. 스트라스부르크대학에서 루터교 정통주의 교의학의 근본적인 교육을 받았다(Johann Konrad Dannhaner).

† 네덜란드 개혁교회의 분파적인 경건주의의 창시자인 라바디(Jean de Labadie, 1610-1674)를 제네바에서 만났다.

† 로스토크(Rostock)의 신학자인 그로스게바우어(Thophil Grobgebauer)의 개혁서 『황폐된 시온의 파수꾼의 소리』(1661)를 통해 슈페너는 민족교회의 부패를 접하게 되었다.

† 1666-1686년 마인 강변의 프랑크푸르트 루터교 목사들의 대표(Senior). 먼저 루터교 정통주의 개혁 노력의 의미에서 영향을 끼침. 집중적인 루터 연구.

† 바리새인의 거짓 의에 관한 설교(1669) 이후 진실한 기독교인의 모임이 소규모로 이루어졌다. 1670년 교회개혁으로서 경건주의가 출발을 했던 프랑크푸르트의 경건의 모임(Collegium pietatis)이 태동하였다. 프랑크푸르트의 경건의 모임(Collegium pietatis)의 주동자는 법률가인 슈츠(Johann Jakob Schütz)였다. 그는 프랑크푸르트 모임에 라바디의 사상(교회 밖의 작은 교회, ecclesiola extra ecclesiam)의 주요 중개자였다. 1675년부터 후에 분리하여 나갔던 소위 말하는 잘호프 경건주의자들(Saalhofpietisten)이 모였다.

† 1675년 아른트의 『복음서 설교집』(*Evangelienpostille*) 신판(新版)의 서문으로서 글이 나왔다. 이것은 후에 별권으로 발행되었다: 『경건한 소원들 또는 참 루터교회의 하나님께 합당한 개선에 대한 진심의 열망』(*Pia Desideria oder Herzliches Verlangen nach gottgefälliger Besserung der wahren Evangelischen Kirchen*). 이 책은 소위 경건주의의 프로그램 책이다.

† 1686-1691년까지 슈페너는 선제후 요한 게오르그 3세(Johann Georg III.)의 궁이 있는 드레스덴에서 궁정 수석 설교자였다. 성인과 어린이의 공적인 교리문답 교육을 통한 개혁의 노력들. 라이프치히와 함부르크에서 루터교 정통주의와 경건주의 운동 사이의 논쟁들. 슈페너와 선제후 게오르그 3세 사이의 긴장들.

† 1691-1705년 슈페너는 베를린의 교회 협의회 위원과 니콜라이 교회의 감독이었다. 여기에서 그는 교회에 영향을 끼치는 최고봉에 도달했다. 광범위한 서신 교환. 1694년 잘레 강변의 할레에 프로이센의 개혁적인 대학이 세워짐. 이 대학은 슈페너와 프랑케의 경건주의에 특히 영향을 받았다.

† 1705년 슈페너는 <경건주의의 아버지>로 세상을 떠났다.

『경건한 소원들』(Pia desideria)-경건주의의 프로그램서

† 이 책은 세 부분으로 구성되어 있다:

1. 모든 세 계층(지배층, 성직자와 평신도)에 있는 교회의 부패 상태에 대한 진단.
2. 예측 : 아직 이루어지지 않은 성서의 약속에 근거하여 세상에 있는 교회에 대한 더 나은 시대의 희망(유대인의 회심과 로마 교황의 멸망).
3. 교회의 개혁을 위한 6가지 프로그램:
   1) 성서를 열심히 읽는 것과 교회의 공공예배 이외에 성서를 공부하는 모임에서 성서 읽은 것에 대한 의견 교환(교회 밖의 모임 제안)
   2) 신자들의 만인 제사장직의 실현
   3) 기독교 신앙은 이론보다는 실천에 관한 것이다.
   4) 교리적인 논쟁은 필요한 경우로만 제한한다.
   5) 교회 개혁의 핵심으로서의 신학 교육의 개혁 : 체험한 신앙은 배운 지식보다 중요하다.
   6) 설교는 아른트가 뜻한 바에 따르면 신앙의 촉진과 신앙의 열매를 위해 사용되어야 하는 것이며, 설교자의 허영과 학식을 나타내는 것이 아니다.

루터와 아른트에 기반을 두고 있는 슈페너의 개혁을 위한 제안들은 전통적이고 새로운 관점을 나타내고 있다. 루터교 정통주의에 비해 새로운 것: 세상에 있는 교회에 대한 더 나은 시대의 희망(온건한 천년왕국설)과 고린도전서 14장에 근거한 사도 시대적인 교회모임의 재정비. 1676년부터 슈페너는 <교회 안의 작은 교회>(ecclesiola in ecclesia)라는 형태로 자신의 교회 개혁 지침을 요약하였다. 그는 경건하지 않은 대다수의 신앙 향상과 촉진을 통하여 교회의 개혁을 더 이상 기대하지 않고 경건한 사람들의 모임과 촉진을 통해 기대한다.

아욱스트 헤르만 프랑케(1663-1727)와 할레의 경건주의

† 프랑케의 활동과 더불어 경건주의는 새로운 개혁운동으로 확고한 위치를 차지하였다. 할레의 경건주의에서 온 수많은 자극들이 많은 지역들에서 오늘까지 존속하고 있다.

† 프랑케의 생애는 특별히 할레의 경건주의를 이루었다. 1663년 뤼벡(Lübeck)에서 태어난 그는 유년 시절에 에른스트 신공(Herzog Ernst der Fromme)의 궁전이 있는 고타(Gotha)에서 교회와 학교의 개혁을 위한 중요한 개혁의 자극들을 받았다. 1687년 뤼네부르크에서 그의 회심 체험은 학문과 하나님 말씀에 의한 개인 문제 사이의 전회를 표시한다. 이것은 성서의 진리와 하나님의 존재에 대한 갑작스런 심한 의심에서 흔들리지 않는 확신으로 변하게 한 기도의 응답에서 나왔다: "왜냐하면 바로 나의 모든 의심이 사라졌기 때문이다." 회심했던 확실한 날짜가 있는 것과 먼저 해야 하는 <참회 투쟁>(Bußkampf)은 할레 경건주의의 표지가 되었다. 의심과 시련(Anfechtung)은 거듭난 그리스도인들의 믿음에 속하지 않는다. 세례를 통한 중생의 교리를 프랑케는 고집한다(그로스게바우어와 반대 입장에 있음).

† 1692년 할레로 부름을 받기 전에 프랑케는 라이프치히대학교, 함부르크와 에어푸르트에서 활동했다.

† 목사와 신설되는 할레대학교의 교수라는 두 개의 직무에서 프랑케의 위대한 개혁사업은 교육적인 발안들과 더불어 시작되었다: 빈민들을 위한 학교 설립, 고아원 설립과 이에 딸린 모든 신분 계층을 위한 학교(사회의 3계층 구조에 의거함). 자체적인 교사 양성기관도 세웠다. 프랑케의 교육의 목적 : <참된 경건>과 <그리스도적인 현명>, 즉 경건과 재능(실물 수업의 실시).

† 슈페너에 의해 요청되었던 신학교육의 개혁을 프랑케는 할

레에서 실현하였다: 경건의 실천(praxis pietatis)의 이행, 교리에 대한 논쟁을 제한하면서 성서와 실천신학에 대한 집중, 프랑케의 기관들 안에 있는 학생들의 교육적인 참여를 통한 학문과 실천의 연계. 이 개혁조치 때문에 많은 학생들이 할레로 왔다.

할레의 신학부에서는 프랑케 외에 안톤(Paul Anton), 브라이트하웁프트(Joachim Justus Breithaupt)와 랑에(Joachim Lange)가 가르쳤다.

† 브란덴부르크-프로이센국은 프랑케의 기관들의 설립을 장려하였으며(프리드리히 빌헬름 1세) 루터교 정통주의의 반대를 배격하였다.

† 프랑케는 칸슈타인(Carl Hildebrand von Canstein)과 함께 최초로 독일성서기구를 설립하였다(1710년). 저렴한 가격으로 성경 제작. 경건주의가 성서를 가정에 보급한 성서운동이라는 것이 증명되었다.

† 프랑케의 개혁에 대한 자극들은 프로이센과 독일 국경을 넘어 퍼졌다. 이것은 『위대한 논문』(*Großer Aufsatz*, 1704)에 수록되어 있다. 슐레지엔, 동프로이센(쾨니히스베르크대학교), 발트 해 연안의 나라들, 스칸디나비아와 동유럽과 동남유럽 국가들 특히 러시아와 특별한 접촉들이 있었다.

† 해외 선교의 시작은 할레의 경건주의와 관련이 있다: 트란케바(남인도)에 있는 덴마크-할레 선교회. 선교사 치겐발크(Bartholomäus Ziegenbalg)와 플뤼츠샤우(Heinrich Plützschau)는 당시 덴마크령에 루터교회를 세웠다. 여기에서 이들은 상당한 수준으로 인도의 문화와 종교적인 상황에 관심을 가졌다.

할레의 경건주의의 활동은 "인간의 변화를 통한 세상의 변화"(Martin Schmidt)라는 표어로 요약될 수 있다.

슈페너와 프랑케 신학의 개요

† 슈페너 신학은 특히 그의 설교집에 나타나 있다(『복음적 신앙교리』, *Die Evangelische Glaubenslehre* 1688, 일 년간의 설교를 모은 설교집). 근본은 종교개혁적인 칭의론이다. 슈페너는 이것을 무엇보다도 중생(regeneratio)의 개념에서 요약한다. 그는 중생을 갱신(renovatio－슈페너에게 있어서 갱신과 성결은 동의어로 쓰인다: 역자 주)과 구별하였다. 슈페너는 하나님을 통해서만 일어나는 중생을 조건으로, 그에게 있어서 무엇보다도 중요한 성결을 믿음의 성장을 위한 근본으로써 이해한다. 경건의 실천은 이 세상에서 이룰 수 없는 "완전에 이르는 여행"(Reise zur Vollkommenheit)이다. 슈페너의 교회 이해(ecclesiola in ecclesia)는 중생과 성결의 차이에서 온 것이다. 여기에서 그는 이미 거듭난 기독교인의 개선을 강조하고 있다. 루터교의 칭의론에 대한 고수와 신비적인 영성주의로부터 선을 그은 것은 확실히 시대의 요청으로 칭의에서 성결을 강조하는 것으로 옮겼음을 나타낸다.

† 프랑케 신학 또한 그리스도 중심적인 신학과 죄의 깊은 이해를 강조하는 루터의 전통에 서 있다. 프랑케에게는 특히 구원사실의 실존적인 관계에서 개인이 부각된다. 인간론적이고 심리학적인 관찰 방법은 참회 투쟁과 일회적이고 증거할 수 있는 회심의 강조를 통하여 효과가 나타나는데, 이것은 루터적인 의인이면서 동시에 죄인(simul iustus et peccator)이라는 사실을 관철시키려는 것이 아니다. 분명히 루터의 칭의론에 대한 고수는 칭의에서 동시대의 개혁 지향의 상황에서 보여지는 성결로 강조점이 옮겨가는 것을 나타낸 것이다.

고트프리트 아르놀트(1666-1714)

† 아르놀트(Gottfried Arnold)에게서 신비적 영성주의와 경건

이 경건주의에 미친 영향을 볼 수 있다. 슈페너와 교류한 것 외에 아르놀트는 일찍이 급진파 경건주의적인 교회에 대한 비판을 하였다(바벨의 만가, Babels Grablied).

† 아르놀트의 교회사적인 두 권의 중요한 작품 : 『예수 그리스도에 속한 공동체들의 첫 번째 사랑』(*Die erste Libe Gemeinden Jesu Christi*, 1696), 『비당파적인 교회와 이단의 역사』(*Unparteische Kirchen-und Ketzerhistorie*, 1699/1700).

이미 첫 번째 작품에서 아르놀트는 소위 말하는 타락 이론(Verfallstheorie)을 적용하였다: 믿음과 사랑 안에서 서로 결속된 사람들의 참 교회는 십자가와 박해 아래 있으며 원시 그리스도교 이후 점점 더 많이 세상적인 유혹에 빠졌다.

† 비당파적인 교회와 이단의 역사에서 아르놀트는 이 타락 이념을 교회사 전체에 적용시킨다. 기독교는 특히 콘스탄틴 황제 이후부터 점점 더 몰락하였다. 그 이유는 교회가 국가와 동맹을 맺고, 사제의 지배와 교리로 억압한 데 있다. 이 타락은 교황의 교회뿐만 아니라 종교개혁적인 교회들에게도 해당된다. 침묵하며 평화를 사랑하고 믿음으로 사는 그리스도인들은 <장벽교회들>(Mauerkirchen)과 대조를 이루는 내적인 심령의 교회를 이룬다. 제도적인 교회로부터 이단자들과 이탈자들로 정죄를 받은 사람들이 이 그리스도인들이지만, 이단자들이 단순히 성인들로 표현되지 않는다. 아르놀트에 있어서 척도는 <비당파적인>(unparteisch), 즉 신조들을 뛰어넘는 그리스도교적 개인모습을 정당화 시키려는 관찰방법이다. 아르놀트는 교회사에 있어서 오류를 제기하였으며 그리스도교의 역사에서 평신도들과 여성들의 활동에 눈을 뜨게 하였다.

아르놀트의 이 작품은 계몽주의와 고전주의 시대에 지속적

인 영향을 끼친 경건주의 역사의 가장 유명한 작품 중의 하나이다.

급진적 경건주의

† 경건주의의 역사에는 처음부터 또한 국민교회(Volkskirche)로부터 분리를 일으킨 교회 비판적인 경향이 있다. 이 경향의 사회적인 형태는 여러 가지가 있다: 극단적인 개인주의에서 세상으로부터 단절하고 결혼의 포기에 이르는 것과 같은 공동체 형성이 있다. 급진적인 경건주의자들은 제도뿐만 아니라 교회의 가르침에 대해서도 여러 가지로 비판한다: 주요 표지들은 의롭게 됨의 의미에 있어서 칭의론에 대한 비판, 천년왕국에 대한 기대를 가진 천년왕국설적인 미래의 희망(계시록 20장)과 만인구원론, 즉 <영원한 지옥의 벌>에 대한 부정.

이 급진적인 경건주의와 신비주의와 영성주의의 경계는 아주 뚜렷하지 않다.

† 급진적인 경건주의의 대표자들 :

슈츠(Johann Jakob Schütz, 1640-1690);

페터센(Johann Wilhelm Petersen, 1649-1726)과 그의 부인인 요한나 엘레오노라(Johanna Eleonora Petersen, geb. von und zu Merla, 1644-1721);

딥펠(Johann Konrad Dippel, 1673-1734);

폰 부틀라(Eva von Buttlar, 1670-1721).

고트프리트 아르놀트도 결혼하기 전 그리고 루터교 목사로 목회하기 전에는 급진적인 경건주의자였다.

친첸도르프와 헤른후트 형제교회

† 친첸도르프 백작(Nikolaus Ludwig Graf von Zinzendorf,

1700-1760)은 슈페너, 프랑케 그리고 아르놀트 다음으로 독일 경건주의의 4번째 되는 주요인물이다. 그는 무엇보다도 헤른후트(Herrnhuter) 형제교회의 설립자이며 양육자로서 그의 신학과 경건에 있어서 역사에 의미를 남겼다.

† 친첸도르프는 1700년 드레스덴에서 오스트리아의 귀족 가문 출신의 장관의 아들로 태어났다. 아버지가 일찍 세상을 떠난 후 친첸도르프는 그의 외할머니 게어스도르프(Henriette Katharina von Gersdorf) 집에서 성장했다. 아른트와 슈페너 또한 신비적인 경건의 영향.

† 1710년부터 1716년까지 친첸도르프는 할레에 있는 학교인 패다고기움(Pädagogium)에 다녔으며, 이어서 비텐베르크대학교에서 법학공부를 했다. 서유럽 연수여행(Bildungsreise): 초기 계몽주의의 정신, 칼빈주의 그리고 얀센주의와의 만남.

† 그의 신학과 경건에 있어서 중요한 것은 백작궁 로이스-에버스도르프(Reuß-Ebersdorf)와의 교통이다. 그곳에 있는 다양한 그리스도인들의 초교파적, <형제애적 공동체>(philadelphische Gemeinschaft)는 후에 헤른후트 형제교회의 모델이 되었다.

† 1722년부터 친첸도르프는 모라비아의 신앙망명자들이 오버라우지츠(Oberlausitz)에 있는 자기의 영지에 이주하는 것을 허락하였다. 이것이 목수인 다비트(Christian David) 지도하에 헤른후트 취락의 시작이다. 이 망명자들은 후스파 운동에 기원을 둔 형제단의 후손들이었다.

† 내부적인 어려운 갈등 후에 이 교회는 1727년 8월 13일 공동성만찬 예식에 의해 내적인 신생을 경험하였다. 친첸도르프의 영향으로 루터교의 지역교회와 연합이 이루었지만 과거의 독자적인 교회의 전통 또한 갱신되었다.

† 헤른후트 형제교회의 표식 : 죄의 형벌에서 구원하시고 자비로운 아버지께로 가는 길을 열어주신 구세주와 밀접한 연합에 대한 인식. 감사와 행동을 불러일으키는 초교파적인 심령의 종교의 토대에 선 뚜렷한 교회인식. 새로운 예배 의식: 애찬과 세족식. 성별과 혼인여부에 따른 그룹들(코어, Chor라고 부름)과 개인적인 선호에 따른 그룹들(반데, Bande라고 부름)로 분류함. 일용할 양식의 실천(Lospraxis): 성구 한 구절이나 찬송가 가사를 다음 날의 표어로 삼음.

† 헤른후트 경건주의의 세상에 대한 활동은 자율적이고 교회로부터 나온 선교운동에 있다. 선교지 교회에서 교파적인 특징의 단념 그리고 식민지 세력으로부터 독립에 의해 헤른후트 선교는 곧바로 할레의 선교를 능가하였다. 서인도와 그린란드에서 시작한 선교는 1760년까지 200명이 넘는 선교사들을 지구의 곳곳에 파송하기에 이르렀다.

† 친첸도르프의 <비유이론>(Tropentheorie)은 그리스도교의 교파들과 그룹들을 하나님의 각기 다른 교육방법들(*τρόποι παιδείας*)로 묘사한다. 교파들 가운데서 특별한 공동체로서 헤른후트 형제교회는 전체 그리스도교에 대한 복음을 위해 일하고자 한 것이다. 친첸도르프의 수많은 여행을 통해 헤른후트의 지교회들이 생겨났다.

† 친첸도르프의 신학은 루터의 십자가 신학(theologia crucis)을 새롭게 한다: 하나님에 대한 인식은 오직 십자가에 있는 그리스도를 통해서 존재한다. 이성적인 하나님에 대한 인식의 거부: "하나님을 머리로 아는 사람은, 무신론자가 될 것이다"; "예수가 없이는 나도 무신론자가 되었을 것이다." 그리스도교의 구원에 대한 확신은 십자가에 달린 자와 자신을 대신한 형벌의 고통에 대한 정서적인 경악을 통해서 이루어진다. 그리스도 중심적인 구원에 대한 확신은 종교적인 감정의

체험에서 표현된다("피와 상처의 신학").

† 헤른후트 형제교회뿐만 아니라 친첸도르프의 신학도 계몽주의와 고전주의(레싱, 괴테 그리고 헤르더) 그리고 19세기의 신학사에 상당한 영향을 끼쳤다. 슐라이에르마허는 자신을 가리켜 <더 높은 규범의 헤른후트>(Herrnhuter höherer Ordnung)라고 했다.

라인 하류 지역과 뷔르템베르크의 경건주의

† 라인 하류 지역의 개혁주의 프로테스탄티즘에서는 운더아이크(Theodor Undereyck, 1635-1693)와 텔스테겐(Gerhard Tersteegen, 1697-1769)이 활동했다. 라인 하류 지역에서 경건주의는, 특히 텔스테겐에게서 신비주의적이고 목회적인 방향이 나타난다.

† 독일의 모든 지역 가운데 특히 뷔르템베르크는 경건주의의 영향을 받은 곳이다. 경건주의적 내면성이 이곳에서 사변적이고 사색적인 관점과 연결되었다. 주요 인물 : 벵엘(Johann Albrecht Bengel, 1687-1752), 특히 성서학적인 저술들(헬라어 신약성서, 1737년, 신약성서 주해 Gnomon Novi Testamenti, 1742년). 또 한사람은 뵈메(Jakob Böhme)의 영향을 받은 외팅어(Friedrich Christoph Oetinger, 1702-1782)이다. 주요 저서 : 『살아있는 이념으로부터 끌어낸 신학』(*Theologia ex idea vitae deducta*, 1765).

계몽주의의 뿌리와 일반적인 특징

† 계몽주의는 17세기에 출현한 유럽 운동의 하나로서 그들의 옛 전승과 관계를 갖고 있다: 중세 전성기의 교회 비판적인 운동과 15와 16세기의 르네상스.

† 계몽주의가 출현한 17세기에는 수많은 요소들이 함께 작용

을 하였다: 계몽의 추진자는 도시에 있는 부유하고 자의식이 있는 시민계급과 궁정에 있는 관리들과 귀족들이었다. 여기서 합리적이고 합목적적인 사고가 경제적인 삶에서, 자연과학과 기술에서, 법에 대한 이해와 국가관에서 일어났다. 계몽주의와 군주 절대주의 사이의 역사적 병행.

† 계몽주의는 17세기 서유럽 철학의 사상운동으로서 출발하여, 18세기에는 보편적인 시대 정신을 결정한다. 그러나 계몽주의는 정신적인 운동만이 아니다. 기후 악화와 인구 정체의 특색을 나타내는 17세기 전반기의 <위기>에 직면하여, 1650년 이후부터 인구 증가가 눈에 띄게 된다. 서유럽의 경제와 무역의 발전.

† 경건주의의 갱신의 의지는 종종 보다 나았던 과거를 바라보았다. 이와 마찬가지로 계몽주의의 삶의 감정에 있어서 낙관주의적인 관점은 미래를 바라본 데 특징이 있다. 모든 인류 역사의 완성에 대한 이 기대는 그리스도교의 구속사를 포함한다. 그것을 통하여 예수 그리스도 안에서 계시에 대한 역사성에 대한 상당한 긴장: 계몽주의의 교회와 신학에 대한 주된 도전.

서유럽의 계몽주의

홀란드

† 홀란드에서는 최초로 근대 철학적인 체계가 탄생하였다. 스페인을 대항하여 자유를 쟁취하기 위한 싸움, 후기 인문주의("신스토아주의")와 무역을 하는 부유하게 된 시민 계층에서 경제적이고 문화적인 성장은 양심의 자유와 관용에 대한 조건들을 충족시켰다. 홀란드는 유럽에서 <박해 받는 자의 방주>(Arche der Verfolgten)가 되었다.

† 프랑스인 데까르뜨(René Descartes, 1596-1650)는 자신의 철학에 근대적인 인간의 자아인식을 갖다 주었다. 이성에 입각하여 그는 자신을 확인하고("나는 생각한다. 고로 존재한다" cogito ergo sum), 그를 둘러싸고 있는 세계를 자신의 능력 안에 있는 객체로서 이해한다(정신 - 물질 - 이원론). 철학은 신학의 시녀(ancilla theologiae)에서 감각적으로 체험할 수 있는 관찰과 이성적인 원리에 근거한 학문의 기본 원리가 된다. 주요 작품 : 『명상』(*Meditationes*, 1641)

† 기독교 전통에 대한 비판적인 정신은 스피노자(Baruch Spinoza, 1632-1677)에게서 나왔다. 주요 작품: 『신학과 정치 논문』(*Tractatus theologico-politicus*, 1670). 그리스도교는 사랑, 경외 위에 세워진 것이지 교리와 기적 위에 세워진 것이 아니다. 구약은 그에게 있어서 이스라엘 백성의 역사책이다. 데카르트의 이원론에 반하여 스피노자는 신을 자연 또는 본질과 동일시한다: <신 또는 자연>(deus sive natura). - 스피노자의 범신론(하나님과 세계의 구별에 대한 폐지)은 새로운 신학과 정신사에 강한 비판적 도전이 되었다.

영국

† 새로운 정신은 영국에서 이미 17세기에 남의 눈을 끌었다: 체버리(Herbert of Cherbury, 1581-1648)는 자신의 저서 『진리에 관하여』(*De veritate*, 1625)에서 자연종교의 근본을 제시하였다.

† 철학자 로크(John Locke, 1632-1704)는 영국의 경험철학의 전형적인 대표자이다. 그의 그리스도교 이해는 관용, 덕 그리고 도덕 위에 기초한 것이다. 계시와 이성의 관계는 조화롭게 균등하다: 신앙의 진리들은 초이성적인 것이지만 반이성적이 아니다.

† 영국의 이신론(Deismus, 1700년부터)에서는 성서에 대한 비판이 점점 맹렬해진다: 성서는 이신론자들에게 더 이상 이성과 자연을 능가하는 계시의 증서가 아니었다. 이신론은 창조신앙을 굳게 잡았지만 세상의 진행에서 하나님의 개입을 부인한다.

† 영국 이신론의 두 개의 중요한 작품: 톨랜드(John Toland)의 『신비적이 아닌 그리스도교』(*Christianity not mysterious*, 1696)와 틴델(Matthew Tindal)의 『옛 것으로서 그리고 창조로서의 그리스도교』(*Christianity as old and as creation*, 1730). 그리스도교는 인간의 이성에 반대되는 불가사의한 아무 것도 포함하고 있지 않다. 이것은 신약성경의 기적들에서 부활의 보고에 이르는 특히 구약성경에 대한 비판을 뜻한 것이다. 이신론적이고 반이신론적인 논쟁 글에서 문제되었던 것들은 특히 성경에 나온 기적과 그리스도를 가리키고 있는 구약성경의 예언들에 대한 이해와 정경의 개념에 대한 것이었다. 이것은 18세기 유럽의 성서신학의 중심문제이다.

† 프랑스와 독일에서는 이신론적인 논쟁의 영향이 본질적으로 영국에서 보다 더 강했다. 영국 국교회는 급진적인 교회비판을 물리치기 위해 완진히 강화되있다. 영국의 신학에서는 역사적 사고가 일찍 확고한 기반을 차지할 수 있었는데 성서의 축자영감설이 독일에서처럼 지배적이지 않았기 때문이다.

프랑스

† 프랑스의 계몽주의는 절대적인 통치권과 교회의 전통적인 지배와 아주 철저하게 관계를 끊었다. <앙상 레짐>(Ancien Régime, 프랑스 대혁명 이전의 구체제)과 교회와의 밀접한 관계는 교회로 하여금 프랑스 계몽주의자들의 대원수가 되게 하였다.

† 나중에 홀란드로 피신했던 프랑스인 피엘 벨(Pierre Bayle, 1647-1706)은 유럽 계몽주의에 대한 비판적인 대표작들 가운데 하나인 『역사와 비판의 사전』(*Ditionnaire historique et critique*, 1695-97)을 저술하였다.

† 프랑스 계몽주의의 주된 대표자는 볼테르(Voltaire, 1694-1778)이다. 정신의 자유, 관용 그리고 인권을 위한 선구자로서 프랑스 시민계급에 강한 영향을 끼쳤다. 영국의 이신론의 추종자로서 그는 1726-1728년까지 영국에 머물었으며 이신론의 사상을 프랑스로 가지고 와서 가톨릭 교회에 대한 투쟁의 수단으로 사용하였다("Écrasez l'infâme!"). 그는 프랑스에 대한 모범으로 영국의 정치적인 상황을 제시하였다. 그의 『관습에 관한 에세이』(*Essay über Sitten*, 1754-1758)는 이제까지 성서적인 경향의 인류역사를 깨뜨리고 이상적인 척도 없이 문화적인 상이점을 비관적인 관점으로 명백히 제시하였다.

† 35권으로 된 『백과사전』(편집 : Diderot와 d' Alembert, 1751-1780)은 계몽주의적인 이상을 프랑스 시민들에게 전달했다. 보편적인 신에 대한 신앙을 고수했던 반교회적인 볼테르로부터 시작하여 사람들은 여기에서 바로 무신론과 유물론으로 나아가게 되었다(de Lamettrie와 Baron Dietrich von Holbach의 자연의 체계, Systéme de la nature, 1770).

† 루소(Jean Jacques Rousseau, 1712-1778)는 계몽주의의 경계에 서 있다: 인간의 행복에 대한 원천은 이성적인 인식에 있는 것이 아니라 자연적인 인간의 감정과 정서의 힘에 있는 것이다("자연으로 돌아가라!"는 프로그램). 원래 인간은 태어날 때부터 선하다고 한다. 사회, 문화, 국가 그리고 종교는 인간의 천부적인 선한 성향을 망쳐버린다. 인간의 양심에는 보편적인 의지(volonté générale)가 자리잡고 있다.

루소는 두 개의 저서를 통해 큰 영향을 끼쳤다:
『사회 계약』(*Du contrat social*, 1762) : 이상적이고 자연적인 국가 질서의 프로그램.
『에밀』(*Emil*, 1762) : 자연을 따르는 교육의 이상.
물론 루소는 자신의 이상을 관철하기 위해서는 무력을 배제하지 않았다. 그리하여 루소는 프랑스 혁명의 정신적인 아버지로 간주된다.

독일 계몽주의의 독특성

† 독일에서 철학적이고 신학적인 계몽주의는 서유럽에 비해 특징적인 차이가 있다. 이성과 계시의 관계는 긴장으로 가득 찬 대립이 아닌 조화적인 보완에 의해 결정된다. 계몽주의적 사상들이 독일에서 근본적으로 서유럽과 다른 것은 아니지만 여기에 없는 것이 있다면 정치적인 폭발력과 교회에 대한 비판적이고 대적적인 태도이다.

† 이 차이에는 일반역사와 신학사에 원인이 있다. 30년 전쟁 때문에 독일의 발전은 서유럽에 비해 상당히 퇴보되었다. 독일의 계몽주의는 교파적이고 정치, 문화적인 분산으로 특히 프로테스탄드 지역, 군주들의 거주지 그리고 대학에 퍼졌다. 경건주의와 계몽주의는 독일에서 거의 동시에 등장했다. 정통주의에 대한 경건주의의 싸움은 실제적인 개혁 목적에서 독일의 계몽주의에 본질적으로 진로를 터주었다. 신학적인 계몽주의는 독일에서 이론적인 과정이라기보다는 오히려 경건주의처럼 실제적인 개혁운동이었다(Klaus Scholder).

라이프니츠(1646-1716)와 독일에서 계몽주의의 시작

† 라이프니츠(Gottfried Wilhelm Leibniz, 1646-1716)는 신학에 엄청난 영향을 끼친 독일 계몽철학의 출발에 서 있다. 플

라톤의 경향적이고, 포괄적인 사상과 함께 그는 유럽의 반열에 있는 철학자였다(베를린과 성 페터스부르크에 있는 학문의 아카데미 설립에 동기를 부여하였다).

† 라이프니츠에게 있어서 신앙과 이성의 일치가 중요하였다. 이성과 계시, 철학과 신학, 육과 영은 조화로운 결합 안에 있는 것으로 이해되었다(예정 조화, prästabilierte Harmonie).

† 이 조화에 있어서 조건은 필연적이고 영원한 진리와 사실적인 진리의 구별이다. 라이프니츠는 기하학적인 법칙 그리고 완전한 지혜, 하나님의 자비와 능력을 전자에 넣는다. 여기에는 계시와 이성 사이의 모순이 있을 수 없다. 왜냐하면 이성은 이 진리들을 사고에 필연적인 것으로써 증명하기 때문이다. 분명 이와 함께 계시는 이성에, 신학은 철학에 종속되어 있다.

사실적인 진리(예를 들면 자연법)에서 보다 높은 질서가 관철되며, 자연법의 파괴가 나타날 수 있다. 그리하여 라이프니츠는 기적의 초이성화에 대한 생각이 가능하다는 시도를 하였다.

† 하나님, 세상 그리고 인간에 관한 포괄적인 사고는 라이프니츠에 있어서 특히 그의 단자론에 나타나 있다. "단자들은 자연의 참 원자들이며 언어를 지닌, 사물의 원소들이다." 단자는 나눌 수 없는, 원래의 하나들이다. 각 단자는 스스로 내적인 법을 가지고 있으며 다른 단자들과 함께 <예정된 조화>(prästabilierte Harmonie) 안에서 서로에게 조화시킨다. 이로써 라이프니츠는 철학적이고 이상적인 세계 관찰과 마찬가지로 기계적인 자연과학을 인정할 수 있다.

† 라이프니츠는 신정론(Theodizee)에 대한 문제, 세상에 있는 악과 관련하여 하나님의 의를 우리의 세계가 "모든 가능한 세계 중에서 가장 좋은 것"이라는 명제를 가지고 푼다. 악도

세상에 속해 있다. 이성은 그러나 선과 신적인 것을 세상의 원래 모습으로 인식하고자 한다. 라이프니츠의 낙관적인 세계관은 죄를 단지 불완전한 선으로써 이해하고자 했다.

볼프(1679-1754)와 신학적 볼프주의

† 라이프니츠의 노선에 선 철학자 볼프(Christian Wolff)는 특히 독일 계몽주의의 영향을 널리 끼친 사상가였다. 그는 1707년부터 할레대학교에서 가르쳤다. 할레와 괴팅엔대학교는 독일 계몽주의의 정신적인 중심지이다.

† 수학적으로 증명하는 방법 위에 세워진 포괄적, 합리주의의 형이상학이 볼프 철학의 특징이다. 이성적인 통찰의 도움으로 하나님의 존재는 증명될 수 있다. 계시는 이성을 보완하며 이성을 반대할 수 없다. 왜냐하면 계시는 <초이성적>(übervernunftig)이기 때문이다. 볼프는 계시의 내용적인 가르침들을 건드리지 않았다. 그러나 이성은 계시에게 이것의 가능성과 한계를 밝혀주었다. 그리스도교에 대한 그의 이해는 인간 안에 있는 도덕적인 능력의 강화에 세워져 있었다. 그리스도교는 <초자연적인> 계시를 필요로 하지 않았다.

† 볼프에게 있어서 하나님의 완전성에 대한 증거는 소위 말하는 물리신학(Physikotheologie)에서 드러난다. 이 신학에서 모든 세계는 하나님의 완전성에 대한 거울로서 나타난다. 세상의 모든 사물들은 하나님에 의해 정해진 목적을 가지고 있어서 창조는 창조주의 완전성을 반영하고 있다.

† 계몽주의와 경건주의 사이의 대립은 특히 할레에서 볼프의 추방에 여실히 반영되어 있다(1723년). 중국 도덕론의 예를 들면서 볼프는 도덕이 단지 계시와 독립하여 이성에 근거한다는 것을 어떤 강연에서 증명하였는데, 이것은 프랑케의 심각한 항의를 불러 일으켰다.

† 볼프로부터 영향을 받았던 신학자들은 소위 말하는 볼프주의 또는 과도기적 신학에 속하게 되었다. 이들은 18세기 전반기 경건주의에서 계몽주의의 과도기에 있는 신학자들이다. 이들은 정통주의와 경건주의적인 전통뿐만 아니라 이성과 자연종교에 대해 정당성을 부여하는 시도를 하였다. 여기에서 강조점은 차이가 있으며 볼프에 대한 입장도 상이하다.

† 대표적인 인물로 할레대학교에서 제믈러의 선생이었던 바움가르텐(Siegmund Jakob Baumgarten, 1706-1757)이 있다. 바움가르텐은 할레의 경건주의 출신이었으며 볼프의 <논증방법론>을 가지고 정통주의 교리의 이성적이고 논리적인 서술을 위해 노력하였다. 그는 성서의 축자영감설(Verbalinspiration)에 확고히 서 있었으나 자연을 통한 하나님에 대한 인식이 계시로 인도한다는 사실을 확신하였다. 그는 서유럽의 성서신학에 대한 비평적인 글들을 『할레 도서관의 소식』(*Nachrichten von einer Hallischen Bibliothek*, 1748-1751)을 통하여 독일에 소개하였다.

† 그 이외의 신학자들 :

슈미트(Johann Lorenz Schmidt, 1702-1749), 『베르트하임 성경』(*Wertheimer Bibel*)의 저자. 그리스도에 대한 구약성서의 예언은 논쟁의 여지가 있다는 내용이 이 책에 있다. 이것은 심한 논쟁을 불러 일으켰다.

라이마루스(Hermann Samuel Reimarus, 1694-1768), 함부르크 인문계 고등학교 교사, 『베르트하임 성경』을 통해 자신의 고등 비평적인 작품인 『하나님에 대한 이성적인 숭배자를 위한 변증 또는 보호의 글』(*Apologie oder Schutzschrift für vernünftigen Verehrer Gottes*)을 쓰는 동기를 부여 받았다(단편 논쟁).

† 볼프의 영향을 받았지만, 부분적으로 비판적인 경계를 설정

하면서 특히 성서와 교회사 연구로 주목을 받았던 사람들:
모스하임(Johann Lorenz von Mosheim, 1694-1755) : 헬름슈테트와 괴팅엔대학교에서 활동하였고 실용적인 방법론을 교회사에 도입하였다. 이와 더불어 그는 새로운 교회사학의 창시자가 되었다.
파프(Christoph Matthäus Pfaff, 1686-1760)는 권위 있는 합의주의(Kollegialismus)의 교회법적 이론을 발전시켰다.
발히(Johann Georg Walch, 1693-1725)는 대 루터전집의 편집으로 유명해졌다(1740-1753).

제믈러(1725-1791)와 신학적 합리주의(Neologie)

† 갱신신학(Neologie)은 18세기 후반에 독일 계몽주의 신학의 절정을 제시하고 있다. 이성과 계시와의 관계에서 비판적인 이성의 고유한 비중이 점점 강해졌다. 이것은 무엇보다도 구프로테스탄트의 성서론을 공격한다.

† 독일에서 역사-비평적 신학의 창시자는 제믈러(Johann Salomo Semler, 1725-1791)였다. 그는 독일 계몽주의의 가장 중요한 신학자였다. 그의 저술과 더불어 구프로테스탄티즘에서 신프로테스탄티즘으로의 전환이 나타난다. 역사 비평 방법의 일관된 적용을 통해 제믈러의 신학은 정통주의와 경건주의와 확실한 경계를 긋게 된다. 그러나 급진적인 계몽주의와 자연주의에 대해 <경건한 계몽주의자>인 제믈러도 항의하였다. 그리하여 독일 계몽주의의 특성은 제믈러에게서 확실히 보인다.

† 1752년부터 할레대학교에서 가르쳤던 제믈러의 주 저서는 『정경의 자유로운 연구에 대한 논문』(*Abhandlung von freier Untersuchung des Kanon*, 1771-1775)이다. 상대적으로 늦게 형성된 신약성서 정경의 역사적 조건에 관한 인식

은 법적인 정경 이해와 구두영감설의 과제가 되었다. 정경이 되었던 성서 안에 하나님의 말씀이 포함되어 있지만 하나님의 말씀이 성서와 동일하지는 않다. 성서 해석에 있어서 또한 <적응>(Akkomodation)이 유념되었다. 즉 원시 그리스도교는 종교적인 주위 세계에 적응했다는 것이다.

† 제믈러는 이 역사적인 작업을 신학과 종교의 차이로 표현했다. 그는 두 가지 개념을 새롭게 정립하였다. 신학은 이제 목사와 교사에게 있어서 변할 수 있고 수정을 요하고 발전이 가능한 전문적인 용무이다. 이와 반대로 종교는 모든 그리스도인들의 일로 성서적인 종교, 신앙 그리고 이웃사랑에 대한 근본 진리에 대한 합의이다. 제믈러에게 있어서 이 구분은 두 가지 목적과 관련되었다: 학문적인 신학을 위한 자유와 동시에 신적인 계시의 총체로서 구원의 순서에 대한 경외.

† 제믈러는 신학과 종교의 구분에서 한층 더 나아가 공적인 종교와 사적인 종교로 구분하였다. 공적인 종교는 근본을 신조에 두고 있는데 비해, 사적인 종교는 그리스도교 신앙의 개인적인 형태를 묘사한다. 제믈러는 그리스도교의 개인 종교의 자유를 대변하였고 『자유로운 신학적인 교수법에 대한 시도』(*Versuch einer freieren theologischen Lehrart*, 1777)에서 신학 연구의 자유를 요청하였다. 동시에 그는 냉소적인 개인주의에 그리스도교 신앙을 양도하기를 원하지 않았다. 그리하여 제믈러는 1788년의 뵐르너(Wöllner) 종교칙서를 인정하였다. 뵐르너 종교칙서는 신조에 목사와 교사의 의무를 요구하였다.

† 제믈러 이외의 신학자들은 부분적으로 전통에 대해 비판적인 입장을 가지고 있었지만 보편적인 복지와 인간애에 대한 비교의적이고 도덕적인 기독교의 촉진에 대한 목적에 있어서는 일치하였다. 중요한 신학적 합리주의자들은 다음과 같

다: 예루살렘(Johann Friedrich Wilhelm Jerusalem, 1709-1789)의 『종교의 최고 진리에 관한 고찰』(*Betrachtungen über die vornehmsten Wahrheiten der Religion*); 슈팔딩(Johann Joachim Spalding, 1714-1804)의 광범위한 영향력 있는 저서인 『설교직의 유용과 장려에 관하여』(*Über die Nutzbarkeit des Predigtamtes und deren Beförderung*). 대부분 교회의 직무를 가진 신학자들은 그들의 설교를 통하여 시대에 맞는 사회 윤리적인 그리스도교에 대한 해석의 의미에서 활동하였다.

단편논쟁

† 독일에도 모든 초자연적인 계시를 부인하고 합리주의로부터 영성주의 그리고 스피노자주의까지 진전한 급진적인 계몽주의자들이 있다. 여기에 속한 사람으로 예를 들면 바르트(Karl Friedrich Bahrdt, 1741-1792)가 있다.

† 그러나 그리스도교에 대한 과격한 공격은 독일에서 특히 『익명의 단편』들(*Fragmente eines Ungenannten*)의 발행으로 일어났다. 1774년과 1778년 사이 레싱(Gotthold Ephraim Lessing)은 볼펜뷔텔(Wolfenbüttel) 도서관에서 함부르크의 고등학교 교사이며 동양학 학자인 라이마루스(H. S. Reimarus)의 『하나님에 대한 이성적인 숭배자를 위한 변증 또는 보호의 글』(*Apologie oder Schutzschrift für die vernünftigen Verehrer Gottes*)을 발췌하여 출판하였다. 이미 1768년에 고인이 된 라이마루스는 이 글에서 날카롭게 성서비평을 하였으며 복음서 안에서 상반되는 것들을 강하게 표출시키고 기만논제를 세웠다. 이에 의하면 그리스도교의 탄생은 완전히 제자들의 사기였다는 것이다. 예수는 정치적인 메시야로서 좌절했다. 그의 제자들은 그의 죽음 이후 그

들의 명의상의 실망을 극복하고 세상에서 주목을 받을 수 있도록 부활을 날조하였다는 것이다. 레싱은 이 책의 발행으로 그리스도교의 본래의 의미와 본질에 관한 토론에 도달하고자 하였다. 이것으로 후기 정통주의와 이상주의적인 계몽주의 사이의 대립이 깊어진 것에 도달하지는 않았다. 이 '익명의 단편들'의 발행은 심각한 논쟁을 일으켰다. 이 논쟁에는 함부르크의 주목사(主牧師)인 괴체(Johann Melchior Goeze)와 제믈러가 참여하였고 레싱은 개인적으로 공격을 받았다.

† 레싱의 입장은 그의 유명한 문장에 나타나 있다: "우연한 역사적인 진리는 필연적인 이성의 진리의 증명이 될 수 없다"(『영과 능력에 대한 증명에 관하여』, *Über den Beweis des Geistes und der Kraft* 1777). 여기에서 레싱은 라이프치히의 필연적인 진리와 사실적인 진리 사이의 차이를 연관 시켰다. 성서의 역사적인 내용은 영과 능력의 증거를 이끌 수 없다. 왜냐하면 이 내용은 무조건적인 필연성을 가지고 분명해지지 않기 때문이다. 긍정적인 종교들은 신적인 교육과정을 위한 장소이며 이 교육과정의 목적은 사랑과 이성의 참 종교이다(『인류의 교육』, *Die Erziehung des Menschlechtes,* 1780). 이것은 나단(Nathan)의 반지 우화(Ringparabel)에도 나와 있다.

계몽주의의 절정과 극복

† 칸트(Immanuel Kant, 1724-1804)와 더불어 계몽주의는 절정과 동시에 극복에 도달한다. 계몽주의에 대한 그의 정의는 자신의 소책자인 『계몽주의란 무엇인가?』(*Was ist Aufklärung?,* 1784)에서 유명해졌다: "계몽주의는 자기에게 책임이 있는 미성년의 인간의 출구이다. 미성년이란 자신의

이해력을 지배하거나 다른 사람의 이해력을 이용할 수 없는 무능력이다." 칸트는 자신의 『순수 이성 비판』(*Kritik der reinen Vernunft*, 1781)에서 이제까지의 형이상학과 신 존재증명을 비판한다. 그는 『실천 이성 비판』(*Kritik der praktischen Vernuft*, 1788)에서 형이상학의 새로운 이해에 도달한다: 이론적인 이성은 이 세 가지(Trias), 즉 하나님, 자유, 불멸을 증명할 수 없다. 이 세 가지는 그러나 실천이성의 필연적인 요청이다. 칸트는 자신의 종교철학(『단순한 이성의 경계 안에 있는 종교』, *Die Religion innerhalb der Grenzen der bloßen Vernunft*, 1793)에서 역사적인 교회의 단지 외형적인 종교 행위를 비판한다.

† 계몽주의의 세기 가운데 계몽주의의 질문을 극복하고 칸트를 비판한 사상가의 새로운 정신이 나타난다: 하만(Johann Georg Hamann: 1730-1738). 이성과 계시의 관계, 죄와 은총은 완전히 새로운 단계에 들어섰다. 하만은 1758년 런던에서 집중적인 성서 통독을 통해 자신을 새로운 자기인식으로 이끌어 가는 <회심>을 체험했다: 추상적이고 이론적인, 신앙 밖에 있는 이성이 우리 존재의 수수께끼를 푸는 것이 아니라, 오히려 우리의 모든 인식은 하나님이 인간이 되었다는 것 속에, 이 세상 실존의 육신성과 구체성 안에 하나님의 낮아지심 속에 요점이 있다. 하만은 18세기에 루터 신학을 집중적으로 다룬 사람이었다.

가톨릭 교회 안의 계몽주의

† 교황권은 정치적이고 정신적인 영향력의 최하점을 체험했다. 무엇보다 예수회는 교황권에게 정부뿐만 아니라 교회 자체의 정치적인 권력 지향을 통해서 점점 부담이 되었다.

† 그럼에도 불구하고 18세기 전반기에 반종교개혁의 정신 속

에서 몇 가지 뒤늦은 조치들이 있었다: 프랑스의 <광야교회>(Kirche der Wüste)에 대한 박해와 1731년 잘츠부르크 대주교구로부터 프로테스탄트교도들의 추방. 얀센주의의 논쟁도 다시 일어났다. 1713년 교황 칙서는 어거스틴주의를 정죄했다. 그 칙서는 예수회 영향 아래서 나왔고, 프랑스에서 분노의 폭풍을 잠재웠다.

† 포르투갈과 스페인 등 다른 나라에서도 다시 예수회에 대한 투쟁이 점점 빈번해졌다. 1773년 교황 클레멘스 14세는 결국 예수회를 폐지해야 했다.

† 그러나 <요셉주의>(Josephinismus)라는 개념은 계몽주의도 가톨릭 교회의 내부로 들어가고자 했음을 가리킨다. 요셉 2세(Joseph II., 1780-1790)의 통치 아래 오스트리아의 교회를 계몽된 절대주의의 지배 아래로 놓으려는 시도가 있었다. 그것은 로마로부터의 완전한 독립을 의미하며, 수도원의 감소, 성직자의 신학 교육의 개혁, 이성적이고 도덕적인 경건의 의미에서 예배 의식의 간소화를 의미했다. 1781년의 관용 허락을 통하여 프로테스탄트에게도 시민적인 동등권과 그들의 신앙의 권리가 부여되었다. 후에는 이와 같은 국민 교회적인 개혁 작업은 광범위하게 다시 취소되었다.

† 독일에서는 무엇보다도 라인 지역의 대주교구와 프랑켄 지역의 뷔르츠부르크와 밤베르크 주교구가 계몽주의 정신에 붙들러 있었다. 지향점은 여기서도 마찬가지로 국민적인 개혁 가톨릭주의와 로마에 대해 독립된 감독주의(Episkopalismus)의 방향으로 흘렀다. 1763년 트리어의 부주교인 폰 혼트하임(가명 "Justinus Febronius")은 다음과 같은 것을 요구했다: 교황이 아니라 단지 주교회의만이 무오하며, 교황의 수장권은 단지 하나의 상위의 명예이며, 독일 교회는 로마로부터 독립되어야 한다. 엠스협정(Emser Punktation,

1786)에 개혁의 요구가 요약되었다. 그러나 주교들과 가톨릭 국가 측의 잘못된 지원 아래서 불일치가 페브론주의(Febronianismus)에 대한 로마 교황청의 승리를 가져왔다.

참고문헌

Brecht, M. Philipp Jakob Spener, sein Programm und dessen Auswirkungen, in: Geschichte des Pietismus, Bd. 1, 279-389.

Fitschen, K. Der Katholizismus von 1648 bis 1870, 26-96.

Gerick, W. Theologie und Kirche im Zeitalter der Aufklärung, 70-136.

Hauschild, W. -D.: Lehrbuch der Kirche-und Dogmengeschichte, Bd. 2, § 18, 6.-16., 680-736.

Horning, G. Johann Salomo Semler, in: Gestalten der Kirchengeschichte, Bd. 8, Die Aufklärung, 267-279.

Horning, G. Neologie und Aufklärungstheologie, in: Handbuch der Dogmen-und Theologiegeschichte, Bd. 3, 125-146.

Krumwiede, H.-W.: Geschichte des Christentums III, 73-102.

Moeller, B. Geschichte des Christentums, 298-325.

Wallmann, J. Der Pietismus, 36-143.

Wallmann, J. Kirchengeschite Deutschland seit der Reformation, 123-171.

18 프랑스 대혁명 이후 사회속의 교회 상황

개 요

프랑스 혁명 전, 후의 전체 역사적 상황은 그것의 결과와 더불어 큰 변화를 가져와서, 사람들이 1800년의 시기를, 그곳으로부터 역사적인 발전이 지속적으로 이루어진 깊은 전환점이라고 말하는 것은 적절하다.

절대주의 국가의 몰락과 의회를 통한 공화국의 선포는 중요한 정치적인 변혁을 가져왔고, 이 변혁의 과정 속에서 국가의 지배권이 귀족에서 시민으로 넘어갔다.

국가-정치적 영역에서 지금까지 관계의 혁명적인 형태변화는, 이미 18세기 동안의 경제-사회적 영역에서 이루어 낸 변화와 관련에서 보아야 한다. 기술적인 발견은, 도시와 시골에서 사람의 생활을 심하게 변화시키는 산업 생산에 대한 전제가 되었다.

문화-정신적인 관점에서도 프랑스 혁명은 1800년대의 교양인들에게는 아주 고무적이어서 적극적으로 찬성하든지, 혹은 강하게 거부하게 하는 사건이었다. 이 혁명 훨씬 이전의 정신사적인 전승들, 중세의 교회 비판적인 흐름들, 르네상스, 인문주의 그리고 유럽의 계몽철학은 프랑스에서의 혁명적인 사건들과 직접적으로 관계를 맺는다. 결국 이와 같은 이념들은

그것들이 정치적-사회적으로 구현되는 것을 볼 수 있었다. 그러나 혁명의 지속적인 과정과 그것의 결과, 독재적인 공포의 지배와 프랑스의 패권 아래서 유럽 국민들의 강력한 억압은 혁명 이전 상태의 복고로 몰고 가는 여러 가지 반항을 야기하였다. 그러기에 19세기의 정신적인 투쟁은 본질적으로 프랑스 혁명에 대한 그때그때의 입장과 결합되어 있다.

1800년대는 교회-신학사 속에서도 역시 깊은 계기(Einschnitt)를 만든다. 교회 내적 발전 그 자체가 아니라, 정치적, 경제적, 사회적 요소들과 교회와 신학에 대한 비중 있는 영향력을 통해서 1800년대의 교회사적인 시대 구분이 이해될 수 있다. 앞서 지배하던 교회-신학적인 영향에서 점진적으로 그러나 중단 없이 벗어나는 여러 층의 과정이 프랑스 혁명에 의해서 상당히 촉진되었고, 무엇보다도 끊임없이 넓혀진 인구 층을 붙잡게 되었다. 이와 같은 세속화 과정은 특별히 현대적인 상황을 나타내는데, 이곳은 교회와 신학이 늦어도 계몽주의 이후에 현존하고 있다.

급성장하는 도시의 인간 삶에 깊은 개입과 병행하는 19세기의 산업화의 물결을 통해서 교회는 아주 특별하게 도전을 받았다. 도시 주민들의 교회에 대한 소외감의 급진적인 증가는 사회적으로 뿌리 뽑힘과 함께 다가오는데, 거기에 대해서 교회는 지금까지 교회의 조직구조 속에서, 분명하게 말해서 교회는 충분히 반응할 수 없었다. 내방선교와 19세기 사회 문제의 거대한 과제는 단지 몇몇의 신학자와 무엇보다 평신도에 의해서 파악되었는데, 그들은 실천적인 이웃 사랑 안에서 자신의 신앙을 증언하였다.

19세기의 거대한 선교활동의 근원은 각성운동 속에 있는데, 먼저 독자적인 선교단체(Missionsgesellschaft)로부터 출발하여, 19세기 중반기부터는 점점 교회 그 자체의 일로 이해되었다.

프랑스 혁명을 통해서 프랑스의 우월의식과 소명의식이 생겼고, 민족주의는 철저하게 종교적인 성향을 띠게 되었다. 민족주의의 이와 같은 현대적인 현상은 프랑스와는 달리 교회와도 결합될 수 있었는데, 예를 들면 나폴레옹에 대항하는 해방전쟁 동안의 프러시아에서 그러했다. 하나님, 왕 그리고 조국을 위한 투쟁 속에서 정치적인 보수주의뿐만 아니라 민족주의도, 나아가 경제의 자유를 위해서 투쟁하는 자유주의자들도 함께 발견된다.

역사의 새로운 평가는 먼저 일반적인 의식 속에서 교회를 평가하도록 하지만 교회는 모든 변화를 통해서, 혁명의 격정을 통해서, 수세기 전승의 힘과 지속성의 생생한 검증을 통해서 존재한다. 그러나 역사에 대한 되돌아 봄 속에서 인간은 그리스도교적인 중세를 갈망하거나 혹은 여러 다양한 역사적인 관심에 만족할 뿐만 아니라, 역사주의와 함께 세계관이 생기는데, 이는 모든 주어진 것을 그것의 발생으로부터 파악하고 그와 함께 상대주의와 허무주의의 현대 정신을 안내했다. 18세기의 정신적인 근본문제로, 신앙과 이성, 내지는 자연의 관계는 이제 신앙과 역사의 관계 속에서 움직인다. 이 문제는 교회와 그들의 신학에 심각한 도전-19세기 이후 그들에게 나타난-이 되었다.

주요 항목

프랑스 혁명으로부터 비인회의로-1800년대의 시대

프랑스 혁명

† 18세기에서 19세기로의 변화는 하나의 중요한 교회사적인 단면을 나타낸다. 사람들은 1800년대의 시대에 관해서 말한다.

† 사회적인 분쟁과 프랑스 계몽주의의 사회정치적인 폭발력은 1789년 프랑스 혁명에 이르렀다. 절대주의 국가의 분쇄와 시민층에 의한 지배력의 이양과 함께, 구제도와 깊게 결합된 교회는 국가-사회적인 삶으로부터 배제되었다. 동시에 처음으로 유럽에서 국가와 교회의 수세기의 결합이 해체되었다. 프랑스와 달리, 이미 프랑스 혁명 이전에 이루어진 미합중국(1776년 영국으로부터 독립)에서의 교회와 국가의 분리는 교회적대적인 태도를 취하지 않았다. 그리스도교와 국가로부터 자유로운 교회는 여기에서는 오히려 국민과 정치에서 중요한 요소다.

† 국민의회(Nationalversammlung: 1789-1792)의 중요한 교회정치적인 조치: 교회재산의 국민 소유로의 선언, 모든 수도원과 승단의 해체, 성직자에 대한 시민법. 시민법의 내용: 교회 기구의 국가 기구 아래로의 배치; 감독과 성직자의 시민에 의한 선출; 성직자의 봉급 확정; 국가 밖의 정신적인 지배자에 대한 복종으로부터의 벗어남(교황의 최고 수위권에 대한 대항, 고울주의 전승), 모든 성직자에 대한 국가와 헌법에 대한 충성 서약의 요구. 이같은 조치에 대해 성직자는 강하게 지힝하었다.

† 국민공회(Konvent: 1792-1794)가 교회와 그리스도교에 대한 적대적인 조치: 그리스도교적인 연호의 폐지와 그리스도교적인 축제 폐지; 결혼을 순수한 시민적인 일로 선언; 많은 교회의 황폐화, 귀중한 예술품의 약탈과 파괴.

† 1794년 로베스피에르 치하에서 이성과 최고의 존재자를 숭배하는 새로운 예전을 세웠다. 반교회적인 조치가 국민들 사이에 심한 저항을 받음.

† 1795-1799년의 집정 내각 때에 공포정치가 끝난 후 종교의 자유가 다시 주어졌다. 교회와 국가의 분리가 유지됨.

† 나폴레옹 보나파르트는 1801년 7월 15일 협약 하에 가톨릭 교회를 복고시켰다: 가톨릭 교회는 프랑스 시민의 다수의 교회로서 국가적으로 인정되었지만, 국가적인 감시 하에 머물렀다. 성직자들의 봉급은 국가가 조달하며, 교황은 새로운 주교를 지명하지만, 교회의 재산은 혁명을 통해서 상실된 것으로 인정할 수밖에 없었다.

1803년 레겐스부르크 제국 대표자 주요결정

† 프랑스에서의 혁명은 모든 독일 제국의 종말을 역시 확정했고 교회의 국가와 사회의 관계에 근본적인 변화를 가져왔다. 프랑스 혁명의 독일로의 직접적인 개입은 참으로 다양한 사회관계와 사회구조(국가의 붕괴와 시민층의 연약한 위치)를 방해했다. 그러나 혁명 프랑스에 대항한 연합전쟁에서 독일은 직접적으로 변화의 소용돌이 속에 빠져 들어갔다.

† 1797년 독일제국은 라인강 왼쪽 지역을 프랑스에 양도했다. 그것은 무엇보다 마인쯔, 쾰른 그리고 트리어 세 곳의 성직자 선제후와 관련된다. 그들의 라인 왼쪽지역의 상실에 대해서 프로이센, 오스트리아, 바이에른-팔츠 그리고 다른 세속적인 제후들은 라인 오른쪽 지역에서 배상을 받아야 했다.

† 이것은 1803년 레겐스부르크 제국 대표자의 주요결정에서 제기되었는데, 그것은 구제국의 정치적이고 법적인 토대를 파괴했다: 라인 우측의 거의 전체적인 성직 지배의 해체와 제후의 재량권 아래로의 그들의 복종. 그것은 교회재산의 세속화를 의미한다. 즉 광대한 수도원, 재단과 교구의 소유권에 대한 지방 영주(Landesherrn)의 재량: 많은 수도원이 해체되었다.

† 이와 같은 조치와 함께 성직 제후의 기구, 독일 역사에서 10세기 이후 각인된 <오토식의 제국교회체계>(Ottonische

Reichskirchensystem)가 끝났다.

† 새로운 지역의 형성은 지금까지의 독일 국가의 신조(Konfession)로 구분된 폐쇄성을 해체시켰다. 지방영주로 하여금 그들의 영역에서 다른 종교를 관용하도록 하며 그들에게 완전한 시민 권리가 허락되도록 분명하게 승인했다. 이와 같은 진전은 비인회의의 결정을 통해서 계속되었다.

나폴레옹 치하의 독일 - 1814/15년 비인회의에서의 유럽의 새로운 정치질서

† 1806년은 독일 역사에 세 가지 사건과 함께 드러난다: 나폴레옹의 보호 아래 라인연맹의 결성; 황제 프란츠 2세의 로마-독일 황제의 지위 폐기. 독일민족의 신성로마제국의 형식적인 종말; 예나(Jena)와 아우어스테트(Auerstedt)를 몰락을 통한 프로이센의 국가적 붕괴.

† 프랑스의 영향으로 나폴레옹 법전—시민법 모음(시민평등, 종교자유, 신조의 동등권, 신조에 중립적인 국가)—이 유입되었다.

† 1794년 프로이센의 일반 주정부법(Landrecht)은 계몽주의 정신 속에서 자연법적으로 국가와 사회의 토대를 놓는다. 그것을 통해서, 프로이센 붕괴 이후에 슈타인 남작(Freiherr vom und zum Stein)과 하르덴베르크 영주(Fuerst Hardenberg)가 <위로부터의 혁명>으로써 진행한 프로이센의 개혁이 준비된다. 그것들은 다음과 관련된다: 직업선택의 자유(신분의 제한에서 벗어나서), 농민의 개인적으로 결합되어 있는 세습예속(Erbuntertänigkeit)의 폐지, 도시의 자치기구. 행정의 개혁, 영업의 자유, 세제개혁, 유대인의 시민적인 동등권과 군개혁.

새로운 휴머니즘의 정신 속에서 빌헬름 폰 훔볼트의 교육개

혁 ; 1810년 베를린대학 개교.

† 1813/14년 나폴레옹에 대항한 독일의 해방전쟁. 이것을 통해서 독일 민족운동에 중요한 자극.

† 1814/15년 비인회의에서 유럽의 새로운 정치질서가 정통의 낡은 정신과 군주적인 국가형태 속에서 이루어 졌다. 민족적이고 자유주의적인 개혁의 힘이 밀려났다. 독일에서는 독일연맹(Deutsche Bund: 1815-1866)이 세워졌다; 독일의 각 국가들 속에 신조들이 여러 가지로 서로 섞여 있다.

† 1815년 이후 복고주의 시대(법률학자 K. L. von Haller의 작품 『국가학의 복고』에 따라 붙여진 이름). 사람들은 1792년 전의 상황을 재건하려 했다. 1815년 신성동맹(Heiligen Allianz)에서 러시아, 오스트리아 그리고 프로이센의 군주들이 이러한 복고주의에 종교적인 색칠을 하였다. <메테르니히 체제>(System Metternich, 이 정치의 지도자인 Lohtar Wenzel von Metternich 영주의 이름을 따라)는 결국 무수히 많은 봉기를 일으킨 개혁의 힘을 가까스로 후퇴시켰다(1830년 프랑스의 7월 혁명과 1848/49년 스위스, 프랑스 그리고 프로이센 등의 독일연맹의 국가들 속에서 일어난 혁명).

독일의 교회개혁 – 프로이센 연합과 그 결과

† 시대적인 교회 이해를 위한 노력과 교회개혁에 대한 추구는 19세기를 독특하게 규정하는 교회사적인 주제다.

† 남작 슈타인 – 영주 하르덴베르크의 프로이센 개혁은 교회의 개혁에도 역시 전념했다. 이와 관련하여 슐라이에르마허는 1808년 루터주의와 개혁주의 교회의 연합을 장로제적-회의체적인 제도(presbyterial-synodalen Ordnung)와 예배 개혁의 도입을 결합하는 헌법제안을 받아들였다.

† 루터 논제 게시 300년을 기념하는 해인 1817년 프로이센에

서 연합(Union)이 이루어졌다. 왕 프리드리히 빌헬름 3세 왕은 1817년 9월 27일 아직 외부적으로 분열되어 있는 개신교 신조들의 일치를 위해 소집을 호소했다. 왕의 소집은 아주 적극적인 반향을 일으켰다. 베를린에서 슐라이에르마허는 연합을 위한 추진력이 되었다: 그의 주도 아래 종교개혁 기념 전야에 성직자들의 공동 성만찬.

† 프로이센 연합보다 약간 앞서서 나사우공국(Herzogtum Nassau)에서 두 개 신조가 완전히 결합되었다: 행정연합(Verwaltungsunion), 제의연합(Kultusunion), 그리고 연합합의(Konsensusunion 교리에 있어서 일치).

† 계속적인 제의연합: 1820년 안할트-베른부르크에서, 1820/21년 발덱-퓔몽트, 1822년 라인헤센, 1827년 안할트-데사우.

연합합의 : 1818년 팔츠, 1821년 바덴

† 프로이센에서는 단지 하나의 행정연합만이 이루어졌다. 왕에 의한 백서의 도입은 제의에 개혁을 가져왔지만, 그러나 1822년과 1829년 사이에 심각한 백서논쟁을 일으켰다. 목사층과 교회에서의 여러 저항은 결국 타협으로 귀결되었다: 백서는 도입되지만, 그러나 지역적인 여건에 맞는 형식과 함께.

† 왕의 백서와 하나의 교회로 연합하는 것에 대한 저항은 무엇보다 쉴레지엔에서 강력한 국가적인 반대조치를 불렀다. 그 결과 수천 명의 루터주의자들이 북아메리카와 오스트레일리아로 이주하였다. 시골에 남아있는 자들은 구루터교와 결합하였다. 프로이센에서는 1841년부터 자유교회 조직으로 인정되었다.

† 백서와 연합에 대한 논쟁은 결국 왕으로 하여금 양보하도록 했다. 1834년 내각의 훈령은 신조들의 존속을 허락했다. 행정적이고 제의적인 연합은 단지 신조들의 차이가 더 이상 교

회 분열적이지 않다는 표현일 뿐이다. 그래서 프로이센 연합에는 세 개의 다양한 교회가 드러났다: 연합된 교회, 루터주의 교회 그리고 개혁주의 교회. 하나의 통일된 연합교회는 이루어지지 않았다.

† 프로이센의 연합에 대한 반동으로, 역시 각성운동으로부터 발전한 루터주의적인 신조주의를 이해할 수 있다. 거기에 대한 신호를 킬의 목사 함스(Claus Harms: 1778-1855)가 루터의 논제게시 300주년 기념 연합에 대항하는 테제를 가지고서 제시하였다.

† 19세기 연합 노력을 위한 뿌리: 경건주의와 계몽주의 시대에 신조들 대립의 후퇴와 교회들 사이의 일치 노력.

교회헌법의 개혁

† 시대에 맞는 교회헌법에 대한 노력은 프랑스 혁명 이후에 계몽주의적인 개혁을 자극하는데 공헌했다. 여기에서 무엇보다 중요한 것은 국가로부터의 교회의 독립이었다.

† 1815년 이후 복고주의 시대에 독립된 교회헌법을 위한 자유주의적-개혁적인 세력들은 격퇴되었다. 그러나 프로이센 서부지역인 라인란트와 베스트팔렌에서는 타협이 이루어졌다: 1835년 라인-베스트팔렌 교회제도. 여기서 국가는 서부독일 개신교 속에 안착된 장로제적인-회의체적인 제도를 받아들였다. 그러나 교회는 프로이센의 종교국 헌법(Konsistorialverfassung: 종교국과 총감독)의 조직을 인정해야 했다. 그와 함께 고유한 교회헌법이 만들어졌다.

† 1846년 왕에 의해서 소집된 총회 이후—그러나 그것은 아무 소득 없이 끝났는데—1848의 혁명은 최초로 장로제적-회의체적 교회헌법의 초안을 만들었다. 교회의 상황에 대한 바울교회(Pauluskirche: 1848혁명 당시 프랑크푸르트의 국민회

의가 열렸던 교회: 역자주)의 교회헌법은 다음과 같다: "모든 종교공동체는 그들의 일을 자립적으로 설정하고 관리한다. 그러나 일반 국가법 아래에 종속된다." (§ 147).

† 그러나 좌절된 혁명 이후의 정치적인 발전이 고유한 교회헌법으로 이끌어 가지 못하게 했다. 단지 교회와 국가의 행정적인 분리만이 개신교 최고관리위원회(EOK: Evangelischer Oberkirchenrat:)의 설립(1850)과 함께 이루어 졌다.

† 주 교회 정부의 분명한 제한은 일단 1873년 자유주의 정신 안에서 반포된 교회와 회의체제도를 가져왔다. 그의 배경은 자유주의적인 문화성 장관 팔크(Adalbert Falk)와 비스마르크의 자유주의다. 교회의 자치는 그와 함께 1876년 만들어진 총회(Generalsynode)에 이르기까지 가능했다.

† 19세기 기간 동안 장로제적-회의체적인 교회헌법이 독일 개신교 전체에 관철되었다. 정치적-세계관적인 대립이 교회 정당들의 형성에 있어서 교회적-신학적인 입장들과 결합되어 있었다: 보수주의적-신조주의, 자유주의와 소위 중간계층 정당. 1919년 바이말 헌법에서 처음으로 주 교회 정부가 궁극적으로 완성되었다.

독일 개신교에서의 사회문제

† 전체 사회처럼 교회 역시 산업화를 통한 급진적인 관계 변화에 대하여 가장 큰 도전 앞에 서 있었다. 교회에서는 적지 않는 개인들이, 무엇보다 평신도가 적극적으로 봉사 활동을 하였다. 가톨릭 교단에서 교회의 사회적인 일에 비해서 개신교는 자기의 역사 때문에 교회의 책임적인 사회적인 일의 필연성에 준비되지 못했다. 참으로 루터는 그리스도교의 사랑의 행위가 그리스도교 공동체 안에 닻을 내림을 알고자 했지만, 종교개혁의 역사를 통해서 그것은 실제로는 세속 권위의 책

임 안에 들어갔다. 30년 전쟁 이후에 특히 경건주의는 다양한 사회적인 활동을 전개했다. 할레의 프랑크의 기구는 내방선교의 최초의 활동으로 볼 수 있다.

† 각성운동으로부터 사회적인 곤궁을 제거하기 위한 첫 번째 활동들이 나왔다: 코트비츠(Hans Ernst von Kottwitz: 1757-1843)는 1807년 베를린에서 <가난한 자를 위한 자발적인 사업기구>(Freiwilligen-Armen-Beschäftigungsanstalt)를 세웠다. 노동자 가정을 위한 자립의 가능성.

† 다양한 구호 기구의 설립: 팔크(Johannes Falk: 1768-1826)는 고아들을 위해 바이마르에 루터호프(Lutherhof)를 세웠다("오! 너 즐거운 성탄……"의 시를 지은 괴테와 관련해서). 폴머스타인(Adalbert Graf von der Recke-Vollmerstein: 1791-1878)은 보훔에 오버디크(Overdyk)와 뒤셀도르프에 뒤셀탈(Duesselthal)을 세웠다. 독일 그리스도교 사회단(Die Deutsche Christentumsgesellschaft)은 남독일에 수많은 구호기구 설립을 기획했다. 함부르크에서 지베킹(Amalie Sieveking)은 가난한 자와 환자를 돌보는 여성단체를 만들었다.

† 비헤른(Johann Hinrich Wichern: 1808-1881): 독일 개신교 사회사업의 가장 중요한 발의자이며 조직가로 내방선교(Innnere Mission) 사상의 창시자다.

요한 힌리히 비헤른과 내방선교

† 비헤른은 신학적으로 슐라이에르마허와 각성운동으로부터 출발하며, 함부르크에서 그는 대도시의 사회적 곤궁을 체험했다.

† 1833년 비헤른은 함부르크에서 광야의 집(Raue Haus)을 세웠는데, 이는 가정을 대신하여 보호자 없는 젊은이들을 위한

교육기구이다. 지도자들은 <보호기구>(Gehilfenanstalt)에서 교육받은 형제들이었다: 남성 디아코니의 시작. 그들은 『광야의 집 안내』(*Agentur des Rauen Hauses*)와 잡지 『광야의 집에서 보내는 소식』(*Fliegende Blätter aus dem Rauen Haus*: 1844)을 발행했다.

† 1848년 비텐베르크 교회의 날에 비헤른은 유명한 연설을 했는데, 이는 그가 내방선교의 일을 선포하는 일 외에 개신교 선교의 적절한 과제로 세운 것이다. 이것으로부터 <독일 개신교 내방선교 중앙위원회>(Centralausschusses für die Innere Mission der deutschen evangelischen Kirche)가 설립되었다. 그의 백서(Denkschrift) 『독일 개신교 내방선교, 독일민족에 대한 백서』(1849)는 신앙 없는 백성들의 그리스도교적 그리고 사회적 재생에 대한 그의 사상을 요약한다.

† 비헤른의 자극은 영국으로부터의 자극과 함께 독일의 많은 사회적 제도에 미친다: 도시선교, 고향의 집회소, 죄수의 후생사업.

† 비헤른의 내방선교의 사상은 가정, 교회, 국가의 제도 안에서 통합된다. 그는 그리스도교적인 국가를, 그리스도교적인 사회제도를 희망했다. 비헤른은 교회, 민족, 국가를 상호관련된 것으로 보았다. 1848년 좌절된 혁명 이후에 그는 프로이센의 보수주의자들과 접촉을 했다. 급격한 사회적 붕괴의 두려움과 그리스도교 국가에 대한 희망은 이 연대의 근거다; 비헤른의 개혁 자극은 사회적인 구조에 어떠한 변화도 열어놓지 못했다(예를 들어 영국의 노조운동처럼).

† 비헤른 외에 내방선교에서 다른 중요한 사람이 있다:
프리드너(Theodor Fliedner: 1800-1864)는 1836년 카이저스베어트(Kaiserswerth)에 첫 개신교 여성 디아콘-모원(Diakonissen-Mutterhaus)을 세웠다.

뢰에(Wilhelm Löhe: 1808-1872)는 1854년 노이엔데텔스아우(Neuendettelsau)에 여성 디아콘 양성소를 기공했다. 뢰에는 내방선교를 토대의 일치(Vereinsbasis)에 근거한 비헤른과는 달리, 모든 사회적 활동이 교회공동체(Gemeinde) 안에 뿌리를 내리고 있다고 보았다. 비헤른과 뢰에 사이에 교회관에서 차이가 있다.

보델슈빙(Friedrich von Bodelschwingh: 1831-1910)은 1872년 이후 빌레펠트에 가장 유명한 <사랑의 도시> 베델을 세웠다. 환자를 돌보는 일뿐만 아니라 연약자와 환자에 대한 공동의 일, 노동자 거주지와 새로운 거주지 형태의 건축 등이 그가 제시하는 길의 목적이다.

개신교 사회운동의 역사

† 산업화의 과정에 산업 노동자의 비참함 속에서 생기는 사회문제는 폭발력을 갖는다. 이러한 도전에 다음과 같은 사람들이 관계한다:

베르너(Gustav Werner: 1809-1887)는 <그리스도교적인 공장>을 시도

후버(Victor Aime' Huber: 1800-1869)는 조합주의적인 사상

토트(Rudolf Todt: 1839-1887)는 사회주의와 그리스도교의 필연적인 결합을 암시.

† 스퇴커(Adolf Stoecker: 1835-1909)는 1847년 이후 베를린의 보수적인 궁정 설교가이며, 교회와 노동자층의 깊은 간격을 정당창설을 통해서 극복하려고 시도했다: 베를린 아이스켈러모임(Eiskellerversammlung: 1878) 후에 그는 그리스도교-사회-노동당(Christlich-Soziale Arbeiterpartei)을 결성했다. 노동자들에게서는 어떠한 성공도 거두지 못했고 기껏해야 소신민층에 약간 있었다. 스퇴커의 반셈족주의는 운명

적인 것이었다.

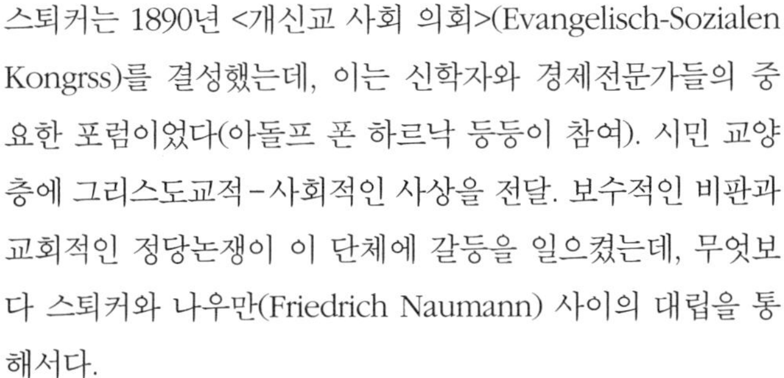

스퇴커는 1890년 <개신교 사회 의회>(Evangelisch-Sozialen Kongrss)를 결성했는데, 이는 신학자와 경제전문가들의 중요한 포럼이었다(아돌프 폰 하르낙 등등이 참여). 시민 교양층에 그리스도교적-사회적인 사상을 전달. 보수적인 비판과 교회적인 정당논쟁이 이 단체에 갈등을 일으켰는데, 무엇보다 스퇴커와 나우만(Friedrich Naumann) 사이의 대립을 통해서다.

† 나우만(1860-1919), 처음에는 목사, 그 다음 정치가로서 그는 그리스도교 사회 운동의 아주 작은 영향에서 다음과 같은 결론을 이끌어 냈다: 산업사회 시대의 사회적 곤궁은 새로운 정치를 요구하는데, 예수의 정신 안에 있는 프란치스파의 정서뿐만이 아니다. 그리스도교 사회운동은 나우만의 지도 아래, 그 시대정신의 영향을 받아, 민족-사회 운동 속에 움직였다[1896년 민족-사회 연맹이 세워짐, 잡지는 "도움"(Die Hilfe)]. 나우만의 교회 공무에서 나와서 정치로의 길은 종교와 정치의 분리에 의해 결정되는데, 그것은 그가 루터의 두 왕국론을 잘못 해석한 것에 기인한다(그리스도교 윤리에 대한 정치와 경제의 고유한 법칙성). 사회적 책임에 대한 많은 자극은 나우만과 그의 주변에서 비롯되었다.

† 스위스에서는 쿠터(Hermann Kutter: 1869-1931)와 라가츠(Leonhard Ragaz: 1868-1945)가 종교-사회운동(religioes-soziale Bewegung)을 결성했다. 여기서는 사회주의에 대해 긍정적으로 접근하며, 독일의 그리스도교-사회 운동과는 차이가 난다. 1924년 독일 종교 사회주의자 연구모임(Arbeitsgemeinschaft der religiösen Sozialisten Deutschlands)이 결성되었다.

† 19세기 개신교의 사회적인 일은 여전히 하나의 시민적인 일

로 남았고, 산업노동자층에서는 거의 통로를 발견하지 못했다. 그러나 개인들의 상징적인 사회 참여는 그들의 공개적인 한계에 부딪쳤을 뿐만 아니라, 개신교 주정부 교회의 사회적인 일은 오늘에 이르기까지 계속해서 19세기의 발의(Initiative)에 의해서 살아있다. 선교(Mission)뿐만 아니라, 봉사적(Diakonisch)인 그리고 자선적(karitativ)인 활동 속에서 민족적인 경계선이 넘어서고 고유한 교회의 과제로써 인식된다.

19세기 가톨릭 교회

전체적인 특징

† 심각한 적대감과 깊은 외부적인 손실 때문에—그것은 교황과 가톨릭 교회가 혁명기에 겪어야 했다—19세기 동안에 무수히 많은 비판에도 불구하고 로마 가톨릭 교회의 특히 교황권의 가치와 권력은 끊임없이 상승했다. 국가와 사회에서 교회를 지금까지 이끌어 가는 위치에 있는 자들에 대한 정치적 경제적인 토대는 프랑스에서 혁명을 통해서 독일에서는 1803년 이후 영주의 성직 역할의 해체와 교회재산의 세속화를 통해서 파괴되었다. 이와 같은 외적 손실에 병행하여 놀랄 만한 내적 각성과정이 나타나는데, 이것으로부터 무엇보다 교황권이 다시 강화되었다.

† 19세기 가톨릭 교회의 재강화는 세 가지 주된 요소 때문이다: 가톨릭 운동에서 종교적 갱신, 동시에 교구의 새로운 제도에서 교황청(Kurie)의 보편적인 교회 정치, 그리고 소위 울트라몬타니즘.

† 교황 피우스 9세(Pius IX: 1846-1878) 아래서 울트라몬타니즘은 1869/70년 제1차 바티칸 공의회에서 절정에 이르렀다.

새로운 가톨릭의 역사에서 가장 중요한 결과: 카르타고의 키프리안 이후 계속된 주교중심주의(Episkopalismus)와 교황주의(Kurialismus)의 대립 종결.

† 19세기의 강화된 가톨릭 자의식과 가톨릭 교회에서 우월한 교황권의 위치는 다른 한편으로 현대 세계를 강력하게 봉합하는 것이며, 정신적이고 문화적인 고립된 상황을 나타낸다. 이것은 <독일 가톨릭>과 <구가톨릭 교회>의 분열을 가져왔으며, 또한 현대 정치적이고 정신적인 자유주의에 대한 가톨릭 교회의 대립을 가져왔다.

독일과 오스트리아에서 가톨릭 운동

† 비인회의 이후 낭만주의와 복고주의 시대에 독일 가톨릭은 여러 가지 중심에서 종교적인 갱신을 체험했다. 동시대의 프로테스탄트의 각성운동과의 결합은 1800년의 이 종교적인 출발점이 되었다. 그리스도교적인 일치의 문화로서 가톨릭적인 중세 초기 낭만주의적인 광명(노발리스: Die Christenheit oder Europa, 1799)과 로마 교회로의 주목할 만한 개종은 가톨릭의 자의식을 촉진시켰다(예: 1808년 프리드리히 쉴레겔의 회심).

† 바이에른 주에는 신학자 자일러(Johann Michael Sailer: 1751-1832)가 경건하고 반스콜라적인 가톨릭주의(Landshut 대학)에서 가장 중요한 사람이다. 그로부터 많은 자극이, 또한 알고이어(Allgaeuer)의 각성운동이 시작되었다.

† 베스트팔렌 주 뮌스터에는 영주 부인 갈리친(Amalia Gallitzin)의 주변에 한 모임이 형성되었는데, 하만(J. G. Hamann)도 속해 있다. 그는 라인란트에서 가톨릭 운동에 중요한 자극을 주었다.

† 비인에는 호프바우어(C. M. Hofbauer: 1751-1820)의 <비인

의 사도들>이라는 모임이 점점 강하게 교회적인 자의식을 채워갔다. 단지 강화된 교황권만이 가톨릭 교회를 새롭게 할 수 있다는 것이다.

† 마인쯔에는 콜마(J. L. Colmar: 1760-1818) 주교를 중심으로 모임이 생겨서 반계몽주의적이고, 반프로테스탄트적인 가톨릭 교회 개념을 점점 강조하고, 새로운 스콜라적인 신학 학파를 세웠다.

† 뮌헨대학(1826년 세움)에는 괴레스(Joseph Goerres: 1776-1848)가 영향을 미쳤는데, 그는 무엇보다 자의식적인 가톨릭주의를 위해서 출판에서 활동하였다.

† 튀빙엔 대학에서는 드라이(J. S. Drey: 1777-1853)와 묄러(J. A. Moehler: 1796-1838)의 튀빙엔 학파가 중요하다. 왜냐하면 거기는 그 시대정신에 끼어들지 않고 관념주의와 낭만주의와 함께 교환했기 때문이다. 묄러의 작품 『신조비교신학』(*Symbolik*: 1832)에는 낭만주의적인 유기적사고와 자의식적인 논쟁신학이 결합되어 있다: 묄러에게 로마 가톨릭주의는 그리스도교 역사상 가장 완성된 형태다. 왜냐하면 가톨릭은 모든 대립적인 것에 대한 참다운 일치를 나타내기 때문이다.

가톨릭 조직의 새로운 구축

† 교황 피우스 7세(Pius VII: 1800-1823)는 1814년 나폴레옹 하야 후에 다시 로마에 들어올 수 있었다. 이와 동시에 교황청 굴욕의 시대는 끝나고 로마 가톨릭주의는 부흥하기 시작한다.

† 비인회의 동안의 그리고 그 이후의 정치적 반동은 혁명과 나폴레옹 치하의 굴욕에 대한 교회적 반동을 받아들였다.

† 로마교황청 국무원수장(Kardinalstaatssekretaer)인 콘살비(Conalvi)는—그는 전에 1801년 나폴레옹과 조약(Kon-

kordat)를 다루었는데—비인회의에서 교회국가를 재생시켰다. 교황청은 정치 운동의 자유를 다시 요구하였다. 거기서 주교청은 모든 민족교회적인 경향에 대하여 보편적인 교회정치를 관철시켰다.

† 1814년에 교황은 그의 교서(Bulle)에서 예수회를 회복시켰다. 그의 영향력은 19세기 내내 증가하였다(로마대학과 가톨릭선교의 예수회로 양도). 로마는 협정 내지 교황의 발표를 통해서 일련의 국가들 속에서 교회적인 계층을 다시 세우고 새롭게 만들었다. 독일에는 구제국의 몰락 후에 개개국가들과 상의해야 했다. 먼저 1817년 바이에른과의 협정을 맺었는데, 그것은 주교들에게 상당한 교회적인 권한을 안전하게 하는 것이지만, 주교의 지명과 모든 교회의 칙령에 대한 비준을 국가에게 양도하는 것이었다. 바이에른은 파사우 주교구, 레겐스부르크 주교구와 아욱스부르크의 주교구와 함께 하는 뮌헨-프라이징 대주교구와 뷔르쯔부르크, 아이쉬타트와 스파이어와 함께하는 밤베르크 대주교로 나누어진다. 프로이센은 서부의 중심이 쾰른 대주교구이고 동부는 포젠-그네젠이다. 하노바 왕국은 힐데스하임과 오스나부르크의 두 개의 주교구가 새로 세워졌다.

† 서남 독일에는 로마가 거기에 강화시킨 민족교회적인 전통에 따라서 교회지방의 새로운 조직에 보다 강력한 국가적인 교회감독을 받아들였다(페브론주의 참조).

울트라몬타니즘과 쾰른의 교회논쟁

† 울트라몬타니즘(Ultramontanismus)은 로마를 향한 견해를 나타내는데(산맥을 넘어: ultra montes), 이는 교황의 권력과 힘을, 그리고 사회적인 삶에 있어서 가톨릭 교회의 영향력을 인정하는 것이다. 그것은 국가에 대립하는 교회의 자유

를 위한 투쟁을 포함한다. 독일에서 그 투쟁은 울트라몬타니즘을 그 세기 중반에 이르기까지 때때로 자유주의와 협력하게 했다.

† 19세기 울트라몬타니즘의 뿌리는 프랑스에서 혁명에 대한 반동과 교회와 교황을 완전히 국가에 예속시키려는 나폴레옹의 시도에 대한 반항이다(기본적인 작품: Joseph de Maistre의 "Du Pape", 1819). 교황무오설은 이미 여기서 분명하게 선포되었다. 프랑스에서의 울트라몬타니즘은 낭만주의 정신에 의해서 지지되는데, 오래 전부터 반프로테스탄트적인 특징을 나타냈다. 예수회를 통한 울트라몬타니즘의 확장, 성직자와 가톨릭 출판물에 의한 국민선교 활동. 프랑스 외에 울트라몬타니즘은 특히 벨기에에서 성공했다(교회와 국가의 분리). 거기서부터 울트라몬타니즘의 경향이 전 유럽으로 퍼졌다.

† 독일에서는 울트라몬타니즘이 특히 뮌헨의 괴레스에 의해서 선전되었다. 마인쯔의 모임 역시 마이스트레(Maistre)의 생각을 받아들였다.

† 후에 프로이센에서 문화투쟁이 자의식적인 교회와 프로이센-개신교적인 국가교회의 대립에서 생긴 것처럼, 쾰른의 교회 투쟁은 독일에서 특별히 중요하다. 문제점은 혼합결혼이 문제였다. 트리엔트 결혼법은 비가톨릭과의 결혼을 금지했다. 그 사이에 자유주의적인 실천이 관철되었다(의심스러운 경우에 자녀가 아버지의 종교를 따른다). 그러나 이제 엄격한 정경적인 혼인법으로 되돌아가는 경향에 직면했다. 교황의 회피 속에서 프로이센은 먼저 쾰른의 대주교 스피겔(Graf Spiegel)과 다른 주교들에 의해서 자유주의적인 실천을 인증할 수 있었다. 그러나 그의 후임자, 드로스테-피셔링(Freiherr von Droste-Vischering: 1773-1845)은 혼합결혼의

우회에 대해서 엄격한 교황의 지침을 유지했다. 이같은 엄격함은 심각한 투쟁을 야기했다: 1837년에 대주교의 체포와 민덴 성곽으로의 강제 퇴거가 뒤따랐다. 포젠-그네센의 대주교도 같은 운명을 겪었다.

† 쾰른 사건의 결과 : 가톨릭 주민은 국가에 대한 투쟁 속에서 위계질서의 뒤편에 폐쇄적으로 남게 되었다. 프리드리히 빌헬름 4세가 정부를 책임진 후부터 그 논쟁은 끝났고, 교회는 프로이센에서 보다 큰 자유를 얻었다. 1850년에 문화부 안에 가톨릭 영역이 세워짐.

† 가톨릭의 자의식을 강화시키기 위해서 1842년 쾰른의 돔건축제(돔의 계속 증축)와 1844년 트리어에 있는 그리스도의 옷(Heiliger Rock : 성의)에 순례가 수행되었고, 가톨릭 출판물은 그것을 활발하게 지지했다.

† 울트라몬타니즘에 대항하여 자유주의 교회운동이 일어났다: <독일가톨릭주의>와 신학에서 자유주의 방향 : <헤르메시아니즘>(Hermesianismus). 독일가톨릭주의는 합리주의적인 정신 속에서 독일의 민족교회의 토대를 추구했으며 정직된 쉴레지엔의 보좌신부(Kaplan) 롱게(Johann Ronge)가 주도했다. 교회의 학교공무, 독신(Zölibat), 성인숭배를 거절. 1845년 이후 자유주의 시민 지지자가 급격히 증가하지만, 곧 1848년 이후 이 운동은 사라졌다.

헤르메스(Georg Hermes: 1775-1831)는 본대학에서 가르치면서, 칸트의 철학과 독일 관념주의 도움을 받아 가톨릭 신학을 새로 굳건하게 하며, 마인쯔 학파의 신스콜라주의에 대항하는 이름을 헤르메시아니즘이라고 했다.

† 울트라몬타니즘은, 무엇보다 마인쯔의 주교 케텔러(Freiherr von Ketteler: 1811-1877)에 의해서 대변되는 사회적인 가톨릭주의와 일치되었다. 일련의 작품 속에서 그는 자유주의적

인 경제방식의 폐해를 강력하게 비판하면서 노동자 층에 대한 교회의 사회적 책임을 주장했다. 1846년 콜핑(Adolf Kolping)에 의해서 세워진 사회단체 역시 중요하다. 이 단체는 위협당하는 수공업신분을 지원하려고 했고, 계속해서 콜핑 가계(Familie) 안에서 확장되고 오늘날까지 활동한다.

교황 피우스 9세(Pius IX: 1846-1878)와 제1차 바티칸 공의회(1869/70)

† 피우스 9세의 재위 기간은 지금까지 교황의 역사상 가장 길며, 근대 가톨릭주의의 역사에서 가장 중요하다. 피우스 9세는 1848년의 혁명 경험을 토대로 그의 프로그램에서 자유주의와 민족주의에 투쟁했다.

† 1854년 피우스 9세는 교서에서 근대의 가장 중요한 마리아 교리를 선포했다: 마리아의 <무흠수태>(Immaculata conceptio). 그 교리는 말한다: 마리아는 어머니 성 안나(Heilige Anna)의 자궁에서 수태의 순간에 성령의 놀랄 만한 개입에 의해서 원죄에 의한 모든 더러움으로부터 이미 벗어나 있다. 이 교리의 배경은 점점 증가하는 울트라몬타니즘과 그 시대의 강력해진 마리아경건이다. 교황 그 자신도 포함된다(1858년의 루드의 마리아 출현). 그 교리의 새로운 것: 피우스 9세가 선행한 공의회의 결정 없이 그것을 선포했다. 이미 둔스 스코투스가 이 이론을 대변했으나 토마스 아퀴나스는 부인했다.

† 1864년 교황의 교서(Quanta cura)를 그 시대의 오류에 대한 표시로 발표했다(Syllabus errorum). 여기서 울트라몬타니즘이 분명하게 나타났다: 합리주의, 무차별주의, 사회주의, 공산주의, 성서단체와 국가적인 문화 고양은 그 시대의 자유주의적인 오류로 판결되었다.

† 이와 같은 발전은 1869/70년의 제1차 바티칸 공의회에서 정점에 달했다. 동방교회의 감독과 프로테스탄트 역시 이 에큐메니칼 공의회에 초대되었으나 그들의 주된 목적에 대한 항의로 참여하지 않았다: 교황무오설의 확정. 이미 전장에서 이 의도에 대한 강력한 비판이, 특히 독일에서 있었다.

† <Constitutio de fide>(신앙에 대하여)에는 토마스의 견해가 인정되었는데, 신앙과 이성은 결코 모순될 수 없다는 것이다. <Constitutio de ecclesia>(교회론에 대해서)는 교황의 보편적인 감독권과 교황의 무오류설이 정의되었다. 교황의 보편적인 주교권은 전교회에 대해서 교황의 사법적인 권한(Jurisdiktionsgewalt)을 의미한다(Primat). 주교중심주의와 공의회중심주의는 동시에 격퇴되고, 교황청주의 내지는 교황주의는 수 세기 동안의 투쟁에서 승리자가 되었다. 보편적인 주교권 외에 무오류설에 대한 설명은 다음과 같다: 교황은 <강단과 관련>(ex cathera)된 것은, 즉 신앙과 관습의 문제에 대한 최고의 가르침을 공적으로 수행하는데 있어서 그러한 가르침은 오류가 있을 수 없다는 것이다(Infallibilität). 그러한 잘못될 수 없는 결정은 전교회에 해당되어야 하며, 신앙의 보고(depositum fidei)는 "거룩하게 보관되고 신실하게 해석되어야 한다." 교황의 결정에 교회의 동의 없이도 그러한 교리결정의 무오류성은 그들의 법적인 근거를 갖는다.

† 제1바티칸 공의회는 19세기 울트라몬타니즘의 절정이었다. 그럼에도 불구하고 무오류설의 교리를 약화시키려는 적지 않는 저항과 시도가 있었다. 뮌헨의 교회사가인 될링거(Ignaz von Döllinger: 1799-1890)는 그의 책 『교황과 공의회』(*Der Papst und das Konzil*, 1869)에서 무오류설의 교리를 날카롭게 거절했다.

† 그래서 제1차 바티칸 공의회 이후에 구가톨릭 교회와 로마

가톨릭 교회가 분열되었다. 바티칸 이전의 구가톨릭 교회를 재건하려는 될링어의 파문 후에 제1차 구가톨릭 교회회의가 1871년 뮌헨에서 열렸다. 쾰른의 제2차 회의에서 우트레히트 교회에 서품받은 주교가 특별 주교로 선출되고, 동시에 사도직을 계승했다. 구가톨릭 교회는 가톨릭 시민교양 층에 제한되고 작지만 오늘날까지 지속되고 있다.

문화투쟁으로부터 반근대주의 서약(1871-1910)

† <문화투쟁>이라는 개념은 강화된 가톨릭 교회와 19세기 자유주의 정신과 민족주의와의 부딪치는 것을 의미한다. 좁은 의미에서 그것은 프로이센 수상이며 1871년 세워진 독일제국의 첫 수상인 비스마르크(Otto von Bismarck: 1815-1898)와 로마 교황청과의 투쟁이다.

† 1870년 가톨릭 중앙당(Zentrumspartei)이 세워졌다. 울트라몬타니즘과 결합 속에 비스마르크는 새로 세워진 제국에 대해 강력해진 정치적 가톨릭주의를 두려워 했다. 그래서 가톨릭 교회 그 자체가 아니라, 정치적 가톨릭주의를 그의 적으로 여겨졌다. 그러나 그는 개신교를 포함하여 교회들을 국가와 정치로부터 엄격히 멀어지게 하고 종교적 영역에 제한시키고자 했다. 1871년부터 1875년에 결국 교회의 영역에 개입하는 다양한 법률들이 발표되었다: 정치적 선동에 대한 강단의 오용에 대한 반대, 예수회와 그들의 수도단의 금지, 학교감독법(국가의 학교 감독) 그리고 소위 1873년 5월의 법(국립 대학에 성직자와 그들의 교육에 대한 문화시험), 교회법의 제한, 빵광주리법(1875년 Brotkorbgesetz: 국가업무의 폐지), 시민결혼 도입 등.

† 주교들의 단호한 저항은 체포와 파면으로 이어졌고 가톨릭 주민들은 그들의 주교 주의에 모였다.

† 초기에는 피우스 9세 죽음 후에 교황 레오 13세(1878-1903) 아래 전선이 심각해졌다.

† 비스마르크는 1880년과 1887년 사이에 문화투쟁입법을 단계적으로 취소하였다(시민결혼, 예수회금지 그리고 프로이센 헌법의 종교조항 지양 등은 예외).

† 전체적으로 가톨릭 교회가 승리였던 문화투쟁에서, 빌헬름 2세 시대(1888-1918)에 교황의 지도 아래 지속인 가톨릭의 부흥이 뒤따랐다.

† 교황 레오 13세는 1891년 교서(Rerum Novarum)를 발표했다. 중요한 개혁의 자극은, 예를 들어 가톨릭 노동단체의 발생과 함께 새로운 가톨릭 사회론의 대두였다.

† 엄격한 교황주의에 대항해서 19세기 말 개혁 가톨릭주의는 무엇보다 가톨릭신학 안에 보다 넓은 자유공간을 얻고자 시도했다(예: 뷔르쯔부르크의 교의학자 헤르만 쉘, 1850-1906).

† 그러나 피우스 10세 아래(1903-1914) 그러한 <현대화>의 노력이 심판을 받고, 1910년 모든 가톨릭 신학자로부터 교회공무를 넘겨받기 전에 소위 <반현대주의> 서약을 도록 요구되었다. 기기에는 다양한 현대의 이념들과 학문적인 인식(예: 진화론)으로부터 거리를 취해야 했다. 그것은 1967년에 폐지되었다.

참고문헌

Fitschen, K. Der Katholizismus von 1648 bis 1870, 97-174.

Grane, L. Die Kirche im 19.Jahrhundert, 15-25 u. 156-165.

Jung, M. Der Protestanismus im Deutschland von 1815 bis 1870.

Krumwiede, H.-W. Geschichte des Christentums, 143-163 u. 163-187.

Nipperdey, T. Religion im Umbruch. Deutschland 1870-1918, M?nchen 1988, 9-123.

Nowak, K. Geschichte des Christentums in Deutschland, 15-93 u. 112-210.

Moeller, B. Geschichte des Christentums, 326-331.

Wallmann, J. Kirchengeschichte Deutschlands seit der Reformation, 199-, -210 u. 229-255.

19 19세기의 경건사와 신학사

개 요

19세기 전체 역사에서 가치가 있는 것은 개신교 경건사와 신학사다: 19세기는 우리에게 아주 복잡한 세계로 다가오며, 그곳에서는 많은 개개 현상과 사건들과 함께 하는 소위 외향적인 역사가 아주 다양할 뿐만 아니라, 신학과 경건의 역사도 역시 그렇다.

세기의 초에 <19세기 교회의 아버지>로 표시된 사람은 슐라이에르마허(Friedrich Daniel Ernst Schleiermacher)다. 이 표지에서는 우선 19세기 신학자들 속에서 슐라이에르마허에 대한 논쟁의 여지가 없는 이주 중요한 표현을 담고 있다. 그러나 비판적인 측면 역시 이와 같은 자주 인용된 표현과 병행하고 있다. 왜냐하면 19세기 신학의 주된 흐름을 어떻게 보는가에 따라서 커다란 자극자 슐라이에르마허가 서 있기 때문이다. 현재의 연구에 의하면 19세기 전반기 각성운동의 다양한 현상은 한순간에 강하게 돌출한다. 다음과 같은 것이 함의되어 있다: 각성 운동에는 전체 개신교주의 내에서 비판적인 갱신 운동이 중요하며, 그것은 개별적으로 구별할 때 계몽과 프랑스 혁명의 일반적인 반동으로 이해 될 수 있다(E. Beyreuther). 개인의 신앙경험의 강조와 시대사와 성서적 구속사의 결합과 함께, 마찬가지로 많은 각성된 모임의 사회적 선교적인 활동으로 각인된 조합정신(Vereinsmentalität)과 함께, 이와 같은 중요한 경건 운동은 경건주의와 함께 뿐만 아니라 계몽주의와도 분명하게 결합되었다. 그러나 "그 시대정신은 경건 운동 속에서 흔적이 보이며, 낭만주의가 본래 교회적인 영역에서 보여준 그 형식을 거의 묘사한다"(B. Moeller).

19세기 독일 개신교 신학은 특히 풍부하고 다양한 모습을 보인다. 신학사적으로 보아서 19세기는 확실한 신학적 다원주의의 첫 세기이다. 근대 신학사의 거대한 세 가지의 정신적인 힘인 정통주의, 경건주의 그리고 합리주의는 19세기의 신학에도 다양하게 영향을 미친다. 그러나 이제 개체성(Individualität)은, 개개 신학자의 주관성이 중요해졌기에 이와 같은 전통적인 구분배열(Einordnung)을 가지고서는 더 이상 파악될 수 없다. 그래서 신학적인 전체상이 상당히 차별화되고 다양해졌다. 신학적인 집단화는 그러기에 이제 개개 신학자들의 완전히 고유하게 각인된 자서전과 신학을 위한 보조구성물일 뿐이다. <신조주의>(Konfessionalismus), <자유주의>, <문화개신교>라는 개념은 많은 개개 신학자의 다양한 사고과정을 함께 묶을 수 있는 개념이 결코 아니다. 19세기의 신학적 흐름을 전체적으로 전망해 보려는 것은 당연히 어떤 확실한 분류가 없이는 가능하지 않다. 그 관찰은 전체적으로 보아 분명히 적절하고 19세기가 신학적으로 여러 가지 점에서 계속적으로 넓은 토대가 된다는 것은, 마치 교회적으로 요구되어진 것처럼(Joachim Rogge), 계속 고려될 수 있다.

주요 항목

슐라이에르마허(Friedrich Schleiermacher)

-삶과 업적에 대한 개관

† 슐라이엘마허(Friedrich Daniel Ernst Schleiermacher)는 개혁파 신학자 집안 출신이며 프로이센 종군목사의 아들로 1768년 11월 21일 브레슬라우에서 태어났다.

† 그는 니스키(Niesky)와 바르비(Barby)에서 헤른후트 형제단에서 교육받았다.

† 형제단의 경건성은 슐라이에르마허를 한편으로는 신앙에 대한 의심을 심화시켰으나 다른 한편으로는 그에게 종교적 개체성과 종교적 공동체의 풍부함의 의미를 열어 주었다. 누이에게 보낸 편지에서 슐라이에르마허는 1802년 고백한다: "나는 다음과 같이 말할 수 있다, 결국 다시 헤른후터가 되었다고, 그리고 단지 보다 더 높은 질서로부터."

† 1787-1789년 할레대학에서 수업. 특히 에버하르트(J.A. Eberhard: 1739-1809)에게서 철학수업. 그리스철학에 대한 연구와 칸트에 대한 논쟁, 무엇보다 그의 윤리학과 논쟁. 신학부에는 제므러(J. S. Semler)가 독일 계몽주의 신학의 주도적인 대표자인데, 슐라이에르마허에게 감명을 주었다.

† 슐로비텐/동프로이센의 가정교사의 활동과 란츠베르크/바르테의 보조실교가의 활동 후에 1796년 베를린 자선병원(Charite')의 설교자리 양도받음. 초기 낭만주의의 운동참여: 슐레겔(Friedrich Schlegel: 1772-1829)과 헤르쯔(Henriette Herz: 1764-1847).

† 초기 낭만주의 정신 속에서 슐라이에르마허는 그의 첫 번째 대작 『종교에 대하여. 교육받은 자의 종교 멸시에 대한 담화』(*Über die Religion: Reden an die Gebildeten und ihren Verächtern*, 1799년에 익명으로 출판)를 썼다. 1800년에는 『독백들』(*Monologen*)이 출판되었다. 자서전적인 특징을 갖는 개체성의 윤리에 대한 구상.

† 1802-1804년 슐라이에르마허는 힌터포메른의 스톨프에서 궁중설교가로서 활동했다. 플라톤 전집의 번역작업과 『지금까지 도덕론 비판에 대한 기본입장』(*Grundlinien einer Kritik der bisherigen Sittenlehre*, 1803)이라는 작품에서 윤리적인 전승에 대한 비판적인 관점.

† 1804년 슐라이에르마허는 할레대학의 원외교수와 대학 설교자가 되었다.

† 1806년 『성탄절 축제. 하나의 대화』(*Weihnachtsfeier. Ein Gespräch*)가 출판되었다. 내용: 그리스도교의 근원과 본질 그리고 대화의 형식 속에 예수 그리스도의 의미에 관한 물음.

† 1807년 슐라이에르마허는 베를린으로 이주했다. 먼저 공무 없는 개인교사였다. 프로이센의 개혁가와 애국적인 설교가들과 접촉함.

† 1809년 이후 베를린의 루터교회와 개혁교회의 연립교회인 삼위일체교회의 개혁파 설교자.

† 1810년 새로 설립된 베를린대학의 신학교수와 신학부의 최초의 학장이 됨.

† 설교와 교수로서 이중의 공무 활동을 통해서 슐라이에르마허는 당대의 정신적인 세계에 거대한 영향력을 행사했다. 그는 베를린 학술 연구원의 위원으로서 철학부의 강의를 맡았다. 슐라이에르마허는 거의 모든 신학 과목(구약은 예외)에서 가르치는 일 외에 무엇보다도 철학사, 변증학, 윤리학, 심리학, 정치학, 국가론, 미학, 해석학 그리고 교육론 등의 강의를 통해서 영향을 끼쳤다.

† 슐라이에르마허는 1834년 2월 12일 베를린에서 죽다.

종교에 대한 담화

† 슐라이에르마허는 다섯 가지 스타일의 담화를 가지고서 정

통주의, 계몽주의 그리고 경건주의에 대해서 종교의 본질을 새롭게 전개한다.

† 첫 번째 담화("Apologie")에서 슐라이에르마허는 건조한 계몽과 열광적인 낭만 사이를 의미있게 중재하는 길을 찾는다: 신성은 모든 시대에 "제한된 인간과 무한한 인류 사이에 중재자"를 보낸다. 종교를 형이상학과 혼합시키는 것과 도덕적인 목적으로 전락시키는 일에 대하여, 슐라이에르마허는 종교를 인간정신적인 삶에서 "고유한 영역"으로 그리고 인간의 근원적인 토대로써의 정당한 권리를 되돌려 주려고 했다. 그것은 지식과 도덕에서 벗어나는 사고와 행동 사이의 제3의 요소다.

† 두 번째 담화 "종교의 본질에 대하여"는 종교를 <직관>과 <감정>으로, <무한에 대한 의미와 맛>으로, <보편의 직관>으로 묘사한다. "보편"은 모든 실재하는 것과 사건의 총체성이다. "감정"은 고유한 실존 속에 있는 신적인 계시의 경험이다.

† 세 번째 담화 "종교교육에 대하여"는 그래서 계몽주의적인 교육학에 날카롭게 반박하며 종교적인 교육이론을 요약한다. 종교적인 의미에 대한 각성에 대해서 그것은 자립적인 종교적 교육에 이르러야 한다.

† 네 번째 담화 "종교에 있어서 친교에 대하여, 혹은 교회와 사제층에 대하여"에서 슐라이에르마허의 교회이해가 표현된다. 그것은 헤른후터의 경험에서 오며, 참된 교회(하나의 사제적인 백성, 하나의 완전한 공화국)를 기구교회(Anstaltskirche)에 비판적으로, 그러나 이것의 폐지 없이 대항시킨다. 교회개혁의 프로그램, 교회와 국가의 분리 요구.

† 다섯 번째 담화 "종교에 대하여"는 유대교와 그리스도교의 적극적인 종교를 계몽주의의 자연종교에서 날카롭게 벗기어 낸다. 역사적인 종교들은 함께 하는 <근본직관>(Grun-

danschauung)의 공동체다. 그리스도교는 그리스도의 근본 직관의 공동체다: "몰락과 구원, 적대와 조정." 동시에 계몽주의 이후 죄와 은총의 적대가 그리스도교 이해의 중심으로 되돌아갔다. 슐라이에르마허는 그리스도교를 모든 종교의 비판으로써 이해한다: "모든 종교의 종교."

슐라이에르마허 신학의 근본 특징

† 신약, 해석학, 그리스도교 도덕론, 실천신학과 교회사에 대한 강의 외에 무엇보다 두 가지 작품이 중요하다: 『신학연구입문』(*Kurze Darstellung des theologischen Studiums zum Behuf einleitender Vorlesungen*: 1811)과 『그리스도교 신앙론』(*Die christliche Glaube nach den Grundsätzen der evangelischen Kirche im Zusammenhang dargestellt*: 1830/31).

† 『신학연구입문』은 개별과목에서 신학의 형식적인 목적결정, 구조 그리고 관련성이 중요하다.
신학은 순수하지 않으며, 오히려 적극적인 학문이며, 실천적인 목적을 위해서 추진된다(마치 의학이나 법률처럼).

† 신학의 실천적인 과제는 <교회지도>(Kirchenleitung)다. 그것은 개교회에서의 주도적인 활동(제의, 설교, 교육 그리고 목회)같이 개교회를 뛰어넘어서 지도하는 과제를 갖는다(교회정부). 이와 같은 기구적으로 이끌어가는 활동 외에 개교회 구성의 전체에 자유로운 영향력이 나타난다.

† 세 분야의 기본영역으로 신학 학문을 구성(나무의 뿌리, 줄기 그리고 꽃으로 비유).

1. <신학연구의 꽃>으로써의 실천신학. 이것의 과제는 가장 넓은 의미에서 주도적인 교회 행위에 대한 <예술적 규제>(Kunstregeln)의 요약이다. 실천신학은 역사적으로 구성

되었다. 슐라이에르마허는 실천신학을 학문적으로 새롭게 근거 지웠다.

2. 몸체로써의 역사신학. 거기에는 주석학, 교회사, 교의학 그리고 "교회 통계학"이 속한다. 새로운 두 가지 중요한 것: 주석학이 역사신학에 속한 것이며, 그것은 더 이상 교의학의 보조학이 아니다. 교의학은 "현재 개신교교회에 유효한 이론에 대한 인식"으로 역사신학에 속한다.
3. 철학적인 신학(새로운 개념규정). 이것은 그리스도교의 이론으로써 학문적 이론적인 토대를 수행해야 한다. 후기의 교의학적인 프로레고메나(Prolegomena)와 비교될 수 있음.

† 슐라이에르마허는 『신앙론』을 연합교의학(Unionsdogmatik)으로 구상하였다. 이 『신앙론』의 개념은 하나의 방향을 암시하는데, 이곳에서는 조직신학이 전개된다: 권위 있는 교의학설이 아니라, 신앙경험의 표현이다: "그리스도교적인 교리는 그리스도적인 경건한 상태의 표현인데, 담화 안에서 묘사된다."

† 이 『신앙론』에는 구원자로서 보다는 그리스도에 대한 신앙이 중심에 있다. 그러나 슐라이에르마허 신학의 중심으로써 그리스도론은 인간학적인 <머리말>를 넘어서는데, 여기서 그는 인간적인 의식을 분석하고 종교에 관한 일반적인 이론을 전개한다. 경건의 본질은 <절대의존의 감정>으로 서술되었다.

† 슐라이에르마허는 『신앙론』을 내용적으로 그리스도교적 전승과의 결합 속에 있는 그리스도교적인 의식을 분석함으로써 시작한다. 지금까지의 교의학의 재료에 대한 배열의 과제, 거기에 대해서 세 가지 부분으로 조정함:

1. 죄와 은총은 벗어난 그리스도교적인 의식;
2. 죄의 의식;

3. 은총의 의식.

† 첫 결론으로 "신적인 삼위일체"의 교리가 출판되었다. 그러나 그에게 삼위일체론은 교리적인 사고의 중심이 아니다.

† 슐라이에르마허는 변증신학자로서 복음의 진리를 해석하여 복음이 동시대인에게 믿을 만하고 이해될 수 있도록 시도하였다. 그의 물음, 즉 그리스도교 신앙의 긴장(Spannung)은 그를 둘러쌓고 있는 세계와 함께 파악해야 한다는 것은 유명해졌다: "역사의 매듭은 그렇게 풀어헤쳐야 하는가: 야만인과 함께 하는 그리스도교와 불신앙자와 함께 하는 학문?"

독일의 각성운동

각성운동의 일반적인 성격

† <각성운동>은 19세기 초에 신조들을 벗어나는 종교적 출발을 의미한다. 시기적으로 독일의 각성운동은 영국과 북아메리카에서의 각성운동을 앞선다. 프랑스, 네덜란드 그리고 스위스의 프로테스탄트에서 각성(Réveil)에 관해서 말했다. 국경과 언어의 장벽을 넘어서 거대한 연대감정이 있었다.

† 운동은 다양했지만 몇 가지 공통적인 특징이 있다: 계몽주의의 이성종교에 대한 빈번한 대립; 하나님 앞에 서 있는 인간의 죄됨의 진지함; 중생에 대한 개인적이고 인격적인 경험; 개인의 중생은 그리스도교적인 신앙의 정신에 의해서 사회의 새로운 형태로 이끌어져야 한다. 그래서 이방인 속에 그리스도교적인 신앙의 확장을 위해서 사회적이고 세상을 향한 활동과 선교열정. 프랑스혁명 정신에 대한 심판.

† 신학자뿐만 아니라 무엇보다 평신도들이 성서를 새로 발견하고 자유로운 협회, 단체의 형태 속에서 공동의 행위를 하기 위해서 함께 결성했다. 경건이 사회성 속에서 살아있으며

경험되었다.

각성 운동의 뿌리들

† 가장 중요한 뿌리는 옛 경건주의인데, 무엇보다 그들의 방랑 설교자들과 함께 헤른후터 형제단이다.

† 각성 운동의 첫 단계에서 슐라이에르마허 역시 본질적인 자극자다.

† 특히 각성 운동에서 중요한 것은 <독일그리스도교사회> (Deutsche Christentumsgesellschaft)가 1790년 바젤에 아욱스부르크 출신의 우얼스페르거(J. A. Urlsperger: 1728-1806)에 의해서 세워진 것이다. 회원: 융-스틸링(H. Jung-Stilling: 1740-1817), 오버린(Johann Friedrich Oberin: 1740-1826) 그리고 라바터(Johann Casper Lavater: 1741-1801).

† 계몽주의 비판가인 헤르더(Johann Gottfried Herder: 1744-1803)와 하만(Johann Georg Hamann) 역시 각성 운동에 영향을 끼쳤다. 그러나 계몽과 각성은 대립적으로만 보일 수 있는 것이 아니다. 여기저기서 하나님의 영향력은 자연과 역사 속에서 이미 이성에서 파악될 수 있었다. 그러나 이와 같은 경험은 일단 그리스도교적인 계시 안에서 이루어진다. 이와 같은 전망은 독일의 계몽을 각성과 함께 결합되었다. 역시 그 단체의 경건의 형태도 마찬가지다.

각성 운동의 역사적인 발전

† 19세기 전반부를 세 단계로 나눌 수 있다.

1단계(약 1800-1815) : 정신적인 확장에서 신조를 넘는 경험적인 그리스도교가 특징적이며, 낭만주의, 관념주의 그리고 민족적인 정서로부터 영향을 받았다.

2단계(약 1815-1830) : 각성 운동의 설교, 잡지문헌 그리고 팜플렛 문헌, 성서와 선교단체를 통해서 국민과 교회 안에 보다 크게 확산됨. 신조들은 다시 중요해 졌고, 가톨릭 교회와 독일 관념주의 철학에 대해서, 마찬가지로 슐라이에르마허에 대해 프로테스탄트의 경계.

3단계(약 1830-1848) : 신조주의의 발전. 제도교회(Die Institution Kirche)와 그것의 신앙고백은 중심점이 되었다. 각성 운동의 넓은 활동이 후퇴, 합리주의와 신조주의 사이의 교회적인 당파투쟁.

각성 운동의 중심과 대표자들

† 신조를 초월하는 종교적인 출발은 알고이어(Allgaeuer) 가톨릭 각성 운동에서 나타나는데, 이 운동은 생애의 마지막에 레겐스부르크 주교를 지낸 자일러(J. M. Sailer)의 제자를 통해서 시작되었다.

† 프랑켄의 각성 운동은 뉘른베르크와 에어랑겐대학에서 출발했다. 개혁주의 신학교수 크라프트(Christian Kraft: 1784-1845)와 교육학자 라우머(Karl von Raumer: 1783-1865)가 대표적인 인물이다. 에어랑겐 각성 운동은 에큐메니칼적인 루터교로부터 출발해서 점점 더 루터교 신조주의 방향으로 발전했다.

† 포메른 각성 운동의 중심점은 코트비츠 남작(Hans Ernst von Kottwitz)이다. 헤른후터 형제단으로부터 출발하여 프로이센 귀족과 교제, 사회적인(sozial) 활동들, 베를린 각성 운동의 중심. 에어랑겐 각성 운동처럼 프로이센 각성 운동 역시 루터교 신조주의로 계속 발전해 갔다.

† 뷔르템베르크에서는 각성 운동이 특히 경건주의와 밀접하게 결합하였다. 무엇보다 벵겔(Johann Albrecht Beengel)과 종

말론적-계시론적인 분위기가 그 시대의 정치적인 불안과 결합되었다. 한(Johann Michael Hahn: 1758-1819)에 의해서 시작된 한 공동체(Hahnschen Gemeinschaften) 역시 천년왕국적으로 물들었다. 1852년 이래 바트 볼(Bad Boll)은 불름하르트(Johann Christopf Blumhardt: 1805-1880)를 통해서 쉬베벤 지역 각성 운동의 중심이었다. 뷔르템베르크의 가장 출중한 각성 운동 설교가는 호파커(Ludwig Hofacker: 1798-1828)다.

† 니더라인의 각성 운동은 이 지역의 개혁주의적인 경건주의와 결합되었다. 지거란트(Siegerland)의 초기 각성 운동에는 융-스틸링(Heirich Jung-Stilling: 1740-1817)이 뛰어난 사람이다. 나중엔 무엇보다 부퍼탈(Wuppertal)에서 각성 운동 설교가, 예를 들어 콜브뤼게(Hermann Friedrich Kohlbreugge: 1802-1875)가 영향을 주었다. 니더라인의 각성 운동은 부퍼탈에서 일어난 산업과 밀접하게 결합되었다. 심각한 사회적 곤궁과 종교적으로 굳어진 신앙심 사이의 긴장이 특히 컸다.

† 브레멘에서는 멘켄(Gottfried Menken: 1768-1831)이 교화적인 설교를 통해서 영향을 주었다. 그 설교에서 그는 그 시대의 정치사와 구속사를 직접적으로 비교했다. 그는 1789년을 악마적 힘의 승리로 표시했다.

† 니더작센 각성 운동의 중요한 인물은 신학자들과 『시편과 하프』(*Psalter und Harfe*) 가곡집의 저자인 서정시인 스피터(Carl Johann Philipp Spitta: 1801-1859)다. 헤르만스부르크에서는 하름스(Ludeig Harms: 1808-1865)가 활동을 하였다.

† 각성 운동으로부터 출발 성서 및 선교단체:

뷔르템베르크 성서협회(Wuerttembergische Bibelanstalt), 1812;

바젤선교(Baseler Mission), 1815;

베를린 선교회(Berliner Missionsgesellschaft), 1824;
북독일선교회(Norddeutsche Missionsgesellschaft)와 라이프치히 선교(Leipziger Mission), 1836;
노이엔데텔스아우 선교(Neuendettelsauer Mission)와 헤르만스부르크 선교, 1849.

유럽과 북아메리카의 각성 운동

영국

† 독일에서 보다 약 100년 전에 영국과 북아메리카에서는 보다 더 많은 각성 운동의 물결이 있었다. 영국에서의 첫 번째 종교적 출발의 배경은, 영국의 계몽주의가 교회와 백성에게 야기한 위기였다. 영국의 이신론은 단지 일반적인 신론만을 확정하고, 곧 그것을 통해서 종교적 공허와 무관심이 생겼다. 성서에 방향을 둔 인격적인 삶의 형태가 깊이 흔들렸다.

† 국가 교회 내에 경건의 실천을 독촉하는 종교적인 단체(religious societies)들이 생겼다. 인격적인 신앙은 신적 율법의 복종 속에서 칼빈주의적-청교도적인 의미를 증명할 수 있어야 했다.

† 감리교 안에서 영국의 각성 운동은 절정에 이르렀다. 감리교 운동은 그리스도교 역사 안에서 마지막 거대한 교회형성으로 일컬어졌다(E. Beyreuther). 창시자는 영국의 성직자인 존 웨슬리(John Wesley: 1703-1791)이며, 그 외에 휘트필드(George Whitefild: 1714-1770)와 찰스 웨슬리(Charles Wesley: 1707-1788)다.

† 웨슬리 형제는 1729년 옥스퍼드에서 학생연맹을 결성했다. 메도디스트(Methodisten : 규율을 따르는 자)는 엄격한 규율 속에서 경건한 삶이 조롱하는 이름이었다.

† 존 웨슬리는 헤른후터 선포를 알게 되고, 루터의 로마서 서언에서 받은 감명으로 1738년 5월 24일, 저녁 8시 45분에 회심했다. 이 회심은 그를 자기 형제와 휘트필드와 더불어 전 영국으로, 스코틀랜드로 아일랜드로 이끌어 간, 그의 고유한 각성 운동의 설교의 발단이 되었다. 교회에서 수천 명 앞에서 설교했다. 원시그리스도교의 방랑 사도들의 갱신.

† 감리교적인 선포는 인격적인 그리스도 제자를 호소하며, 참회의 투쟁과 은총의 체험 아래 회개를 목표로 하며, 확고한 공동체 형성으로 인도한다.

† 웨슬리에 의해 만들어진 평신도 설교는 감리교운동의 특징이다. 이것이 19세기 노조운동과 노동당에 큰 충격을 주었다. 그래서 영국에서는 그리스도교적으로 방향을 잡은 사회정치가 유럽의 대륙보다 더 강하다.

† 웨슬리 죽음 후 1795년에 감리주의는 영국 국교회와 분리되었다. 그러나 이것은 엄격한 한계의 필연성 때문이 아니라 에큐메니칼 정신 아래서 발생했다.

† 19세기 초 영국교회는 새로운 각성 운동, <저교회운동>(Low-Church-Bewegung)을 체험했다. 이 <복음적>인 것으로 노예제도의 폐지에 대한 본질적인 자극이 일어났다. 고교회 영국 성공회는 자유교회로 파급되었다. 1804년 자유교회와 영국성공회에 의해서 <영국 해외 성서협회>(Britische und Auslaendische Bibelgesellschaft)"가 세워졌다.

† 대륙의 교파주의와 어느 정도 평행을 이루는 가운데 옥스퍼드 운동이 이해될 수 있다. 주요 인물은 뉴만(John Henry Newman: 1801-1890)이며, 예배와 성례전, 교회의 제도와 공무를 강조했다. 계승이론의 갱신. 이 고교회의 방향은 성공회의 신학과 교회에 오늘날까지 중요한 역할을 한다.

북아메리카

† 영국과 거의 동시에 북아메리카의 각성 운동은 열렸다. 주요 인물: 에드워즈(Jonathan Edwards: 1703 -1758)는 각성 운동을 칼빈적-청교도적 토대 위에 세우고 복음화의 신학을 발전시켰다. 설교의 중심점: 인격 회심에 대한 강조. 특징: 강한 종말론적인 분위기 속에서 선교의 열정. 자기 나라의 복음화와 전 세계로 이방선교 요구.

† 에드워즈의 제자는 홉킨스(Samuel Hopkins: 1721-1803)다. 강화된 선교적인 활동들은 노예해방을 위해 강력하게 투쟁했다.

† 급격하게 확장된 감리교는 말을 탄 여행설교가의 도움으로 동부해안에서 서부로 강력한 주민의 이주를 이끌었고, 많은 거주지에 성서에 토대를 둔 그리스도교를 정착시켰다.

† 19세기 전반기에 각성 운동(revivals)의 많은 물결이 있었다. 그것은 동부 해안에 있는 대학으로부터 점점 더 넓은 범주로 넘어가서 소위 캠프-미팅(camp-meetings) 안에서 일어났다. 각성 운동은 자유교회 안에 있는 아메리카의 프로테스탄트를 오늘날까지 지속적으로 다음과 같은 특징으로 각인시키고 있다: 자의식적인 선교 열정, 평신도의 활동적인 동참과 종교와 공적사회(Öffentlichkeit)와의 다양한 결합은 오늘날까지 특징적이다.

스코틀랜드

† 스코틀랜드 각성 운동은 찰머스(Thomas Chalmers: 1780-1847)에 의해서 인도되었다. 그의 각성 운동의 설교는 1845년 에딘버러의 사회적인 곤궁에 대해 자기 책임적으로 도움을 주도록 호소했다. 그는 구교회의 집사직을 개혁했다.

† 1843년 스코틀랜드에는 국가교회와 단절이 되고 <스코틀랜

드 자유교회>(Freie Kirche von Schottland)가 생겼다.

서부 유럽 프로테스탄트의 각성

† 스위스의 제네바 각성 운동은 국가와 교회 안의 합리주의를 위해 투쟁한 젊은 신학생으로부터 시작한다. 이 운동은 독일, 영국, 스코트랜드로부터 영향을 받았다. 사람들은 옛날의 칼빈주의로 되돌아가고자 했다. 1831년부터 제네바와 프랑스 안에 복음주의적인 작업.

† 바트란트에서는 비네트(Alexandre Vinet: 1797-1847)가 중요한 신학자이다. 그는 단지 국가로부터 분리된 교회만이 그의 양심과 복음을 결합시킬 수 있다고 보았다.

† 바젤에서는 독일 그리스도교회로부터 남독으로 향하는 중요한 자극이 시작된다. 1815년 바젤 선교가 세워짐.

† 프랑스 각성 운동에는 모노(Adolphe Monod: 1802-1856)가 가장 중요한 설교가다. 네덜란드에는 빌더디이크(Willem Bilderdijk: 1759-1831)와 코스타(Isaak da Costa: 1798-1860)가 각성 운동을 이끌었다.

† 루터교의 스칸디나비아 역시 다양한 각성 운동을 체험했다. 덴마크의 교회에는 특히 그룬트빅(Nikolaj Frederik Severin Gruntvig: 1783-1872)이 중요하다. 그의 목적은 사도신조에 토대를 둔 순수한 국민교회였다. 덴마크 국민교양학교(Volkshochschule)의 창시자. 노르웨이에서는 하우게(Hans Nielsen Hauge: 1771-1824)가 중요한 각성 운동의 설교가다. 노르웨이 각성 운동의 특징은 평신도의 높은 참여와 교회 내의 만남으로 경건한 자를 결성하는 것이다.

스웨덴의 각성은 헤른후터적이고 스코틀랜드적인 영향으로 각인되었다. 경건문헌의 풍부한 확장: 루터교적인 의인론이 구원에 대해 강조한다.

독일 개신교 신학의 개요

헤겔과 슐라이에르마허 사이의 대립

† 슐라이에르마허와 헤겔은 19세기 신학의 아버지로 적절하게 표시될 수 있다. 그들의 차이가 있는 영향력은 다양한 사고의 싹에 근거한다.

† 헤겔(G. F. W. Hegel: 1770-1831)은 독일 관념주의에서 피히테와 쉘링 외에 가장 광범위하고 깊은 철학자다. 슐라이에르마허가 그의 젊은 시절에 헤른후터 경건주의로부터 그리고 초기 낭만주의로부터 중요한 충격을 받은 반면, 헤겔은 낭만주의로부터 거리가 다소 있다. 그의 중요한 고향은 슈바벤적 정신사의 사변적 합리적 전통이었다.

† 헤겔은 칸트와 슐라이에르마허 반대편에 서 있다. 칸트가 낡은 형이상학과 신 증명에 대한 비판과 함께(순수이성비판, 1781) 하나님을 단지 실천이성의 요청으로 여기는데 반해(실천이성 비판, 1788), 슐라이에르마허는 하나님을 절대의존 감정의 출처라고 정의했다. 반대로 헤겔은 하나님을 살아 있는 정신으로, 인간에게 사고하는 본질로 계시된다. 자기 자신의 의식에 이르는 철학적 사고는 단지 실제, <정신>, 절대이다.

† 헤겔에 의하면 대상을 이해하는 사고는 최후에 항상 자기 자신과 관련되어야만 한다. 여기에는 단지 사고하는 정신 그리고 그것의 운동만이 있을 뿐이다. 그러기에 사고의 본질과 사물의 본질은 변증법적으로 파악되어야 한다. 자연과 역사 안에서 모든 것을 설명할 수 있는, 정신의 법칙은 정, 반, 합의 변증법적 세 단계이다. 모든 것이 운동 속에 있기 때문에, 개체는 최종적으로 관계를 통해서만 존재한다. "참된 것은 전체다." 이 변증법적인 방법은 개념의 형성에서만이 아니

라, 전체 역사의 파악에도 헤겔 체계의 근본이다.

† 헤겔에게 그리스도교는 절대적인 종교다. 곧 그의 교의학적인 근거 안에, 삼위일체 안에 그리고 그리스도론 안에서 헤겔은 변증법적인 세 단계의 도움으로 가장 깊은 진리가 검증된다고 믿었다.

† 그러나 헤겔의 사변적인 사상은 그 시대의 실제 역사적인 상황에 적합한 교회이해의 통로가 결코 아니다. 여기에 슐라이에르마허와의 근본적인 차이가 드러난다. 헤겔에게는 신앙이 지식의 낮은 단계다. 국가의 낮은 형태로서 교회는 거기에 상응한다. 그의 법철학 머리말에 특징적인 문장이 있다: "모든 현실적인 것은 이성적이며 그리고 모든 이성적인 것은 현실적이다." 여기서부터 헤겔에게 정치적인 보수주의에 이르는 길뿐만 아니라 관계의 혁명적인 형태변화에 이를 수 있는 것이 이해될 수 있다.

각성의 정신으로부터 일어난 신학적인 새로운 자각

† 칸트의 영향 속에서 19세기 초의 신학적인 합리주의가 넓게 퍼졌다. 이와 같은 후기 계몽주의적인 방향의 표시: 이성의 인간적인 빛이 성서적인 계시의 일반적인 척도가 된다. 여기에 확정되었지만, 합리적인 인식의 규준과 도덕성의 촉진 아래서 세워졌다. 중요한 대변자: 할레대학의 교수인 벡샤이더(Julius August Ludwig Wegscheider: 1771-1849). 하이델베르크대학의 교수인 파울루스(Heinrich Eberhard Gottlob Paulus: 1761-1851).

† 합리주의에 대항하여 초자연주의 방향이 생겼다. 여기에 계시의 초자연성이 다시금 합리적인 논쟁에서 옹호되었다.

† 슐라이에르마허, 낭만주의와 각성 운동을 통해서 19세기 초의 이와 같은 출발상황이 변했다. 베를린의 교회사가이며 슐

라이에르마허의 학과동료인 네안더(August Neander: 1789-1850)는 합리주의에 대항하여 경건한, 하나님의 말씀에 붙잡힌 그리스도교적인 인격성을 내세웠다. 그의 암호: "Pectus est, quod theologum facit(심장이 신학자를 만든다, Pectoraltheologie)." 네안더는 새로운 교회사 서술의 창시자로 간주된다. 그는 합리주의에 대항하여 그리스도교 역사를 본질적으로 그리스도교적인 신앙의 세계 극복의 힘에 목적을 갖는 경건의 역사(Frömmigkeitsgeschichte)로 보았다. 주요 작품: 『그리스도교 종교와 교회의 일반 역사』(1825-1852).

† 톨룩(August Tholuck: 1799-1877): 네안더의 제자인 그는 1826년 이후 수십 년 동안 할레에서 활동하였다. 각성 운동의 정신에 의한 영향력 있는 다방면의 신학자. 특히 죄론에 관한 그의 이론을 가지고 합리주의와 진보적인 시대정신에 강력히 대항했다.

주요 작품 : 죄론과 화해자론 혹은 절망자의 진실된 참회(1823)와 로마서 주석(1824).

톨룩은 특히 그의 설교, 무엇보다 주제설교를 통해서 그리고 그의 목회를 통해서 영향을 주었다.

에어랑겐 밖의 신조(교파)신학

† 각성 운동과 함께 19세기의 구 프로테스탄트 신학자, 특히 16, 17세기 루터교 신학을 갱신하고자 했던 모든 신학자들이 결합되었다. 그들은 <보수주의 신학>, <복고신학>, <재예정신학>이라는 개념으로 요약된다.

† 공통된 신학적 특징들: 성례전(특히 강단성례전)과 교회를 근거 지우는 신조와 정신적인 공무의 강조, 자주 교회를 이끌어 가는 공무의 대표자. 국가독립적인 교회를 위한 투쟁,

자주 정치적 반동과 결합.

† 헹스텐베르크(Ernst Wilhelm Hengstenberg: 1802-1869), 개혁파 출신으로 베를린 구약학 교수. 그와 함께 만든 개신교 교회신문(Evangelische Kirchenzeitung)은 신학과 정치적 보수주의 중앙기관지로, 신학적으로 보다는 교회 정치적으로 영향을 더 끼쳤다.

† 그밖의 교파적-루터주의인 신학자들

필마(August Vilmar: 1800-1868) : 헤쎈의 교회정치가이며 마부르크의 신학자. 알려진 작품 : 『수사학 신학에 대한 사실의 신학』(1856)

크리포트(Theodor Kliefoth: 1810-1895), 메클렌부르크에서 교회지도자로 활동, 무엇보다 제의적인 논문들.

뢰에(Wilhelm Löhe: 1808-1872)는 그의 작품 『교회에 관한 세 권의 책』(1845)에서 자의식적이고 에큐메니칼적으로 열려진 루터교의 교파주의를 나타낸다.

페트리(Ludwig Adolf Petri: 1803-1873)는 하노버의 새로운 루터주의 지도자.

정치적 보수주의의 주도적인 인물은 스탈(Friedrich Julius Stahl: 1802-1861)이다. 주요 작품 : 『프로테스탄트의 이론과 법에 대한 교회헌법』(1840)

에어랑겐 신학

† 에어랑겐 신학부(에어랑겐 학파)의 신학자들은 또한 루터교 교파적인 신학자에 속한다. 그들은 그러나 그들의 중요성과 폐쇄성에 의해서 다른 교파적인 신학자를 뛰어 넘는다.

† <에어랑겐 신학>의 개념은 모든 개인적인 다양성에도 불구하고 공동적인 신학적 토대에 근거하고 있다. 그것은 "학문적인 요구를 가지고서 고유한 신학으로 교파적인 출발을 형

상화하려는 유일한 중심점이다"(Karlmann Beyschlag). 신학적 합리주의에 대하여 에어랑겐파들은 그들의 경험신학을 내세웠다: 중생 즉, 죄로부터 은총으로라는 인격적으로 체험된 변화는 중요한 신학적인 인식기구다. 중생의 경험을 통해서 다음과 같은 것들이 객관적으로 성장한다: 성서, 고백 그리고 신학적 인식, 무엇보다 루터가 새로 발견되고 밝혀진다.

† 정신사적으로 보아 에어랑겐 신학은 슐라이에르마허, 독일 관념주의, 특히 헤겔과 셸링, 각성 운동 그리고 낭만주의와 연결된다. 이와 같은 결합보다 더 중요한 것은 하만(J. G. Hamann)이 에어랑겐학파에 주었던 자극이다: 경험의 확신성, 성육신 그리고 Kondeszendenz(하나님의 역사 영역으로의 낮아짐) 그리고 루터의 재발견.

† 할레스(Adolf von Harleß : 1806-1879)의 영향 속에서 1833년부터 에어랑겐에서 에어랑겐 신학이 시작되었다. 그의 신학 방향은 엄격히 교회적이었다. 1838년 이래 『프로테스탄트와 교회 잡지』(*Zeitschrift fuer Protestantismus und Kirche*)가 그의 지도 아래 발행되었다. 1852년부터 뮌헨 종교국의 최고의장(Oberkonsistorium)이 되었다. 주요 작품: 『그리스도교 윤리』(1842), 19세기 널리 퍼짐.

† 호프만(Johann Christian Konrad von Hofmann: 1810-1877): 그는 슐라이에르마허와 관념주의적인 역사철학에 영향을 받았으나, 자기의 완전한 고유의 길을 갔다. 그는 개인적인 신앙의 사실로써의 중생체험으로부터 출발했다: "나는, 그리스도인, 나에게는, 신학자에게는, 나의 학문의 고유한 질료다." 개인적인 구원체험으로부터 그에게, 성서와 교회고백의 진리가 설명된다. 호프만은 성서주석에서 뷔르템베르크 경건주위를 기억하는 구속사적인 신학을 발전시켰다. 구속사적 관련 속에서 전통적인 화해론에 대한 비판적인 입장이 보

인다: 하나님은 우리를 그리스도를 통해서 그의 전체 삶, 고난 그리고 죽음 안에 그의 <사랑의 의지>를 증명했으며, 화해는 십자가의 예수의 대속적인 형벌과 고립되어 이해되는 데 있지 않다. 이와 함께 호프만은 깊은 논쟁에 빠져들었고, 거기서 자기 시대의 루터교 신학을 본래의 루터에 올려놓고자 했다. 호프만은 에어랑겐 신학자 가운데 특히 정치적이고 사회적인 책임을 의식한 자이다(자유주의 진보당 당원).

가장 중요한 작품 : 『신구약 성서의 예언과 성취』(1841-1844)와 『성서증명』(1852-1855)

그밖의 주요한 에어랑겐 신학자들 :

토마시우스(Gottfried Thomasius: 1802-1875): 교의학자. 주요 작품 : 『그리스도의 인격과 일』(1853-1861). 토마시우스는 전통적인 <케노시스 이론>(그리스도의 낮아짐)을, 그리스도는 인간이 될 때 그의 신적인 특성의 일부를 포기했다고 해석했다.

하르낙(Theodosius Harnack: 1817-1889): 아돌프 폰 하르낙의 아버지. 주요 작품 : 『루터의 신학』(1862-1885).

프랑크(Franz Hermann Reinhold Frank: 1827-1894): 광범위한 조직신학적인 작품과 함께하는 교의학과 윤리학자. 『일치신조의 신학』(1858-1864)

자유주의 신학

† <자유주의 신학>이라는 개념은 제믈러(Semler)의 『자유로운 신학적인 교육방법의 시도』(*Versuch einer freiern theologischen Lehrart*: 1777)에서 나왔다. 자유주의 신학의 역사적으로 방향지어진 작업은 계몽주의 안에 뿌리가 있지만, 19세기의 신앙과 역사의 문제 앞에서 최고의 형태를 띤다.

† 바우어(Ferdinand Christian Bauer: 1792-1860)는 19세기

신약과 교회사, 교의학사의 역사적 연구에 탁월한 중요성을 갖는다. 헤겔로부터 강하게 영향 받음. 1826년 이후 튀빙엔 교수.

† 바우어는 신약성서의 작품을 원시그리스도교의 역사적 상황 속에 끼어 넣으려고 하는 한에서, 새로운 역사-비평적인 신학의 창시자다. 그는 다음의 기본 문장으로부터 시작한다: "그리스도교는, 존재하고 있는 모든 것이, 그것의 창시자의 인격을 통한 유일한 것이다." 요한복음에서가 아니라 공관복음으로부터 예수에 대한 신뢰할 만한 역사적인 상이 확인될 수 있다. 하나님 나라에 대한 참된 정의의 설교는, 그의 인격 속에 실현된 예수 교훈의 중심이다.

† 바우어는 원시그리스도교의 역사를 헤겔의 역사변증법으로 설명했다: 정(These)의로서 유대그리스도교에 사도 바울의 활동을 통해서 반(Antithese)으로써 율법을 벗어난 보편적인 이방그리스도교가 뒤따른다. 영지주의 방향과 마르키온의 공동의 적에 대하여 이제 합(Synthesis)으로써 초기보편 교회가 발전했다. 신약성서의 작품은 분명히 이와 같은 발전 속에서 배열되었다. 그래서 바우어는 신약에 대한 경향비판(Tendenzkritik)을 요구했다.

† 바우어는 교의학사라는 새로운 과목의 기초를 놓았다. 그는 교리의 발생을 광범위한 정신적인 발전과정 안에 배열했는데, 이것은 필연적으로 그것의 지속적 발전과 마찬가지로 고대 교회 교리의 진리를 인식하게 한다.

중요한 바우어의 작품 : 『화해에 대한 그리스도교 이론』(1838), 『그리스도교와 처음 3세기의 그리스도교 교회』(1853).

† 슈트라우스(David Friedrich Strauss: 1808-1874). 헤겔로 부터 영향받고 바우어의 제자인 그는 『예수의 생애』(1835/36)라는 그의 작품을 가지고 심각한 논쟁을 일으켰다. 그것의

근거는 다음의 테제다: 복음서의 예수의 묘사는 역사적이 아니라, 오히려 신비적이다. 추후에 부가된 전설은 예수의 역사적 형태의 주위에 있었을 것이다. 슈트라우스에게 예수는 하나님과 이웃사랑의 인간적인 스승이다. 슈트라우스는 그리스도교의 진리를 신인(Gottmenschen)의 사상 안에서, 하나님과 인간의 화해 안에서 보았다. 이 사상은 원시그리스도교에서 실현되었고 추후에 최초로 예수의 삶에서 생산적으로 형성된 것을 볼 수 있다. 그러나 이것은 이성적으로 밝히는 것이다: "그 사상은 그것의 성취를 하나의 모범(Exemplar) 안에 쏟아 버리는 것이 아니다. 무한한 것은 유한한 형상 안에 실현되지 않는다." 신약의 그리스도론적인 진술은 집단적으로 인류의 발전과 관계된다.

† 슈트라우스의 『예수의 생애』는 모든 신학적인 방향으로부터 심각한 반박을, 그 저자 역시 개인적인 적대감을 샀다.

† 바우어(Bruno Bauer: 1809-1882)는 신약성서의 발생을 2세기로 옮기고 예수의 역사성을 의심한 극단적인 관점이 지니고 있었다.

리츨과 그의 학파

† 리츨(Albrecht Ritschl: 1822-1889). 그는 칸트, 슐라이에르마허 그리고 바우어에 의해서 그의 신학적인 발전과정이 각인되었으며, 그리스도교를 역사적인 사실로써 파악하고 인격적 신앙체험에 중심을 둔 신학을 발전시켰다. 신약성서는 그리스도 안에 참된 하나님의 계시를 신실하게 증언한다. 리츨은 그리스도교를 두 개 초점의 타원으로 묘사했다: 그것은 모든 인간의 도덕적인 목적으로써 하나님의 나라와 <의인과 화해>로써의 구원이다. 도덕적인 행위를 촉구하는 하나님의 의지로 인간의지가 변화하고 또 하나님 의지로 향하는 것은,

하나님 나라 안의 공동체와 마찬가지로 개개인의 구원의 핵심이다. 그래서 리츨 신학은 본질적으로 세 가지 요소로 규정된다: 윤리학의 강조, 역사적 사실의 제시와 분명한 의식 안에 일어난 신앙체험. 신비주의, 경건주의, 사변 그리고 가톨릭적인 제의경건을 반대하는 가운데 리츨은 <문화개신교>의 시대적인 신학자다. 1864년 이후 그는 괴팅엔에서 가르쳤다.

주요 작품 : 『의인과 화해에 대한 그리스도교 이론』(1870-1874) 그리고 『그리스도교 종교에 대한 가르침』(1875).

† 리츨의 신학은 19세기 출발에 지도적인 위치를 차지한다. 무엇보다 1886년부터 라데(Martin Rade)가 발간한 잡지 『그리스도교 세계』(*Christliche Welt*)는 다양한 리츨학파의 기관지였다.

† 헤르만(Wilhelm Herrmann: 1846-1922). 1879년 이후 마부르크대학 조직신학자인 그는 예수인격의 인상을 고려하여 리츨보다 강력하게 인격적인 신앙체험을 강조했다. 이것으로부터 그리스도교 신앙의 중심으로서의 도덕적인 진지함이 성장했다.

주요 작품 : 『윤리학』(1901). 칼 바르트뿐만 아니라 루돌프 불트만도 마부르크의 헤르만에게서 배웠다.

† 역시 동시대에 가장 유명한 신학자인, 교회사가인 하르낙(Adolf von Harnack: 1851-1930)은 고대교회사가와 교의학사가로서 역사적으로 방향지어진 리츨의 작업을 계속했다. 그것은 이미 1892년 사도신조의 논쟁에서 나타난다. 거기서 하르낙은 신조에 대한 진술의 역사적 뿌리를 주시했다. 역사적 출현으로써의 초기 그리스도교와 예수의 근본적인 선포의 인식은 하르낙을 비교의적인 그리스도교를 요구하도록 했다. 그는 고대 교회의 삼위일체와 그리스도 교리를 복음의 토양에 선 희랍정신의 창조물로 보았다. 그의 교리에서 벗어

난 그리스도교 이해는 다음의 문장에 나타난다: "아들이 아니라, 아버지만이 예수가 선포한 복음에 속한다."
하르낙은 1888년 이후 베를린에서 활동. 주요 작품 : 『교의학사 교과서』(1885-1889), 『기독교의 본질』(1900).

조정신학

† 신학적인 자유주의와 신조/교파주의 사이에 많은 신학자들이 헤겔과 쉴라이엘마허의 연결에 대한 중재를 시도했다.

† 헤겔로부터 두 명의 사변적인 신학자 다우프(Karl Daub: 1765-1836)와 마하이네케(Philipp Marheineke: 1780-1846)가 나온다.

† <조정신학>(Vermittlungstheologen)이란 이름을 무엇보다 슐라이에르마허로부터 영향을 받아 그리스도교와 문화 사이에 다리를 놓으려는 신학자들이 수행했다. 그들의 기관지는 1828년 이래 『신학연구와 비판』(*Theologischen Studien und Kritiken*)이다.

† 다양한 방향을 원용하는 조정신학에서도 덜 순수한 집단에서는 로테(Richard Rothe: 1799-1867)가 탁월하다. 로테는 경건운동, 슐라이에르마허와 헤겔에게서 유래한다. 그의 완고한 기본사상: 교회에서, 예수로부터 출발한 함께하는 삶을 도덕적으로 완성해 가는 과정은 국가 안에서 그것의 완성을 발견한다. 교회와 국가는 경험적인 것으로 이해되는 것이 아니다. 그는 그리스도교의 역사와 교회 기구의 역사를 엄격하게 구별했다. 그리스도교의 원칙은 그의 힘을 가지고 모든 이 세상적인 관계를 뚫고 가는 것이다.
주요 작품 : 『신학적인 윤리』(1845-1848).

† 니취(Carl Immanuel Nitzsch: 1787-1868). 연합을 위해 투쟁, 그러나 그는 여기서 교회와 고백(Bekenntnis)의 결합이

필연적이라고 여겼다.
주요 작품 : 『그리스도교 이론의 체계』(1829)와 『실천신학』(1847-67).

성서신학

† 여기서는 다양한 방법으로 모든 신학의 성서적인 근거를 강조하는 독특한 신학자들이 파악된다.

† 벡(Johann Tobias Beck: 1804-1878). 1843년 이후 튀빙엔에서 가르친 그는 성서주의와 벵엘(Bengel)의 구속사 신학으로부터 나온다. 성서 작품 안에 인류구원의 계속되는 단계 안에서 전개되고 있는 신적인 계시가 근거된다.
주요 작품 : 『성서적 문서를 향한 그리스도교적인 학문』(1847)

† 캘러(Martin Kähler: 1835-1912). 1860년 이후 할레에서 활동한 그는 신앙과 역사의 관계에 대한 기본문제를 획기적으로 붙잡았다. 1892년 그는 "소위 역사적 예수와 역사적 성서적인 그리스도"라는 제목으로 강연을 했다. 그 제목은 중요한 차이를 나타낸다: 역사적 예수가 아니라, 공동체 안에서 설교되고 증언된 그리스도가 그리스도교 신앙의 근거다. 역사적 예수의 상을 나타내려는 시도는 혼란에 빠졌다. 사람들은 복음서를 교회를 세우는 설교의 문서로 이해해야 했다. 당연히 캘러에게는 설교된 그리스도는 이 세상의 예수와는 완전히 다른 사람이 아니다.

† 슐라터(Adolf Schlatter: 1852-1938)는 20세기에 이르기까지 영향을 미친다. 그는 1898년 이후 튀빙엔의 교수였다. 그의 중요성은 무엇보다 신약성서학의 분야와 종교의 연구 그리고 고대 유대교의 역사에 있다. 그는 처음으로 바울의 인의론을 루터의 인의론으로부터 떼어 놓았다. 그는 주석 작업에

서 성서적 작품을 그것의 고유한 의미로부터 이해하려 하였고 시대정신에 기대지 않고 생생하게 하려고 하였다.
무수히 많은 작품, 무엇보다 『신약성서 주석』.

종교사학파

† 1892년 바이스(Johannes Weiss)의 작은 책 : 『하나님 나라에 관한 예수의 설교』가 출판되었다. 그는 순수하게, 하나님 나라에 관한 예수의 설교는 리츨의 윤리적인 발전사고에 정반대되는 종말론적인 성격을 띤다는 것을 주석적으로 확정했다.

† 그것은 괴팅엔에 있는 일단의 보다 젊은 주석학자들을 위한, 이스라엘과 원시그리스도교의 관련을 자료비판과 양식사의 기본 토대 위에서 연구하려는 하나의 발단이었다. 이 사람들은 다음과 같다: 궁켈(Hermann Gunkel: 1862-1932), 부세트(William Bousset: 1865-1920), 브레데(W. Wrede).

† 성서적인 종교사와 성서 밖 종교사의 관련성에 대한 연구는 다양한 유사성뿐만 아니라, 역사적 과정 내에서 성서적 종교의 특별한 경향을 나타낸다. 현대적인 표상에 대한 성서적인 사신의 낯실음은 주지의 사실이었다. 그리하여 성서적인 선포로부터 현대의 직접적인 다리를 놓으려는 자유주의 신학의 시도는 당연히 문제화되었다.

† 무엇보다 종교사학파의 조직신학자가 이것을 포괄적으로 숙고했다: 트뢸치(Ernst Troeltsch: 1865-1923), 하이델베르크 교수, 후에는 베를린의 철학교수.

† 트뢸치는 종교철학자와 종교사회학자로서, 역시 역사학자로서 현재에 이르기까지 그의 자극을 통해 영향을 미치는 연구자다. 그리스도교의 현대문화의 관계에 대한 물음, 계시와 역사의 관계, 그리고 인격적인 결정의 자유와 사회적인 조건

무엇보다 근대의 역사 속에서, 이 모든 것은 트뢸치 이후에 신학자들에게 남겨진 과제영역이다. 그는 또한 구개신교와 신개신교를 구별한다(계몽주의 시작). 루터와 종교개혁은 그에게서 아직 중세에 속한다.

교회사에서 중요한 것: 그의 중요한 연구 『그리스도교 교회와 집단의 사회론』(*Die Soziallehren der christlichen Kirchen und Gruppen*, 1912).

† 슈바이처(Albert Schweitzer: 1875-1965)가 하나의 중요한 위치를 차지한다. 그는 <철저 종말론>(konsequenten Eschatologie)의 주제를 가지고 활발한 토론을 열었고, 예수 생애의 역사적인 묘사가 불가능함을 표명했다. 이것은 그의 작품 『라이마루스에서 브레데까지』(*Von Reimarus zu Wrede*: 1906). 1913년 2판 이후는 『예수 생애 연구사』(*Geschichte der Leben-Jesu-Forschung*)라는 제목으로 출간.

참고문헌

Beyreuther, E. Die Erweckungsbewegung, 1-48.

Birkner, H.-J. Friedrich Schleiermacher, in: Gestalten der Kirchengeschichte, Bd.9,1, Die neueste Zeit I, 87-115.

Fishcer, H. Friedrich Schleiermacher.

Grane, L. Kirche im 19. Jahrhundert, 165-185 u. 242-274.

Greschat, M.(Hg.): Theologen des Protestantismus im 19. und 20. Jahrhundert I u. II.

Hägglund, B. Geschchte der Theologie, 276-307.

Kantzenbach, F.W. Programme der Theologie, 56-163.

Wallmann, J. Kirchengeschichte, 184-207 u. 220-237.

20 20세기의 교회사와 신학사

개 요

바이마르 공화국의 전 시기 동안 근본적으로 위기에 대한 감정이 많은 사람들을 붙잡았다. 그것은 일차 세계대전이 삶의 전 영역에 널리 남겨놓은 강력한 흔들림을 예시하는 것이었다. 외적 질서의 붕괴 그리고 무엇보다 유럽의 산업과 문화, 민족 사이의 풀려난 증오 그리고 전장에서의 대량 죽음은 각자에게 인간이 저지를 만한 몰락을 나타내는 것이다.

독일에서 일차 세계대전의 종결은 군주제의 종말을 가져왔다. 그러나 그와 함께 종교개혁 시대부터 전수된 개신교 주(州)정부교회의 헌법, 주(州)영주의 교회정부는 결정적인 종말에 이르렀다. 이제 교회와 국가의 관계를 어떻게 할 것인가? 독일에서는 교회와 국가의 분명한 분리를 목적으로 하는 소리가 크다는 것이 이해될 수 있다. 그러나 프랑스에서는 1905년에 그리고 러시아에서는 1917년 10월 혁명에 의해서 그러한 예가 주어졌다. 그러나 1919년 바이마르 제국헌법에서는 단지, 어떤 국가교회도 존재하지 않으며 교회들은 그들의 일을 자발적으로 규제해야 한다는 것만을 밝혔다. 개신교 교회들은 얻어진 자유공간을 주(州)교회 구조의 의미로 그리고 독일적-민족적인 보수주의(deutsch-national Konservatismus) 정신으로 채

웠다. 20세기 동안 다양한 흐름 속에 있는 전체 프로테스탄트를 특징짓는 이와 같은 보수적-민족적인 정신은 제1차 세계대전의 시대체험에 직면하여 점점 놀라운 현상이 되었다.

여기로부터 사람들은 19세기에서 제1차 세계대전 이후의 시대에까지 미치는 연결선을 주시한다. 19세기 전체를 통해서, 빌헬름 시대에 강화된, 하나의 정신적인 태도가 인식될 수 있다. 즉 그것은 계몽주의에 대한 반대, 서유럽의 합리주의에 대한 반대 그리고 시민계층의 자기만족적 낭만주의적인 삶과 세계의 해석에 반대한 것이다. 19세기 말에 그리고 세기의 전환기에 이와 같은 정신이 또한 생 철학(Lebensphilosophie)과 청년운동(Jugendbewegung)에 나타났다. 1914년 8월의 <독일정신>(deutscher Geist: 트뢸치)에, 특히 프로테스탄트 안에 퍼져 있는 이와 같은 오래된 독일적-민족적인 정서가 정점에 달한다. 자유주의 시민층에 대한 도전적인 문제는 황폐해지고 파악할 수 없는 몰락에 대한 정신적인 작업이었다. 몰락을 인정한 곳의 정신적인 태도는 그것을 승인하려고 하지 않는 곳과는 달랐다. 내적인 저항은 전쟁이 끝이 아니고, 자유주의와 민주주의에 대항하는 계속된 투쟁의 시작이었다. 시민층과 무엇보다 젊은이에게서 많은 호응을 발견한 20세기의 새로운 민족적 반민주적인 운동은 바이마르 공화국에서 정신적으로 강력한 영향력의 흐름을 <보수적인 혁명>으로 이끌어 갔다. 이와 같은 사고유형 때문에 1933년 단지 소수만이 민족사회주의(Nationalsozialismus) 이데올로기의 심각한 위험성을 인식할 뿐이었다.

20세기 신학사에서 변증법적 신학 내지 <위기의 신학>의 출현은 뛰어난 사건이다. 비록 시대 정신과의 연결선이 그 사이에 점점 분명해진다 할지라도, 이것이 결코 어떤 방법으로도 여기서 실행된 거대한 신학적 업적을 경감시키지 못한다. 본질적으로 그것은 교회와 신학에서 민족사회주의의 강력한 이데올로기에 대한 무시할 수 없는 저항을 수행할 수 있도록 공헌했다. 그들의 오랜, 지속적인, 제2차 세계대전 이후에까지 미친 영향은 민족사회주의 시대의 이와 같은 실험과 분명히 적지 않는 관계를 갖는다.

독일 가톨릭 영역에선 제1차 세계대전 이후의 시대는 정신적-종교적으로 특히 생산적이고 강력한 시대다. 로마 세계교회는 민족사회주의 시대에 독일 프로테스탄트처럼 순수하게 실존적으로 도전적이 아니었다. 바이마르 공화국에서 가톨릭 중앙당은 사회민주당 외에 새로운 공화국의 본질적인 지지층이었다.

제2차 세계대전 후의 교회의 새로운 구축은 교회사적으로 20세기의 가장 중요한 사건 즉, 에큐메니칼 운동과 관계된다. 그것은 무엇보다 19세기 교회의 선교 영역과 봉사 영역에서 함께 일함으로써 뿌리내리게 되었다. 아무리 로마 가톨릭교회가 교회의 에큐메니칼 세계위원에 속하지 않는다 할지라도, 가톨릭 교회와 종교개혁 교회 사이의 관계가 20세기에 하나의 토대 위에—즉 교회사의 지난 세기의 순간에 많은 현존하는 문제에도 불구하고, 신뢰와 희망을 주는 토대 위에—세워져 있다.

주요 항목

개신교 신학의 새로운 싹

† 리츨의 신학은, 무엇보다 그의 제자 헤르만은 제1차 세계대전 전후의 개신교 신학의 모든 흐름을 함께 할 수 있는 공동의 토대였다. 이 신학의 중심적인 개념은 <도덕성>과 <문화>였다. 그리스도교의 신앙은 자유주의적인 문화개신교의 세계

에서는 개인적인 삶에서만이 아니라 공동체의 삶에서도 도덕성의 요구의 가장 중요한 힘인 것은 당연하다.

† 1917년 처음으로 오토(Rudolf Otto: 1869-1937)의 작품 : 『거룩한 것』(*Das Heilige*)이 출판되었다. 1930년까지 22판을 내었고, 이것은 완전히 새로운 신인식의 발단이었다. 이미 여기서 하나님은 "완전히 다른 자"로 보이고, 인간들은 "떨림과 황홀의 신비"(mysterium tremendum et fascinosum)에서 만난다. 합리적인 도덕적 종교적인 그리스도교의 이해와의 거리는 확연하게 드러났다.

† 같은 해에 베를린 교회사가 홀(Karl Holl: 1866-1926)은 루터의 반박문 400주년 기념에서 유명해진 강연: "루터의 종교 이해"(Was verstand Luther unter Religion?)를 했다. 여기서는 완전한 새로운 루터 상이 분명해지는데, 그것은 엄격한 역사적 작업과 체계적인 관찰로부터 무엇보다 젊은 루터의 신학, 그의 십자가 및 인의 신학을 분명하게 했다. 영웅과 민족적인 자유투사에 관한 자유적인 루터 상이 홀의 이해를 훨씬 능가한다. 그의 연구와 함께 소위 루터의 르네상스가—다가오는 시대에 변증법적인 신학에 거대한 의미를 갖는—시작되었다. 루터 경건의 중심은 <양심의 종교>(Gewissensreligion)이며, 여기에 당위의 의식이 놓여 있다는 홀의 주제는, 시대정신이 전체 종교개혁 신학이해 안에서 이 중요한 새 싹 위에 영향을 준다는 것을 당연히 보여준다.

† 제1차 세계대전 후의 가장 중요한 신학적 새싹은 바르트(Karl Barth: 1886-1968)의 성장과정 및 영향과 밀접하게 연결된 변증법적 신학이다. 처음 바르트는 1911년 알가우(Aargau) 지방의 농민과 노동자 교회에서 목사가 되었을 때, 전쟁 전의 신프로테스탄트-자유주의적인 신학에 각인되었다. 사회문제에 직면하여 종교사회주의로 방향을 돌림.

제1차 세계대전의 발발은 그의 신학선생들의 전쟁 이데올로기에 대한 긍정은 물론 종교사회주의에서도 돌아서도록 그를 흔들었다. 그의 친구 트루나이젠(E. Thurneysen: 1888-1974)과 함께 바르트는 자유주의 신학에 등을 돌리고 성서 텍스트에서만 그의 물음에 대한 답을 찾았다. 그의 설교에서 성서를 강력하게 다룸으로써 로마주석(제1판 1919)이 생겼다.

변증법적 신학의 신학적 싹

† 이 신학적 싹은 특히 1919년 9월 25일 탐바흐(Tambach)에서 행한 바르트의 강연: "사회 속 안에 있는 그리스도"(Der Christ in der Gesellschaft)에서 분명해졌다. 중요한 변화가 여기에서 나타난다: "그리스도는 바로 그 그리스도다"(Der Christ ist der Christus). 그것은 그리스도인(Christen)과 그리스도교적인 문화유산에서 벗어나서 그리스도(Christus)로 향하는 것을 의미한다. 그것은 인간에게서 벗어나서, 예수 그리스도의 십자가와 부활에서 나타난 그리고 동시에 소위 그리스도교적인 세계에 낯설고 급진적으로 대립하는 하나님으로 변화를 의미한다. 소위 모든 그리스도교적인 운동에 하나의 운동이 "위로부터 수직으로" 관통한다. "그것의 힘과 의미는 죽음으로부터 예수 그리스도의 부활 안에서 이루어진다."

† 이 운동은 모든 현존하는 것의 부정, 소위 <연결-그리스도교>(Bindestrich-Christentum) 즉, 그리스도교적-사회, 그리스도교적-민족, 그리스도교적-도덕 등의 종말을 의미한다. 인간의 죄는, 그가 종교적 수단을 가지고, 예를 들어 그리스도교적인 도덕성의 종교를 가지고서 "위로부터의 수직" 운동에 저항하는 데 있다.

† 신적인 부정은 그러나 동시에 역시 긍정(Position)이다. 젊은 루터와 비슷하게 바르트는, 하나님이 파괴하면서 세우며, 안전판을 제거하면서 새로운 것을 선물하는 것처럼 표현한다. 이 변증법적인 사고구조가 변증법적인 신학이라는 이름을 제공했다: "하나님으로부터 출발하고 의미하는 부정은 적극적이다. 반면에 하나님 위에 세워지지 않는 모든 조정(Positionen)은 부정적이다." 그리스도교적인 문화작업에의 동참을 급진적으로 부정하는 것을 그리스도교적인 책임에 대한 긍정과 대립시켰다. 그래서 바르트는 사회민주당 안으로의 동참을 요구할 수 있었다.

† 만일 이성과 계시 사이의, 문화와 그리스도교 사이의 전승된 조화가 그렇게 급진적으로 부수어진다면, 그러나 하나님에 관한 그러한 말이 어떻게 가능한가? 바르트는 이 물음에 대하여 알가우의 1920년 4월 17일 한 강연 "성서적인 물음, 통찰 그리고 조망"에서 대답했다. 바르트는 성서 안에서 "하나의 주목할 만한 사건"을 대답했다: 하나님 말씀에 대단히 감동된 자의 증언. 하나님의 계시된 말씀으로써의 성서와 역사적 보고(Dokument) 사이에서 계몽주의 이후 일어난 긴장을 바르트는 성서 증인의 감동을 가지고 대답하였다. 그러나 이 비판이 감동된 자의 근거에 접근함이 없이, 성서는 역사적 비판에 열려 있었다.

† 1922년 완전히 새로 작업한 로마서 주석 제2판이 나왔다. 그는 지금까지의 새로운 관점을 더욱 날카롭게 하며, 그것으로부터 20년대 이후 거대한 영향력이 나왔다. 무엇보다 신학적 새로운 작업에 키에르케고르(Soeren Kierkegaard: 1813-1855)의 사상, 니체(Friedrich Nietzsche: 1844-1900) 친구인 오버백(Franz Overbeck: 1837-1905)의 시민적 그리스도교 비판, 그리고 역시 러시아 작가 도스도예프스키(Ferdor M.

Dostojewskij: 1821-1881)가 동참하였다.

† 바르트와 투르나이젠 외에 변증법적 신학의 집단에 무엇보다 다음의 사람이 소속하였다: 고가르텐(Friedrich Gogarten: 1887-1967)은 루터의 지속적인 연구를 통해서 비슷한 통찰에 이르렀다; 브룬너(Emil Brunner: 1889-1966)는 무엇보다 슐라이에르마허를 신학의 곤궁함에 대한 책임이 있다고 보았다: 『신비와 말씀』(1924); 불트만(Rudolf Bultmann: 1884-1976)은 신약의 역사적 연구로부터 그리고 종교개혁 신학의 재발견, 특히 루터로부터 변증법적인 신학을 발견했다.

† 『그리스도교 세계』(*Christliche Welt*)에 발표된 고가르텐의 논문은 "시대의 사이(Zwischen den Zeit)"라는 제목을 달았다. 새로운 신학의 이 비판적인 위치결정은 1923년에서 1933년까지 변증법적 신학이 영향력 있게 넓혀간 잡지의 제목이 되었다. 편집책임: 메르쯔(Georg Merz: 1892-1959).

† 변증법적 신학자 집단은 1933년 이전에 이미 보였던 차이가 분해되었다: 고가르텐의 독일적 그리스도인(Deutsche Christen)의 편향성을 통해서 바르트와 거리가 멀어졌다. 1934년 바르트와 브룬너 사이의 난설은 신학에서 인간학적인 <접촉점>(Anknuepfungspunkt)에 대한 논쟁 때문에 생겼다. 바르트와 불트만 사이는 <탈신화화>(Entmythologisierung)의 프로그램과 불트만이 철학자 하이데거의 개념을 차용하는 것 때문에 20세기의 중요한 이 두 신학자의 차이가 드러난다.

바이마르 공화국 시대의 교회

† 1918년 11월 9일 군주제의 종식과 공화국의 공표는 교회에 하나의 깊은 역사적 단락(Einschnitt)을 의미한다. 교회는 이제 거대한 정치적, 정신적인 그리고 법적-기구적인 도전에

직면해 있다. 그러나 가톨릭과는 다르게 독일 프로테스탄트는 1918년 11월 9일에 자기의 수백 년의 제도 구조, 주 영주 지배의 교회정부를 박탈당했다.

† 개신교에 대한 중요한 물음은 다음과 같다: 국가교회가 소멸된 후에 고유한 교회정부는 어떻게 형성되어야 하는가? 새로운 출발이 거대한 문제 앞에 놓여 있었다: 프로테스탄트 주민들의, 그리고 가톨릭도 마찬가지인 민족적-황제에 충실한 정서; 가톨릭 중앙당과 비슷하게 잘못된 정치적인 대표; 경제 전망의 거대한 불확실성.

† 개신교적인 내용에서 새로운 제도에 대한 두 가지 생각은 서로 대립된다: 라데(Martin Rade: 1857-1940)는 <자유 개신교 국민교회>(Freie evangelische Volkskirche)를, 즉 밑에서 위로 향하는 교회제도를 요구했다. 그곳에서는 “목회자 중심의 교회가 평신도 교회에, 종무국 중심의 교회가 회중 중심의 교회에 자리를 양보하는” 교회였다. 반대로 교회를 이끌어 가는 관청과 총회는 자신들을 위해서 미래 교회 제도를 형성하도록 요구했다.

† 새로운 국가에서 교회의 자리에 대한 물음은 학교교육문제(Schulfrage)와 밀접하게 연결되었다. 좌, 우익 정당의 대립적인 위치에 대해서 1919년 1월 19일 국민의회(Nationalversammlung) 선거에 직면하여 교회는 입장을 가져야 했다. 가톨릭뿐만 아니라 개신교 측면으로부터도 교회와 국가를 급진적으로 분리하려는 정치는 거절되었다.

† 1919년 1월 국민의회 선거에서 사민당(SPD)은 가장 강력한 정당이 되었고, 가톨릭 중앙당은 두 번째 강력한 정당으로 부상했다. 국가에서 교회의 미래 위치를 다루는데 있어서 사민당의 입장은 두 교회(가톨릭과 프로테스탄트)를 새로운 민주적인 제도 안에서 건설적으로 함께 일하는 것을 가능하게

하는 것이다.

1919년 8월 바이마르 제국헌법

† 역사적인 발전은 이미 19세기 비인회의 이후 교회와 국가의 연결을 점점 이완시키고 개신교 주정부 교회를 차차 독립하게 하였다. 이것에 대한 분명한 표시는 1848년의 바울교회의 헌법에 나타난다: 교회와 국가의 근본적인 분리, 법적이고 구체적인 분명한 구별, 교회업무의 자립적인 제도와 행정.

† 이와 같은 결정 속에서 바이마르 제국헌법이 만들어졌다. 137조는 다음과 같다: "각 종교 단체는 자기의 일을 모든 유효한 법의 한계 내에서 자발적으로 제정하고 관리한다. 그들은 국가나 시민 공동체의 영향 없이 자기의 공무를 수여한다." 그것은 교회와 국가의 근본적인 분리를 의미하나, 그러나 특별한 방법에 의해서(불완전한 분리).

† 교회는 공적 권리를 가진 단체로서의 지위를, 즉 교회세금의 징수 가능, 일반교양 교육에 정규적인 과목으로 종교교육 그리고 국립대학에 신학대학의 안전한 생존권을 유지한다.

† 이와 같은 결정의 의미: 국가-교회 관계가 제국법적으로 규정되었다. 그래서 교회는 어디서나 급신적인 결정에 보호되었다. 바이마르 제국헌법에서 교회와 국가 분리에 관한 방법은 교회뿐만 아니라, 국가에도 이익이 되었다.

† 주정부 교회의 원칙, 무엇보다 주정부의 (교회) 지도부 조직은 교회의 총투표를 요구하는 자유주의에 대립하였고, 또한 통일적인 개신교 독일 제국교회의 소집과 대립되었는데, 이것이 관철되었다. 후자의 요구는 예를 들면 <개신교 연맹> (Evangelischer Bund)이 1886년에 조직되었고, 독일-민족적이고 반가톨릭적인 성격을 띠었다. 개개 주교회의 관심과 전 개신교 교회의 소집이라는 해묵은 긴장은 주교회를 위한

출발이 되었다.

주교회의 기구적인 구조와 국가와 교회의 계약규정

† 이미 1919년 9월 드레스덴 교회의 날(Kirchentag)에 모든 독일 주교회의 하나의 기구적인 체결이 이루어질 수 없다는 것이 분명해졌다. 무엇보다 다양한 신조들의 상황이 그러한 목적에 대치되었다.

† 1922년 5월 독일 개신교 주교회는 비텐베르크에서 독일 개신교 연맹(Deutscher Evangelische Kirchenbund)을 체결했다. 주교회의 자립과 신조의 상태는 침해되지 않고 남았다. 이 교회 연맹은 세 개의 기구를 갖는다: 교회의 날, 교회위원회(Kirchenbundesrat: 28개의 주 교회 대표) 그리고 교회대표부(Kirchenausschuss). 교회대표부의 의장은 1925-1933년 카플러(Hermann Kapler: 1867-1941)였다.
교회 연맹은 할당원칙에 의해서 재정이 충당되고, 또한 재정적으로 주교회에 의존되었다.

† 바이마르 공화국의 교회연맹의 공적인 집회들: 1924년 베델 교회의 날, 1927년 쾨닉스베르크 교회의 날, 1930년 뉘른베르크에서 아욱스부르크 신조(CA) 400주년 기념. 교회의 날 의장 페치만(Wilhelm von Pechmann: 1859-1948). 독일 프로테스탄트는 교회연맹이 국가와 연합운동(Ökumene)에 대해 일반적으로 대표하였다.

† 독일 주교회의 다양한 헌법의 기본구조는 교회연맹의 결성과 양립한다: 교회회원들의 대표로써 총회(Synode), 최고교회위원회(Oberkirchenrat) 내지 행정관청으로써 주교회위원회(Landeskirchenrat) 그리고 자주 교회평의회(Kirchensenat), 이곳에서는 총회와 교회 행정관청의 구성원들이 함께 일한다. 개개의 주교회 안에서 교회 조직들이 아래로부터 다양하게 조

직되고 무엇보다 이름이 구별된다.

† 가장 큰 주교회는 구 프로이센 연합(altpreussischen Union)의 개신교인데, 이는 1922년 헌법을 공포하고 신자가 1900만 명이 되었다. 그 뒤로 다음과 같다: 작선, 하노버, 뷔르템베르크, 바이에른, 튀링엔과 쉴레스비히-홀스타인. 차이가 나는 것은 각각의 크기만이 아니라, 신조의 방향이다: 15개의 루터교, 12개의 연합 그리고 한 개의 개혁교.

† 신조의 차이가 사소하지 않다는 것은 몇 곳의 주교회 감독관청의 개혁과 실시에 대한 논쟁이 보여준다.

† 바이마르 헌법을 기본 토대로 하고 주교회와 독일의 주(Länder) 사이의 무수히 많은 교회계약을 통해서 다양한 일들이 규정되었다: 종교수업과 대학의 신학부의 보장, 교회에 대한 국가적인 보조, 마찬가지로 교회 공무를 점유할 때 국가의 이의신청 가능성.
교회계약은 앞서서 가톨릭 교회와 독일의 주들과의 계약인 콘코던트(Konkordant: 국가와 교회의 협약)에 준한다.

† 개신교 주교회를 확고하게 발전시키는 것은, 프로이센 총감독(Generalsuperintendent)인 디벨리우스(Otto Dibelius: 1880-1967)가 1926년에 발표한 책 『교회의 세기』(*Das Jahrhundert der Kirche*)에 드러난다. 자립적인 개신교의 현존은 11월 혁명 이후 놀랄 만한 변화로 환영받았다. 새로운, 종교적으로 중립적인 국가 속에서 교회는 여전히 윤리적인 가치를 촉진시키고 공격을 방어해야 하는 과제를 가졌다. 디벨리우스의 이 책과 변증신학의 거리는 너무나 컸다.

제1차 세계대전 이후의 가톨릭 교회

† 제1차 세계대전 이후의 가톨릭주의는 <현대적 가톨릭주의>(moderner Katholizismus: Walther von Loewenich)로 표

시될 수 있다. 가톨릭 교회에도 역시 제1차 세계대전은 중요한 시대의 단락(Zaesur)이었다. 그러나 세계교회의 중심적인 인도와 제1차 세계대전의 재난 속에서 들려온 현대 자유주의에 대한 적대감 때문에 가톨릭 교회의 전체 상황은 무엇보다 독일 프로테스탄트와는 달랐다.

† 반현대주의적인 서약을 통해 반자유주의 과정으로 이끌어간 피우스 10세(Pius X: 1903-1914)를 베네딕트 15세(Benedikt XV: 1914-1922)가 뒤따랐다. 1917년 그 아래서 *Codex Iuris Canonici*가 출판되었다. 제1차 세계대전 이후의 가톨릭주의에는 무엇보다 교황 피우스 11세(1922-1939)가 중요하다. 그 아래서 많은 협약, 즉 1933년 로마와 히틀러의 제국협약 등이 체결되었다. 1929년 이탈리아 국가와 교회에 외적으로 우호적 협약인 라테란협약(Lateranvertraege)이 이루어졌다. 그와 함께 교황권과 파시스트 이탈리아 사이의 오랜 분쟁이 종결되었다. 바티칸도시의 완전한 주권이 이루어졌다.

† 피우스11세는 <활동적인 가톨릭 교황>(Papst der Katholischen Aktion)으로 알려졌다. 성직자의 지도 아래 평신도의 활동을 통해서 가톨릭의 전체적인 사회적 생활의 충격이 가해졌다. 가톨릭의 활동은 제1차 세계대전 후 자의식적이고 강력한 행동적인 가톨릭주의를 증명한다. 다양한 단체와 연맹기구가 넓은 지역으로 가톨릭 교회의 영향력을 촉진시켰다. 수준 높은 호흐란트(Hochland) 같은 잡지가 가톨릭 활동을 뒷받침했다.

† 평신도의 활동은 특히 가톨릭 청년운동에서 구와디니(Romano Guardini: 1885-1968)가 주도적인 역할을 한 하나의 종교적 갱신운동에서 두드러진다. 가톨릭 학생 연맹과 가톨릭 노동단체는 가톨릭 평신도의 활동을 촉진시켰다. 가톨

릭 활동의 본질은 구와디니의 『교회의 의미에 대해서』(*Vom Sinn der Kirche*: 마인쯔 1922년)라는 작품에 특히 잘 드러난다.

† 수도원생활 역시 상당한 부흥을 맞았는데, 사람들은 <수도원의 봄>에 관해서 말했다. 수많은 사회적-자선적 그리고 교육적인 활동들.

† 자의식적인 독일 가톨릭주의는 1931년 뉘른베르크 가톨릭교회의 날에 드러났다.

† 특히 성서 운동과 제의 운동 속에서 현대 가톨릭의 살아있는 경건이 표현된다. 1933년 <가톨릭 성서협회>(Katholisches Biberwerk)가 세워졌다. 성서와 그것의 이해에 대한 보급과 촉진이 성서 운동을 통해서 상당히 활발해졌다.

제의운동은 현대 주관주의로부터 구교회의 보고로 돌아가자는 것이다. 베네딕트 수도원의 보이론(Beuron)과 라흐(Maria Laach)가 중심적이다. 그레고리 찬송의 관리와 미사의 공동체적 특징의 강조. 제의 운동은 가톨릭 청년 운동과 밀접하게 관련됐다. 그것은 구와디니의 작품 『제의 정신에 대해서』(*Vom Gesit der Liturgie*: 1918)가 보여준다. 피우스 12세의 제의-백서인 『하나님의 중재자』(*Mediator Dei*: 1947)는 제의 운동 충격을 증명한다.

† 1918년 <고교회 연합>(Hochkirchlichen Vereinigung)이 설립됨. <하나의 교회>(Una-Sancta- Bewegung)를 위한 노력 속에서 다른 신조/교파에 대한 이해를 촉진함.

교회투쟁의 역사적 전제

† 제2차 세계대전 후 민족사회주의 시대의 개신교와 가톨릭교회의 역사는 <교회투쟁>이라는 개념 아래 요약된다. 그 개념은 1933/34년에 생겨서 스스로 형성된 고백교회 안에서

교회 내적인 논쟁을 나타낸다: 교회의 행위는 고백적이고 복음적으로 머물러야 한다. 그들의 적은 독일적 그리스도인(Deutsche Christen: DC)이다. 1935년 국가적인 교회위원회 정책 이후에 이 개념은 그리스도교 교회와 민족사회주의 사이의 근본적인 투쟁으로 확장될 수 있었다.

† 바이마르공화국의 역사적인 전제: 20년대 개신교 주교회가 새로 얻은 자율성과 자의식은 1933년 이후 교회와 국가의 논쟁에 본질적으로 영향을 주었다. 변증법적 신학으로부터 민족사회주의 이데올로기를 방어하려는 중요한 자극이 나왔다. 민족사회주의 운동은 바이마르 공화국 말기에 개신교 주민들과 목사층에서 지지자들이 점증하였다. 개신교 시민층의 민족적인 사고방식은 민족사회주의 운동의 목적과 의도를 현실적으로 파악하는 것을 방해했다. 그것은 특히 귄터 덴의 사건(Fall Dehn)에 잘 드러난다: 베를린 목사 귄터 덴은 "교회와 민족들의 화해"(Kirche und Voelkerversoehung)라는 그의 강연에서 민족적으로 기울어진 프로테스탄트에 대해서 강력하게 공격했는데, 1931년 할레대학의 신학교수로 그를 초빙하려 할 때 학생소요가 일어났다.

† 그러나 개신교 교회의 중요한 소수만이 의식적으로 민족사회주의의 이데올로기를 거절했다: 예를 들면 종교 사회주의자들, 라데(Martin Rade) 주변의 자유주의자들, 변증신학자들 그리고 루터교 신학자 자세(Hermann Sasse). 교회대표부위원 페치만(Wilhelm von Pechmann).

가톨릭 교회에서는 민족사회주의노동당(NSDAP)에 대한 거절하는 견해가 우세했다; 정치적 정당으로서의 중앙당의 존립은 정치적인 논쟁에 대해 유리하게 영향력을 끼쳤다.

1933년 이전의 민족사회주의 운동

† 히틀러(Adolf Hitler: 1889-1945)의 이중적인 세계관, 유대인에 대한 아리안 족의 투쟁, 악의 원리에 대한 선의 투쟁은 민족사회주의노동당 정책을 본질적으로 규정한다. 히틀러의 반셈족주의는 그 정당의 정책에 대한 근본적인 추동력이었다.

† 그 정당의 교회정책은 먼저 교회에 대해서 전략적으로 설정된 중립을 추구했다: 1920년 그 정당프로그램의 제24조는 다음과 같다: "정당 그 자체는 적극적인 그리스도교(positives Christentum)의 관점을 대변한다."

† 1930년 9월 민족사회주의노동당의 선거 승리. 그 이후 민족사회주의 정당의 교회 친화적인 입장은 강화된다. 민족사회주의자들은 교회의 토대에 대한 교회의 지배권을 빼앗으려 했다. 1932년 봄 베를린 목사 호젠펠더(Joachim Hossenfelder)에 의해서 독일적 그리스도인(DC)이 세워졌다. 독일적 그리스도인의 기본방향은 민족사회주의 이데올로기 위에서 개신교 주정부 교회를 개신교 제국교회로 결성시키려는 것이다.

† 1932년 프로이센 교회 선거에서 독일적 그리스도인이 모든 의석의 1/3을 자지했다.

히틀러의 교회정책과 개신교 제국교회의 관철

† 히틀러의 교회정책은 먼저 국가와 교회의 획일화가 목적이다. 정당과 히틀러 자신의 정책은 늦어도 1938년 이후에 분명해졌는데, 목적은 독일의 교회와 그리스도교를 파멸시키는 것이었다. 국가적인 교회정책은 반대로 국가의 감독하에 교회의 실존을 고려했다.

† 제국의회 개원(1933년 3월 21일 포츠담의 날) 이후 히틀러는 19333년 3월 23일 그의 정부 선언에서 새로운 국가에서

교회를 상당히 안정시켰다.

† 1933년 7월 8일 히틀러는 바티칸과 제국협약을 맺었다. 이것은 가톨릭 교회에게 법적인 안전을 의미하며, 국가는 그들을 —특히 학교정책에서— 총체적으로 승인하는 것이다. 히틀러에게는 중앙당의 폐지와 함께 중요한 국내 정치의 목적을 달성했다. 제국협약은 외교적으로 새로운 국가의 정돈된 교회정책이라는 인상을 주었다.

† 제국교회는 28개의 개신교 주교회에 대한 정치적인 목적이다. 독일적 그리스도인은 히틀러의 권력 장악 이후 이 목적을 위해서 강력하게 일했다.

† 주교회 안에서 역시 하나의 제국교회에 대한 대중적인 요구가 있었다. 카플러(Hermann Kapler)가 그것을 제안하였다(3인위원회: Drei-Männer-Kollegium: Hermann Kapler, August Marahrens, Hermann Albert Hesse). 이것을 단초로 히틀러는 쾨닉스베르크 군목 뮐러(Ludwig Müller)에게 개신교 업무의 전권을 부여했다.

† 국가로부터 독립을 유지하기 위해서 개신교 주교회는 보델쉬빙(Friedrich von Bodelschwingh d.j.: 1877-1946)을 제국감독에 대한 유일한 후보로 내세웠다. 그러나 외부의 압력과 내적 불일치로 보델쉬빙은 사퇴하였다.

† 따라서 뮐러의 지도 아래 독일 개신교(DEK)의 헌법 작업은 1933년 7월 11일에 통과되고 1933년 7월 14일에 제국법이 통과되었다.

† 1933년 7월 23일 제국교회선거. 독일적 그리스도인이 히틀러의 지원으로 절대 과반수 획득.

† 1933년 9월 27일 비텐베르크 국민총회(Nationalsynode)에서 뮐러가 제국감독으로 선출되었다.

고백교회의 출현과 1933/34년의 교회투쟁 시작

† 개신교의 획일화의 목적은 달성되었다. 1933년 말 상황은 그러나 본질적으로 변하기 시작했다.

† 민족사회주의 국가의 획일화 정책에 대항하는 개교회 운동과 목회자 운동으로부터 고백교회가 발전했다. 그것은 본질적으로 세 가지 뿌리를 갖는다: 칼 바르트의 새로운 변증신학, 목사긴급동맹과 개교회에서 그리스도교 신조와 연결된 교회을 위한 투쟁(자유 총회의 형성). 성서와 신조에 연결된 교회는 변증법적 신학과 함께 민족사회주의-이데올로기에 대항하여 공동의 언어를 발견할 수 있었다.

† 1933년 여름에 칼 바르트의 작품 『오늘의 신학 실존』(*Theologische Existenz heute!*)이 출간되었다. 그와 함께 그리스도교적인 신앙고백이 일상주제가 되었다. 그러나 교회 정치는 아니라.

† 1933년 9월 6일 프로이센 주교회는 국가의 모형(1933년 4월 7일)에 따라 소위 아리안 조항(Arierparagraph)을 결정했다. 유대출신 목사와 교회 공무원은 자기의 공무로부터 해고되어야 한다. 그래서 니묄러(Martin Niemoeller: 1892-1986)는 1933년 9월 말에 목사긴급동맹을 만들었다. 구성원들은 성서와 신조에 유일하게 의무를 지고 있다. 아리안 조항은 신조의 구체적인 손상을 의미한다. 짧은 기간에 독일 목사의 거의 과반수인 7000명 이상의 구성원.

† 1933년 11월 13일 베를린 스포르트 광장에서 독일적 그리스도인의 시위집회(Kundgebung). 여기서 구약성서와 바울의 유대적 신학에 대한 폐지가 요구되다. 반동: 독일적 그리스도인으로부터 폭넓게 벗어남.

† 그럼에도 불구하고 주교회를 제국교회로 통합하려는 제국감독의 시도. 1934년 여름에 대부분의 주교회는 제국교회로 들

어왔다. 바이에른, 비르템베르크 그리고 하노바의 아직 훼손되지 않는 교회지도부는 주교회 감독인 마이져(Hans Meiser: 1881-1956), 부름(Theophil Wurm: 1868-1953) 그리고 마라렌스(August Marahrens: 1875-1950)와 더불어 아직 여기에 이르지 않았다. 이들 감독들은 개교회로부터 지속적으로 지지를 받고 있었다.

† 1934년 4월에 자유 총회의 대표와 아직 훼손되지 않는 주 교회들은 함께 국가의 폭력조치들에 대항하여 항의하였다(울름 선언: Ulmer Erklärung).

† 1934년 5월 말경 독일 개신교 교회(Deutsche Evangelische Kirche)의 제1차 제국 고백교회 총회가 개최되었다. 이것은 루터교, 개혁교회 그리고 연합교회, 자유 총회, 교회의 날 그리고 개교회들을 포함하였다. 이곳에서 6개의 주제와 비난들 속에 그리스도교의 신앙과 교회의 토대에 대한 신앙고백을 정리한 "신학선언"(Theologische Erklaerung)이 통과되었다. 특히 칼 바르트의 신학이 이 신앙고백에 받아들여졌다: 제1테제는 다음과 같다: "예수 그리스도, 그가 우리에게 성서에서 증언된 것처럼, 그것은 우리가 들어야 할, 삶과 죽음 속에서 신뢰하고 복종해야 할 하나님의 말씀이다." 다른 테제들은 계속해서 인의와 구원의 일치, 교회 안에서의 그리스도의 통치(영도자원리 대항) 그리고 국가에 대한 교회의 자유, 교회 선포의 독립을 언급하였다.

† 바르멘 테제에 대항하여 루터주의의 비판이 일어났다. 에어랑겐 신학자 에러트(Werner Elert)와 알트하우스(Paul Althaus)는 율법과 복의 변증법적 의미에서 율법을 보려고 하지 않았다. 민족사회주의 국가와 그의 영도자를 그들은 하나님에 의해 세워진 질서로 인정하였다. 그들은 소위 1934년 6월 11일 안스바허 권고(Ansbacher Ratschlag)에 서명하였다.

- † 1934년 가을 제국교회 지도부, 국가, 정당과 그리고 바이에른, 뷔르템베르크 주교회 사이에 논쟁이 절정에 이르렀다. 감독 마이저와 부름은 가택연금 상태에 처했다.
- † 1934년 10월 말 제2차 제국 고백교회 총회가 베를린-달렘에서 개최되었다. 이곳에서 고백교회가 독일적인 그리스도교 교회지도부와 궁극적으로 갈라졌다. 고백교회의 고유한 교회지도부 형성(형제위원회: Bruderraete). <훼손되지 않는 교회>의 지도부와 함께 그들은 (첫 번째) <독일 개신교(DEK)의 임시 지도부>를 형성했다. 의장: 주교회 감독 마라렌스.
- † 뮐러의 교회 정책의 좌절은 1934년 말에 분명해졌다.

1935년과 1939년 사이의 교회투쟁

- † 제국교회 계획이 좌절된 후, 히틀러는 1935년 9월 켈(Hanns Kerrl)을 교회업무를 담당하는 제국장관에 임명했다. 그는 개신교를 <평화롭게> 해야 했다. 개인적으로 그는 민족사회주의와 그리스도교가 일치될 수 있다고 확신했다.
- † 켈은 독일개신교(DEK)의 지도부를 넘겨받아야 하는 제국교회대표부를 소집했다. 거기에 맞시서 다양한 주교회대표부와 지역교회 대표부가 구성되었다. 교회대표부 설립과 함께 독일적 그리스도교 지도부와 마찬가지로 고백교회의 교회지도부의 조직도 정지되었다. 그래서 교회 지도부의 정책에 대해서 고백교회의 분열이 일어났다. 훼손되지 않는 교회와 몇몇의 루터교적인 형제위원회는 상황이 좀 더 나아지리라는 희망이 지배했다. 반대로 고백교회의 프로이센 형제위원회는 교회 대표부의 각각 동참하는 것을 거절했다.
- † 1936년 2월 바드 외인하우젠(Bad Oeynhausen)의 제4차 제국 고백교회총회에서 고백교회의 분열을 극복하려는 시도가

무산되었다. 온건한 측에는 바이에른, 뷔르템베르크 그리고 하노버의 훼손되지 않는 교회와 또한 몇몇의 루터교 교회의 형제위원회가 속했다. 그들은 1936년 3월 18일에 형성된 루터위원회(Lutherrat)를 통해서 대변되었다. 고백교회의 급진적인 측(구프로이넨 연합, 올덴부르크, 브레멘 그리고 나사우-헷센)은 새로 선출된(두번째) 임시 교회대표부에 속했다.

† 고백교회의 분열 배후에는 무엇보다 신학적인 차이가 있다: 교회를 교회되게 하는 물음. 1936년 본회퍼(Dietrich Bonhoeffer: 1906-1945)는 선언했다: "독일의 고백교회로부터 의도적으로 벗어난 자는 구원으로부터 벗어난다." 1936년 5월 고백교회 급진파는 민족사회주의국가에 의해서 인권이 침해된다는 것을 고발하는 히틀러에 대한 백서를 통과시켰다.

† 교회 대표부의 국가적인 정책은 고백교회의 분열과 함께 다시금 좌절되었다. 1937년 2월 제국 교회대표부는 물러났다. 예측된 히틀러에 의한 전 개신교의 새로운 선거는 뜻밖에도 이루어지지 않았다. 이것 대신에 교회에 대한 국가적인 압력이 점점 더 가해졌다.

† 1937년 3월 14일 교황의 교서 <초미의 걱정과 함께>(Mit brennender Sorge)는 민족사회주의의 종교와 교회정책에 대해 심판했다. 표어 <파멸의 투쟁>(Vernichtungskampf)과 <공적 계약의 파괴>(Öffentliche Vertragsverletzung: 제국협약)는 분명하게 희망의 여지가 없음을 보여준다. 피우스 11세의 교서 가톨릭 교회를 넘어서 영향을 미쳤다.

† 1938년 2월 내외의 교회 저항의 상징인 베를린 달렘의 목사 니묄러에 대한 재판이 있었다. 히틀러의 명령에 의해서 니묄러는 영도자의 개인적인 적으로 전쟁 끝까지 작센하우젠과 다하우 감옥에 구금되었다. 니묄러의 사건은 그만의 운명이

아니다. 많은 개신교 목사와 가톨릭 성직자가 박해를 받고 감옥에 갔다. 본회퍼의 활동적인 정치적 저항은 베를린-테겔의 형무소와 프로쎈뷔르크(Flossenbuerg: 1945년 4월 9일) 감옥소에서의 처형으로 마감되었다.

제2차 세계대전 동안의 교회 투쟁

† 전쟁 초에 히틀러는 휴전을 명령했다. 교회에 대항하는 각 활동은 전시 중에는 금지되었다(성안의 평화: Burgfrieden). 두 개의 교회(신 구교)에는 민족적인 연대의 정신으로의 호소가 일어났다. 그렇지만 교회에 대항하는 투쟁은 계속되었다. 교회 활동에 대한 억압은 1941년에 다시 절정에 달했다.

† 1939년 10월 히틀러가 명령한 열광적인 프로그램에 대항하여, 무엇보다 뷔르템베르크 감독 부름과 뮌스터의 감독 갈렌(Clemens August Graf Galen)이 항의하였다. 그럼에도 불구하고 이와 같은 공개적인 고발이 교회 기구 안에 있는 수천의 장애자와 정신장애자를 가스실로 옮기는 것을 막지 못했다.

† 가장 가공할 만한 것은 유대인의 대량 살상에 대한 교회의 침묵이었다. 개인적으로 작은 도움에 주는 활동에 그쳤다. 예를 들어 개신교에는 목사 그뤼버(Heinrich Grüber), 가톨릭에서는 수석 신부 리히텐베르크(Bernhard Lichtenberg)이다. 고백교회 역시 민족사회의 반셈족주의가 갖는 의미와 중요성을 인식하지 못했다. 1941년 7월 말 유대문제에 대한 <최후의 해결>(Endlösung)이 결정되고, <유대인의 별>(Judenstern) 표시를 지니고 다닐 것을 명령했다. 1943년 처음 독일 감독과 프로이센 고백교회 총회는 죄없는 자의 살해를 심판했다.

† 1941년 11월 이후 주교회 감독 부름은 찢어진 개신교를 다

시 통일시키고자 시도했다. 오랜 타협 후에 1943년 <교회의 위임과 봉사>(Auftrag und Dienst der Kirche)에 대한 13개 문항이 선포되었다. 그것은 널리 호응을 받았다. 감독 부름의 일치작업은 제2차 세계대전 후에 개신교 주교회를 다시 함께 세우는 토대가 되었다.

제2차 세계대전 후의 독일 개신교 교회

† 제2차 세계대전의 종결은 제1차 세계대전의 종결과 같이 독일 개신교에게는 하나의 시대를 가른다. 무엇보다 그것은 국가와 사회의 영향력에서와 마찬가지로 지역적 범위에서 그렇다. 프로테스탄로 각인된 다수의 동부 지역의 분리로 독일 프로테스탄트는 자기 영역의 1/3 이상을 상실하였다.

† 1949년 국가가 분리됨으로 독일의 신조/교파적인 지도가 변했다: 서부 지역은 개신교와 가톨릭이 비슷하게 강하다. 이 지역의 거대한 자유공간에서 교회는 그들이 공개적 일을 함께 하는 것과 마찬가지로 자신들의 고유한 작업을 할 수 있었다.

† 처음의 동독 지역 국민교회적 개신교는 50년대 이후에 강력한 국가적인 충돌정책에 직면하였다.

† 교회투쟁으로부터의 경험과 신학적 그리고 교회정치적인 관점에서 교회 투쟁의 결과가 1945년 이후 60년대 이르기까지 개신교를 각인시킨다. 고백교회의 다양한 위치들 역시 계속 영향을 미친다. 교회 형제위원회의 지도부(Martin Niemöller)에 대해 독일 루터교가 루터주의의 신앙고백서에 근거해서 대립하였다(Hans Meiser). 그럼에도 불구하고 감독 부름의 일치작업을 통한 양보가 이루어져, 주교회의 자율성뿐만 아니라 그들의 전체 대표성도 최고의 지도부 조직 안에 뚜렷하게 나타났다.

† 1945년 8월 27일에서 31일 트라이사(Treysa)에서 회의가 있

었다. 거기 모인 교회지도자들은 <독일 개신교 교회의 임시 제도>(Vorlaeufuge Ordnung der EKD)를 통과시켰다. 독일 개신교(EKD) 위원회의 의장: 주교회 감독 부름. 교회의 정치와 사회에 대한 새로운 책임 강조는 "공공 삶에서 교회의 책임에 대한 성명"에 분명하게 하였다.

† 1946년 8월 독일개신교(EKD)의 <원조기구>(Hilfswerk)가 설립되었다. 의장: 겔스텐마이어(Eugen Gerstenmaier: 1906-1986) 외국 기부금과 실종자 조사협회(Suchdienst)의 분배를 통해서 전쟁 이후의 참혹한 곤궁이 상당히 아물어지게 되었다. <원조기구>와 <내방선교>(Innere Mission)는 1957년 이후에, 그리고 궁극적으로는 1975년에 독일개신교 <사회 봉사국>(Diakonisches Werk)에 결합되었다.

† 1948년 아이젠나하에서 루터교 13개, 연합교회 13개 그리고 2개의 개혁교회를 결합하는 독일 개신교의 기본조직이 통과되었다. 조직: 총회(Synode)와 위원회(Rat). 위원회 의장: 1949년-1961년까지 디벨리우스(Otto Dibelius)

1948년 루터교 주교회들은 <독일 루터교 연합>(Vereinigte Evangelisch-Lutherische Kirche Deutschlands: VELKD)을 결성했나.

† 1945년 10월 18/19일 슈트트가르트에서 독일개신교 위원회는 세계교회협의회(Oekumenischer Rat der Kirche)의 대표부에 하나의 선언, 『슈트트가르트 죄책고백』을 발표했다. 그 안의 내용: "우리에 의해서 끊없는 고난이 수많은 민족 그리고 백성들에게 주어졌다.…… 우리는 보다 용감하게 고백하지 못하고, 보다 신실하게 기도하지 못하고, 보다 기쁘게 신앙하지 못하고 그리고 보다 뜨겁게 사랑하지 못했음을 고백합니다."

『슈트트가르트 죄책고백』은 곧바로 심각한 논쟁을 일으켰

다. 교회투쟁의 경험에 대한 토대 위에서 새로운 시작은 교회 내적 책임만이 아니라 교회의 정치적인 책임 안에서 모색되었다. 그러나 무엇보다 슈트트가르트 죄책고백은 개신교 교회와 에큐메니칼 운동과 함께 일할 수 있는 연결을 가능하게 했다.

† 『슈트트가르트 죄책고백』에는 유대민족에 대한 언급이 없다. 나찌 치하의 이름없는 유대인들의 고난에 대해서 교회의 연대 책임은 1945년 이후 처음으로 천천히 의식되게 되었다. 1950년 베를린-바이센제(Berlin-Weissensee)의 독일개신교 총회는 <이스라엘에 대한 책임의 확언>을 발표하였다. 1948년 이후 <유대인과 그리스도인>(Juden und Christen) 연구모임은 개신교 교회의 날에 활동한다.

† 1947년 8월 독일개신교의 형제위원회는 『우리 민족의 정치적 길에 대한 확언』(다름슈타트 선포: Darmstädter Wort)을 발표했다. 여기서 19세기와 20세기 초의 독일 민족주의 그리고 사회문제에 대한 거절은 나치 국가의 발생에 대한 공범이 된다.

† 독일개신교의 사회정치적 문제에 대한 수많은 백서 중에서 1965년의 『추방된 자의 상황과 독일 민족의 동부지역 이웃나라와의 관계』(Die Lage der Vertriebenen und das Verhältnis des deutschen Volkes zu den seinen östlichen Nachbarn)는 정치적 영향력이 뛰어났다.

동독에서의 개신교

† 1949년 동독(독일민주공화국: Deutsche Demokratische Republik)의 헌법은 서독의 헌법처럼 교회에 관대한 권리를 부여하였다. 1952년 7월 독일사회주의 통일당 제3차 정당대회 이후 사회주의를 계획적으로 구축하려는 목적 아래의 길

에서 교회에 대한 국가의 압박이 강화되었다. 공공학교에서 종교수업 금지, 대학에서의 젊은 신도들과 학생신도들의 박해, 견신례에 대한 투쟁, 베를린 감독 디벨리우스(Otto Dibelius)와 튀링엔 주 감독 미쩬하임(Moritz Mitzenheim)은 동독의 초기 시대에 뛰어난 개신교 교회지도자였다.

† 1957년 교회문제, 지속적으로 교회와 국가 관계의 모든 일들을 위해서 국가 비서를 설립. 교회는 지속적으로 사회 주변부로 밀려남.

† 베를린에 장벽이 설치된(1931년 8월 13일) 이후 독일개신교(EKD)와의 조직적인 유대가 더욱 힘들어졌다. 1968년 동독은 결코 교회에 법적인 규정을 주지 않는 새 헌법을 통과시켰다.

1969년 6월 10일 동독에 있는 독일개신교(EDK)의 8개 지교회가 독일민주공화국(DDR) 안에 개신교연맹(Bund der Evangelischer Kirche: BEK)을 결성하였다. 그것은 국가의 압력만이 아니라, 교회가 국가에 대하여 이득을 얻으려는 인식의 결과이다. 독일개신교(EKD)의 조직적 통일은 이제 부서졌다. 그러나 개신교연맹은 독일의 전 개신교에 특별한 공동체임을 밝혔다.

† 교회연맹 설립 이후에 동독에서 개신교 주교회는 <사회주의에서 교회>라는 양식 아래 자신들의 길을 찾았다. 개신교주의는 1950년대 이후 더 이상 국민교회가 아니다. 그러나 역시 사회적 생활로부터 벗어나고자 하지도 않았다.

† 1989년 가을 동독에서 <평화로운 혁명>이 개신교 신학자들과 교회 대표자 그리고 교인들의 근본적인 협력으로 발생하였다.

1990년 1월 17일 로쿰 선언(Loccum Erklärung) 이후에 독일 개신교의 교회적인 통일이 다시 이루어졌다(정확히 1991

년 6월 27일)

제2차 세계대전 이후의 가톨릭 교회

† 엄격한 반공주의적인 교회 정책을 추진했던 교황 피우스 12세(1939-1958) 아래서 제2차 세계대전 이후 가톨릭 교회에서 가장 중요한 결정들은 다음과 같다: 교서 『신의 중재』(*Mediator Dei*: 1947)는 제의 운동을 지지한다. 교서 『최고의 관대한 신』(*Munificentissimus Deus*: 1950)은 마리아의 육체적 승천을 교리화한다. 이것은 1854년의 마리아 교리에 연결시켜서 현대 가톨릭주의에서의 마리아론의 중요성을 강조한다. 처음으로 제1차 바티칸 의미에서 교황권 결정(Ex-Cathedra-Entscheidung)이 이루어졌다. 백서 『창조된 인간』(*Humani generis*: 1950)은 신학에서 근대 신을 심판하였다.

† 20세기 가톨릭 교회의 두드러진 사건은 분명 1962년에서 1965년 이르는 제2차 바티칸 공의회다. 공의회 역사에서 지금까지 가장 큰 이 공의회는 교황 요한 23세(Johannes XXIII: 1958-1963) 아래 시작되어서 교황 바울 6세(Pauls VI: 1963-1978)에 끝났다.

† 공의회의 중요성은 아기오르나멘또(aggiornamento)라는 개념에 표현된다. 이것은 시대의 도전을 받아들임을 의미하며 시대의 문제를 다루는 것을 의미한다. 그러나 가톨릭 교회의 교리에 대한 삭제 없이. 교회의 내적 개혁은 공의회에 큰 과제를 맡겼다.

† 무엇보다 다음과 같은 영역에서 진술들이 중요하다:

1. 공의회의 교회상: <하나님의 백성>으로써, 신앙의, 희생의, 기도의 그리고 사랑의 공동체로써 교회. 교회는 자신과의, 갈라진 그리스도인과의 그리고 세계와의 대화 속에서 스스로를 안다.

2. 제의의 갱신: 미사예배 시 민족 언어 도입에 대한 추천, 예배행위에 구성원의 보다 강력한 참여, 예외는 평신도 성만찬 포도주의 허락.
3. 교황직과 주교권의 관계: 주교권과 주교직의 중요성은 본질적으로 강화되었다. 교황과 함께 주교들은 교회의 지도에 함께 영향을 준다. 교황권은 지배를 의미하는 것이 아니라, 교회에 대한 봉사다.
4. 연합주의(Ökumenismus)에 대한 선언은 갈라진 그리스도인과 함께 한다는 의지다. 연합에 대한 생각은 공의회에서 비가톨릭 교회 관찰자들의 참석을 통해서 역시 표현되었다.

연합 운동(Ökumenische Bewegung)

† 갈라진 교파들의 재일치에 대한 노력은 완전히 근대교회사를 관통한다. 무엇보다 경건주의 시대 그리고 계몽주의 시대에 구체적인 계획들이 발전되고 일치의 시도가 실행되었다.

† 19세기 특별히 사회적이고 선교적인 영역에 교파를 초월하고 민족을 초월하여 함께 결성하도록 자극을 준 것은 각성운동이다.

† 19세기 아프리카와 아시아에서의 선교 문제, 선교 영역에서의 교회의 경쟁은 교회의 새로운 만남에 대한 토대를 서로 확장시켰다. 연합 운동에 대한 충격은 본질적으로 영국과 아메리카의 각성운동의 선교적 열정으로부터 왔다.

† 1910년 에딘버러 제1차 세계선교회의(Weltmissionkonferenz)에서 개신교 진영의 선교적인 공동 작업이 일치되었다. 이 회의는 나중의 세계교회협의회의 태동에 본질적인 충동을 주었다.

† 제1차 세계대전과 그의 결과는 선교 단체뿐만 아니라 교회

도 서로 가까이 하지 못하게 했다. 신학과 윤리가, 선교의 문제가 아니라, 이제 관심을 끊다.

† 두 개의 운동이 먼저 평행한다:

1. 스웨덴 감독 죄더불롬(Nathan Soederblom: 1866-1931)의 지도하에 실천적인 그리스도교의 운동(Life and Work).
2. 신앙과 직제(Faith and Order)

† 제1차 세계대전 초에 지그문트-슐체(F. Siegmund-Schultze: 1885-1969)가 교회 친목 세계 연맹(Weltbund für Freundschaftsarbeit der Kirche)을 함께 세웠다. 실천적 그리스도 운동은 여기에 연결될 수 있다. 그러나 독일 개신교는 20세기 전반기에 내, 외적인 문제 때문에 연합 운동에 동참하는데 방해를 받았다.

† 실천적 그리스도교 제1차 세계회의는 1925년 스톡홀름에서 개최되었다. 독일개신교 교회연맹의 대표가 거기에 있었다. 이 운동에는 무엇보다 현대 삶에서 그리스도교 윤리에 대한 물음과 사회 문제를 해결해 나가는 것이 중요했다.

† 신앙과 교회법의 제1차 세계회의는 1927년 로잔에서 열렸다. 여기서 독일 대표 디벨리우스(O. Dibelius) 등이 참석했다.

† 1937년 실천적 그리스도교 제2차 세계회의가 옥스퍼드에서 그리고 신앙과 직제위원회 제2차 세계회의가 에딘버러에서 열렸다. 여기서 두 개의 연합운동의 공동작업과 세계교회협의회의 형성이 결정되었다. 독일 교회는 이 대회에 참석하지 않았다.

† 1948년 암스테르담에서 세계교회협의회가 구성되었다. 총회는 다음의 주제 하에 열렸다: <세상의 무질서와 하나님의 구원 계획> 이 두 연합 운동은 이제 하나가 되었다.

† 1961년 뉴델리 제3차 세계교회협의회에 정교회가 참석했다.

† 연합운동은 20세기 수많은 회의와 함께 그리스도교회들의

접근을 위한 본질적인 자극을 가져왔다. 20세기 교회사에서 이것은 뛰어난 자리를 차지한다. 그것은 지난 세기와 비교해서 교회들 사이에 본질적으로 변화의 기후를 만들어 냈다.

참고문헌

Hägglund, B. Geschichte der Theologie, 313-319.

Krumwiede, H.-W. Geschichte des Christentums 192-242.

Moeller, B. Geschichte des Christentums 367-383.

Scholder, K. Die Kirche im Dritten Reich, in: Die Kirchen zwischen Republik und Gewaltherrschaft. Ges. Aufs., hg. von K.O. von Aretin u. G. Besier, Berlib 1988, 113-155.

Wallman, J. Kirchengeschichte, 265-284.